MARTIN RACKWITZ

Kiel 1918

Revolution – Aufbruch zu Demokratie und Republik

Sonderveröffentlichungen der
Gesellschaft für Kieler Stadtgeschichte
herausgegeben von Jürgen Jensen
Band 87

MARTIN RACKWITZ

Kiel 1918

Revolution – Aufbruch zu Demokratie und Republik

WACHHOLTZ
MURMANN PUBLISHERS

MIX
Papier aus verantwortungsvollen Quellen
FSC® C107574
FSC www.fsc.org

1. Auflage 2018

Gesamtherstellung: Wachholtz Verlag
Satz: Marleen Krallmann, Kiel
Printed in Europe

ISBN 978-3-529-05174-6
Besuchen Sie uns im Internet:
www.wachholtz-verlag.de

Inhalt

Vorwort des Herausgebers

Als »Springquell der Revolution« fasst Bernhard Rausch, der damalige Chefredakteur der »Schleswig-Holsteinischen Volkszeitung«, den Matrosen- und Arbeiteraufstand in seiner bereits Ende November 1918 herausgegebenen Broschüre die noch aktuellen Ereignisse in Kiel zusammen, ahnend und voraussehend, dass sie eine bedeutende und weit über den lokalgeschichtlichen Rahmen hinausgehende Rolle spielen würden. War sie aber selbst Fachhistorikern in ihren späteren Darstellungen zur deutschen Geschichte nur gelegentlich mehr als eine Fußnote wert, so wird sich das jetzt zum 100. Jahrestag der bisher »vergessenen« Revolution ändern. Das Jubiläum wird eine Flut von Medienberichten und Buchveröffentlichungen hervorbringen. Denn die Bewertung der damaligen Ereignisse und Umwälzungen, die von Wilhelmshaven und Kiel ausgingen und in Berlin mit der Ausrufung der Republik ihren Höhepunkt fanden, hat sich grundlegend dahingehend gewandelt, in ihnen nunmehr den »wahren Weg« zur Demokratisierung Deutschlands (Wolfgang Niess, 2017) zu sehen.

Die Gesellschaft für Kieler Stadtgeschichte hat sich erstmals in der Aufbruchszeit der 1968er Jahre um eine differenziertere Erforschung und Bewertung der revolutionären Ereignisse bemüht. Als wesentlichen Beitrag hat sie 1978 die wissenschaftliche Untersuchung von Dirk Dähnhardt über die »Revolution in Kiel. Der Übergang vom Kaiserreich zur Republik 1918/19« und kurz darauf seine zusammen mit Gerhard Granier bearbeitete Dokumentation zum Kapp-Lüttwitz-Putsch in Kiel veröffentlicht.

Inzwischen sind in der Geschichtswissenschaft wie in der Öffentlichkeit neue Fragen aufgetaucht und weitere Quellen, vor allem zur Erinnerungskultur, bekannt geworden. Die Gesellschaft für Kieler Stadtgeschichte ist daher Dr. Martin Rackwitz außerordentlich dankbar, dass er nach der Erforschung der Märzrevolution von 1848 in Kiel auch ihren neuen Forschungsauftrag zu einem erfolgreichen Ende geführt und das Thema für Kiel umfassend und quellenkritisch neu bearbeitet hat. Die vorliegende Sonderveröffentlichung unserer Gesellschaft ist neben dem entsprechenden Dokumentarfilm von Kay Gerdes und Klaus Kuhl in unserer Reihe Historischer Filmdokumente eine weitere verlässliche Grundlage bei der Erforschung der Stadt- und Zeitgeschichte und zugleich unser Beitrag zu den diesjährigen Jubiläums- und Gedenkveranstaltungen.

Wir danken der Landeshauptstadt Kiel für eine finanzielle Förderung beider Projekte und danken allen Personen und Institutionen, die unsere Autoren bei ihren Vorhaben unterstützt haben und, was diese Publikation betrifft, in der Danksagung im Anhang namentlich genannt werden. Wir freuen uns darüber hinaus über die bewährte Zusammenarbeit mit dem Wachholtz Verlag, seinem Geschäftsführer Olaf Irlenkäuser und der Verlagslektorin Dr. Rosa Wohlers, die das Buchprojekt engagiert begleitet und umgesetzt haben. Wir sind überzeugt, dass diese sorgfältig und umfassend recherchierte Neuerscheinung ihre gebührende Beachtung in der Öffentlichkeit und in Fachkreisen findet.

Dr. Jürgen Jensen
Vorsitzender der Gesellschaft
für Kieler Stadtgeschichte

1. Einleitung

Von hier und heute geht eine neue Epoche der Weltgeschichte aus, und ihr könnt sagen, ihr seid dabei gewesen.

Johann Wolfgang Goethe.
1792 nach der Kanonade von Valmy

»Die Flotte unter der roten Fahne. Der Sieg der Freiheit!« so schrieb die sozialdemokratische »Schleswig-Holsteinische Volkszeitung« in großen Lettern auf ihrer Titelseite am 5. November 1918. Rote Fahnen als Symbol der Revolution wehten an diesem Morgen in Kiel nicht nur auf den Schiffen der kaiserlichen Kriegsflotte im Hafen, sie wehten auch weithin sichtbar für alle am Turm des Kieler Rathauses. Für die »Volkszeitung« hatte mit der faktischen Übernahme der Macht in der Stadt durch den in der Nacht zuvor im Gewerkschaftshaus gegründeten Soldatenrat das Volk über die Militärs, die »Machthaber des alten Systems«, gesiegt: »Der kalte Angstschweiß stand den Admiralen und Kapitänen auf der bleichen Stirn, als sie mit den jungen, frischen Matrosen verhandelten, in deren Augen das Glück einer besseren Zukunft leuchtete.«[1] Die Redakteure ließen in ihrer Einschätzung der Ereignisse keinerlei Zweifel daran, dass mit der in Kiel ausgelösten Umwälzung der politischen Verhältnisse eine neue Zeit beginnen werde und sich die Revolution in ganz Deutschland nicht mehr aufhalten lasse. Sie appellierten an die Bevölkerung:

> Die Revolution ist auf dem Marsche. Was gestern sich in Kiel ereignet hat, wird in den nächsten Tagen weitere Kreise ziehen

> und den Anstoß zu einer Bewegung geben, die durch ganz Deutschland gehen wird. Was die Arbeiter und Soldaten wollen, ist nicht das Chaos, sondern die neue Ordnung, ist nicht die Anarchie, sondern die soziale Republik. Lasst Euch darum nicht zu Unbesonnenheiten fortreißen! Glaubt nicht wilden Gerüchten, stellt Euch geschlossen hinter den Arbeiter- und Soldatenrat, folgt seinen Anordnungen und Beschlüssen, vermeidet alles, was gegen unsere Bewegung und ihren idealen Schwung ausgenutzt werden könnte. Es lebe die Freiheit! Hoch die soziale Republik![2]

Der Aufruf der »Volkszeitung«, die neuen Machthaber zu unterstützen, war verbunden mit der Aufforderung, dass der Kaiser nun endlich abdanken müsse, um einen politischen Neuanfang und den lange ersehnten Frieden zu ermöglichen. Nur vier Tage später wurde in der Reichshauptstadt Berlin am 9. November 1918 die Republik ausgerufen, am 10. November floh der Kaiser ins Exil nach Holland, am 11. November endete der Erste Weltkrieg. Eine neue Zeit hatte begonnen – und doch ihr Ausgangspunkt, die Revolution von 1918, ist heutzutage weitgehend in Vergessenheit geraten.[3]

Kein Ereignis in der Kieler Stadthistorie hat den Gang der deutschen und europäischen Geschichte so nachhaltig verändert wie der Matrosen- und Arbeiteraufstand im November 1918. Er führte das Ende des Ersten Weltkriegs herbei und leitete den politischen Umbruch vom Kaiserreich zur Demokratie der Weimarer Republik ein. Der äußerliche Zusammenbruch der nur scheinbar so gefestigten Gesellschaftsordnung des Kaiserreichs und seines gewaltigen Militärapparates dauerte kaum mehr als eine Woche und verlief, gemessen an dem gesellschaftlichen Ausmaß der Umwälzungen, in Kiel ausgesprochen unblutig. Ein historisches Ereignis mit kollektiver Bindungskraft für die Deutschen wurde der Kieler Matrosen- und Arbeiteraufstand jedoch bisher nicht, zu sehr waren seine Auswirkungen schon unter den Zeitgenossen umstritten und zu häufig wurden sie in beiden deutschen Nachkriegsstaaten bis weit in die zweite Hälfte des 20. Jahrhunderts immer wieder politisch instrumentalisiert und missbraucht. Für die Bürgerlichen und Konservativen ging der Sturz der Monarchie entschieden zu weit, für die Arbeiter gingen die politischen und wirtschaftlichen Veränderungen nicht weit genug. Die gesellschaftlichen Spannungen, die sich aus der Revolution von 1918 ergaben, führten in den nächsten Jahren auch in Kiel zu blutigen Unruhen sowohl von links als auch rechts. Wie konnte es dazu kommen, dass im Februar 1919 zuerst linksradikale Spartakisten versuchten, die Macht in der Stadt an sich zu reißen, und nur ein Jahr später im März 1920 Konservative, Deutschnationale und reaktionäre Militärs im Kapp-Lüttwitz-Putsch von der Förde aus die demokratisch gewählte Reichsregierung in Berlin durch einen gewaltsamen Staatsstreich stürzen wollten?

Diese Überblicksdarstellung schildert die Ursachen und den Verlauf des sogenannten Kieler Matrosen- und Arbeiteraufstands 1918, seine Bedeutung für die Novemberrevolution sowie die unruhigen Jahre 1919 und 1920 in Kiel, bis sich die junge Demokratie allmählich stabilisierte. Der Schwerpunkt liegt auf den Ereignissen Anfang November 1918 in Kiel, die hier in Form einer Tageschronik erzählt werden und vor 100 Jahren den Startschuss zur Revolution gaben. Gleichzeitig soll diese Untersuchung die wichtige Rolle der Kieler Arbeiter beleuchten, die sich mit den Matrosen verbündeten. In der öffentlichen Wahrnehmung standen die Arbeiter aber immer hinter den Matrosen zurück, obwohl sie deren Aufstand erst zu einer wesentlich breiteren revolutionären Volksbewegung machten.

Was den meisten Deutschen 1918 noch wie eine Revolution aus heiterem Himmel erschien, hatte jedoch eine lange Vorgeschichte – sowohl in der Marine als auch in der Zivilbevölkerung.

2. Ein Land militärisch und wirtschaftlich am Boden

Deutschland im Herbst 1918

Nach den langen und zehrenden Kriegsjahren war die militärische und wirtschaftliche Lage des Deutschen Reichs im Herbst 1918 desolat. Über vier Jahre Krieg und britische Seeblockade hatten das deutsche Militär an den Fronten und die Zivilbevölkerung in der Heimat ausgelaugt. Die letzte Frühjahrsoffensive im Westen war endgültig gescheitert, ab dem August 1918 musste sich das erschöpfte deutsche Heer vor den überlegenen Truppen der verbündeten Briten, Franzosen und Amerikaner immer weiter aus Frankreich und Belgien zurückziehen. Befehlsverweigerungen und Desertion wurden häufiger, ganze Einheiten legten ihre Waffen nieder und begaben sich in gegnerische Kriegsgefangenschaft. Die Auflösung des deutschen Heeres an der Westfront schritt unaufhaltsam voran. Gleichzeitig brach im September 1918 das mit dem Deutschen Reich verbündete Königreich Bulgarien militärisch zusammen, sodass sich auch im Südosten die Kriegslage für die Mittelmächte dramatisch verschlechterte. Am 29. September 1918 kapitulierte Bulgarien vor der Entente[4], und die Oberste Heeresleitung (OHL) um die Generale Hindenburg und Ludendorff erklärte den Krieg für verloren und teilte dem Kaiser und der politischen Führung mit, dass eine neue Reichsregierung, die das ganze Volk vertrete, die Alliierten sofort um

Waffenstillstandsverhandlungen ersuchen müsse. So überließen es die Generale den Politikern, die deutsche Öffentlichkeit über die ausweglose militärische Situation zu informieren. Nach über vier Jahren Krieg mit fast zwei Millionen toten deutschen Soldaten sollten alle Anstrengungen und Entbehrungen vergebens gewesen sein? Der Krieg war verloren, ein unfassbarer Schock ging durch Deutschland.[5] Während sich die Generale so aus der militärischen Verantwortung stahlen, das Waffenstillstandsgesuch selbst übergeben zu müssen, begann die neue Reichsregierung unter dem liberalen Prinz Max von Baden, der mit Gustav Bauer und Philipp Scheidemann auch zwei Vertreter der Sozialdemokraten als stärkster Fraktion im Reichstag angehörten, am 4. Oktober 1918 die Waffenstillstandsverhandlungen vorzubereiten.

Weil es für die Entscheidungen der neuen Reichsregierung und die Beweggründe der Matrosen auf den Schlachtschiffen von größter Bedeutung war, muss bereits an dieser Stelle in aller Deutlichkeit betont werden, dass das deutsche Westheer zu diesem Zeitpunkt militärisch geschlagen war und über keine Reserven mehr verfügte. So schrieb Feldmarschall v. Hindenburg am 3. Oktober an den neuen Reichskanzler Max von Baden, dass die Oberste Heeresleitung auf »der sofortigen Herausgabe des Friedensangebotes an unsere Feinde bestehe«, weil der Zusammenhalt der stark geschwächten Westfront nicht mehr garantiert werden könne und der Gegner ständig neue, frische Reserven an die Front brächte. Hindenburgs Analyse der militärischen Lage Deutschlands gab dem gerade neu eingesetzten Reichskanzler keinerlei Anlass zur Hoffnung mehr. In seinem Brief an Max von Baden hatte Hindenburg seine Einschätzung der Lage wie folgt formuliert: »Unter diesen Umständen ist es geboten, den Kampf abzubrechen, um dem deutschen Volke und seinen Verbündeten nutzlose Opfer zu ersparen. Jeder versäumte Tag kostet Tausenden von tapferen Soldaten das Leben.«[6]

Der Krieg war verloren, und das wussten auch Hindenburg und Ludendorff: Sie hatten den dramatischen Zerfall der

Westfront kommen sehen, die deutsche Öffentlichkeit und Politik jedoch bis Ende September 1918 diesbezüglich bewusst getäuscht. Obwohl das deutsche Westheer im Herbst 1918 noch große Teile Belgiens besetzt hielt, war die Niederlage bereits zu diesem Zeitpunkt unausweichlich – und alle gegenteiligen Behauptungen, die sich später in der Bevölkerung verbreiteten, gehören in das Reich der Legenden, genauer gesagt der sogenannten Dolchstoßlegende.[7] In den Augen der Anhänger dieser von den führenden Militärs, allen voran Ludendorff, sowie konservativen Politikern verbreiteten Legende seien die »meuternden«[8] Matrosen, angestachelt von den beiden sozialdemokratischen Parteien, dem noch immer tief im Feindesland stehenden und tapfer kämpfenden deutschen Heer feige mit einem »Dolchstoß« in den Rücken gefallen und hätten so die deutsche Niederlage im November 1918 herbeigeführt. Die katastrophale militärische Situation Deutschlands und das Eingeständnis der deutschen Niederlage durch Ludendorff und Hindenburg Ende September 1918 wurden dabei völlig ausgeblendet und taten der erfolgreichen Verbreitung dieser Unwahrheit keinen Abbruch. So stand die neue Regierung von Max von Baden im Oktober 1918 vor dem Scherbenhaufen von Hindenburgs und Ludendorffs gescheiterter Kriegspolitik und musste unter allen Umständen einen Waffenstillstand erreichen, bevor die Ententemächte in das Deutsche Reich einmarschieren würden. Aufgrund der aussichtslosen militärischen Lage war der Verhandlungsspielraum der neuen Regierung dabei äußerst eingeschränkt.

Auch in der deutschen Hochseeflotte, dem Stolz des Kaiserreichs, war die Stimmung 1918 auf dem Tiefpunkt. Seit der Skagerrakschlacht am 31. Mai und 1. Juni 1916 waren die großen Linienschiffe (Schlachtschiffe) nicht mehr gegen England ausgelaufen und hatten die meiste Zeit untätig in ihren Stützpunkten in Wilhelmshaven und Kiel gelegen. Das massive Flottenbauprogramm seit der Jahrhundertwende hatte sich angesichts der britischen Übermacht zur See und deren Blockade der Nordsee als strategische Fehlentscheidung erwiesen. Der Admiralstab setzte deshalb ab Februar 1917 voll auf den uneingeschränkten U-Boot-Krieg und widersetzte sich damit dem Willen des Reichskanzlers Bethmann Hollweg und der politischen Führung des Reichs, die bereits zu diesem Zeitpunkt Friedensinitiativen unterstützten. Doch selbst der massive Einsatz von U-Booten konnte die maritime Übermacht der Briten und die Abriegelung der Nordsee nicht brechen, im Gegenteil: Er führte zum Kriegseintritt der USA gegen Deutschland im April 1917. Mit der Wiederaufnahme des uneingeschränkten U-Boot-Krieges waren auch alle Friedensinitiativen von Bethmann Hollweg und dem Reichstag endgültig gescheitert.

Derweil führten der eintönige bis schikanöse Dienst an Bord der Linienschiffe, die beengten Lebensverhältnisse der Mannschaften unter Deck und die schlechte Verpflegung bereits im Sommer 1917 in Wilhelmshaven zu einer Meuterei der Matrosen, insbesondere auf den Schiffen des IV. Geschwaders. Die Admiralität schlug die Meuterei mithilfe der Militärgerichtsbarkeit im August 1917 nieder, bevor sich diese in der Marine ausbreiten oder auf die Zivilbevölkerung in Wilhelmshaven übergreifen konnte. Die beiden Anführer, Max Reichpietsch und Albin Köbis, wurden am 5. September 1917 nach einem auch in Marinekreisen als ungerecht empfundenen Militärprozess hingerichtet, 76 Matrosen und Heizer wurden zu teils langjährigen Haftstrafen verurteilt, die sie im Zuchthaus von Celle absitzen mussten.[9] Auch wenn damit die Befehlsgewalt auf den Linienschiffen wieder hergestellt war, rumorte es unter den Mannschaften weiter, und die Unzufriedenheit wuchs, denn die eigentlichen Ursachen der Missstände wurden nicht beseitigt. Ebenso greift es zu kurz, die Ursachen für diese Meuterei allein in den schlechten Lebensverhältnissen der Mannschaften an Bord der Linienschiffe zu sehen. So suchte Max Reichpietsch während seines Urlaubs im Juni 1917 in Berlin gezielt den Kontakt zu führenden Politikern der Unabhängigen Sozialdemokratischen Partei Deutschlands (USPD), insbesondere zu Wilhelm Dittmann und Luise Zietz, und übergab ihnen die gesammelten Beschwerden seiner Kameraden. Ebenso nahm er legale politische Broschüren der USPD aus Berlin mit, um sie unter seinen Kameraden auf den Schiffen zu verteilen. Einen Monat später suchte Reichpietsch auch in Kiel gezielt den Kontakt zu den örtlichen Vertretern der USPD. Eine aktive Unterwanderung der Linienschiffe durch Reichpietsch und die USPD mit dem Ziel, eine Meuterei unter den Matrosen auszulösen und damit ein Ende des Krieges herbeizuführen, lässt sich aber nicht belegen.[10]

Abgesehen davon verschlechterte sich auch die allgemeine Stimmung der Besatzungen auf den Linienschiffen zusehends. Im Rahmen des verstärkten U-Boot-Krieges wurden viele der jüngeren Offiziere, die auf den älteren Linienschiffen eingesetzt waren und den direkten Kontakt zu den Mannschaften hielten, abgezogen und den U-Booten zugeteilt. Sie hinterließen auf den Großkampfschiffen eine empfindliche Lücke. Das Band zwischen dem nun hier eingesetzten Offizierskorps und den Mannschaften begann zu reißen und die Stimmung verschlechterte sich zusehends. Dies trug wesentlich dazu bei, dass die in den Reichskriegshäfen Wilhelmshaven und Kiel stationierten Linienschiffe zur Keimzelle des Matrosenaufstands 1918 werden konnten. Auf den kleineren Schiffen hingegen, wie z. B. den Torpedobooten oder den U-Booten, waren der Zusammenhalt der Besatzung und die Stimmung an Bord oft besser. Hier gab es keine verschiedenen Küchen, und Mannschaften und Offiziere aßen das gleiche Essen.

Auch an der Heimatfront im Reich sah die Situation im Herbst 1918 ganz ähnlich aus: Die Stimmung war denkbar schlecht. Die weit verbreitete Kriegsbegeisterung und Siegeszuversicht aus dem Sommer 1914 war längst verflogen und einer tiefen Resignation gewichen. Seit dem Beginn der britischen Seeblockade der Nordsee im November 1914 bestimmten Mangelwirtschaft und Hunger das Leben der Menschen. Bereits im Sommer 1916 kam es in mehreren deutschen Großstädten zu Hungerprotesten und blutigen Ausschreitungen. In Kiel plünderten im Juni 1916 zunächst Frauen und Jugendliche eine Kartoffelausgabestelle und Brotläden im Werftarbeiterstadtteil Gaarden auf dem Ostufer, später schlossen sich ihnen Hunderte von Werftarbeitern an, und die Unruhen und Plünderungen griffen auch auf die Innenstadt und den Wochenmarkt auf dem Exerzierplatz über. Nur unter Zuhilfenahme des Militärs gelang es der Polizei nach drei Tagen, die Ruhe und Ordnung in der Stadt wieder herzustellen. Anschließend verurteilte das außerordentliche Kriegsgericht die an den Plünderungen beteiligten Zivilisten zu zum Teil mehrmonatigen Gefängnisstrafen.

Im Winter 1916/17 brach dann die staatlich gesteuerte Lebensmittelversorgung der Bevölkerung in Deutschland fast völlig zusammen. Ab dem Herbst 1916 wurden die Kartoffel- und Brotrationen mehrfach gekürzt, die Zivilbevölkerung hungerte und musste sich zuletzt fast ausschließlich von Steckrüben ernähren. Immer mehr Menschen waren auf die Versorgung durch die öffentlichen Kriegsküchen angewiesen, um nicht zu verhungern. Die Versorgungskrise wurde zusätzlich durch unübersichtliche Zuständigkeiten und die schlechte staatliche Organisation der Lebensmittelverteilung verschärft. Als Folge der katastrophalen Versorgungslage im sogenannten Steckrübenwinter kam es im Oktober 1916 und im März 1917 in Kiel zu großen Hungerkrawallen und Massenstreiks, an denen jetzt schon viele Tausend Werftarbeiter, Frauen und Jugendliche teilnahmen. Erstmals beteiligten sich auch Militärangehörige in Uniform an den Krawallen und Plünderungen, und es kamen Forderungen nach politischen Reformen und einem Ende des Krieges auf. Während der Unruhen musste die Polizei das Villenviertel Düsternbrook schützen, weil sie befürchtete, dass die hungrigen Arbeiter auf der Suche nach Nahrungsmitteln auch dort einfallen könnten, schließlich gab es auf dem grassierenden Schwarzmarkt für horrende Preise immer noch Lebensmittel zu kaufen. Die Regierung und das Militär reagierten auf die Massenstreiks und Proteste an der Heimatfront umgehend. Ab November 1916 konnte jeder Arbeiter bei mehr als 48-stündiger unentschuldigter Abwesenheit von seinem Arbeitsplatz sofort zum Militärdienst eingezogen werden, auch wenn dieser ursprünglich als ›unabkömmlich‹ vom Dienst an der Waffe zurückgestellt worden war. Das war eine unmissverständliche Warnung, sich nicht an den Streiks zu beteiligen. Im Hungerwinter 1916/17 brach der von der Propaganda viel beschworene Zusammenhalt der gesamten Bevölkerung zusammen, von nun an kämpfte jeder für sich ums nackte Überleben. Die Erosion der gesellschaftlichen Verhältnisse in Deutschland beschleunigte sich.[11]

Ab 1916 zeigte die Heimatfront deutliche Risse, und der gesellschaftliche Zusammenhalt zerfiel zwischen Arm und Reich. Im Juli 1917 verabschiedete eine parteiübergreifende Reichstagsmehrheit, bestehend aus den Sozialdemokraten, der katholischen Zentrumspartei und der linksliberalen Fortschrittlichen Volkspartei, eine Friedensresolution, die einen schnellen Verständigungsfrieden ohne territoriale Ansprüche oder finanzielle Entschädigungen Deutschlands anstrebte. Diese scheiterte nicht nur an der Ablehnung der Reichsregierung, sondern vor allem an dem vehementen Einspruch der Obersten Heeresleitung, die jegliche Friedensverhandlungen als ein Zeichen der militärischen Schwäche ablehnte, das die Gegner Deutschlands für einen baldigen Zusammenbruch des Reiches auslegen könnten. Die militärische Führung bestand weiterhin auf einem ›Siegfrieden‹, in dem Deutschland seinen Gegnern die Friedensbedingungen diktierte.

Auch auf der politischen Ebene war der Burgfrieden vom August 1914 inzwischen zerbrochen. Hatte sich die SPD-Fraktion im Reichstag zu Kriegsbeginn noch hinter die Regierung gestellt und der Finanzierung des Krieges durch Kriegsanleihen zugestimmt, so war sie inzwischen tief gespalten. Ihr linker, pazifistischer Flügel war nicht mehr bereit, die annexionistischen Kriegsziele Deutschlands und das endlose Töten an den Fronten weiter über Kredite der eigenen Bevölkerung zu finanzieren. Am

21. Dezember 1915 stimmten 20 SPD-Abgeordnete im Reichstag gegen die Bewilligung weiterer Kriegsanleihen, am 16. März 1916 wurden die abtrünnigen Abgeordneten aus der Fraktion ausgeschlossen. Sie bildeten zunächst die Sozialdemokratische Arbeitsgemeinschaft (SAG). Nach ihrem Parteiausschluss am 18. Januar 1917 gründeten die Abweichler am 6. April 1917 in Gotha mit Gleichgesinnten die Unabhängige Sozialdemokratische Partei Deutschlands (USPD), die ein sofortiges Ende des Krieges forderte. Damit waren die größte Fraktion im Reichstag und die Arbeiterbewegung gespalten.

Auch in Kiel kam es 1916/17 zur Spaltung der Sozialdemokraten, und die Mitglieder der neu gegründeten USPD begannen mit der Hilfe auswärtiger Parteifreunde sowohl verdeckt als auch offen unter den Arbeitern und Matrosen für ein rasches Kriegsende zu agitieren, während die Mehrheitssozialdemokratische Partei Deutschlands (MSPD) und die Gewerkschaften weiterhin am Burgfrieden festhielten. Allerdings waren die Erfolge der Kieler USPD, die im Mai 1917 bereits fast 1000 Mitglieder zählte, zunächst bescheiden, denn sie wurde immer wieder von den Spitzeln der politischen Polizei unterwandert und in ihrer politischen Arbeit empfindlich gestört. Von außerhalb zu Agitationszwecken nach Kiel gesandte Parteifunktionäre wurden häufig abgefangen, festgenommen und anschließend der Stadt verwiesen. Trotz der Überwachung und der Verhaftung ihrer Funktionäre gelang es der USPD, bis zum Ausbruch des Matrosenaufstands 1918 ein Netzwerk von Vertrauensleuten auf den Werften, in den Rüstungsbetrieben und unter den Mannschaften der in Kiel beheimateten Kriegsschiffe aufzubauen.[12]

Zum Vorbild der USPD und der kriegsmüden Arbeiterschaft wurde das revolutionäre Russland, wo im Februar 1917 der Zar gestürzt worden war und die Bolschewiki um Lenin mit logistischer und finanzieller Unterstützung aus Deutschland im Oktober 1917 die Macht übernommen hatten und in Friedensverhandlungen mit dem Deutschen Reich eingetreten waren. Auch wenn die deutschen Militärs und die deutsche Regierung die Zarenherrschaft unbedingt stürzen wollten, um einen Separatfrieden im Osten zu erreichen, versuchten sie mit allen Mitteln zu verhindern, dass die von ihnen unterstützte Revolution von Russland auf die deutschen Arbeiter und Soldaten übergreifen würde. Deshalb ließen sie die politischen Aktivitäten der USPD streng überwachen und ausspionieren. Dennoch wurde der reichsweite Streik im Januar 1918 wesentlich von den der USPD nahestehenden Vertrauensleuten der Arbeiter organisiert und nahm seinen Anfang in Kiel.[13]

Am 25. Januar 1918 legten zunächst etwa 3000 der 4500 Arbeiter der Torpedowerkstatt Friedrichsort ihre Arbeit nieder. Die Torpedowerker waren besonders gut organisiert, ihre Vertrauensleute waren fast alle Mitglieder der USPD oder standen ihr zumindest politisch nahe. Die zuvor erfolgte Einberufung mehrerer Vertrauensleute zum Heer musste bei den Arbeitern den Eindruck erwecken, dass es sich hierbei nicht um eine militärisch notwendige Maßnahme, sondern um eine absichtliche Schwächung und Einschüchterung der organisierten Arbeiterschaft in diesem besonders kriegswichtigen Betrieb handelte. In den folgenden Tagen schlossen sich Zehntausende Arbeiter von der Germaniawerft, der Kaiserlichen Werft, den Howaldtswerken und deren Zulieferbetrieben den Friedrichsorter Torpedowerkern an und traten ebenfalls in den Ausstand.[14] Gleichzeitig gründete sich auf Initiative von USPD-Politikern ein Arbeiterrat, der erste in Deutschland. Während das Militär die Werften besetzte und die öffentlichen Plätze sicherte, bereiteten die Streikführer eine Reihe von unerlaubten Großkundgebungen auf dem Wilhelmplatz vor, die der Kieler Militärgouverneur Admiral Bachmann aber schließlich doch genehmigte, um Druck aus der explosiven Situation zu nehmen. Auf dem Höhepunkt des Arbeiterausstands versammelten sich am 29. Januar etwa 30 000 Personen auf dem Wilhelmplatz und verabschiedeten eine Resolution an Reichskanzler Graf von Hertling. Die Forderungen der Demonstranten zeigten die fortgeschrittene Politisierung und Emanzipation der Kieler Arbeiterschaft. Im Gegensatz zu den vorherigen Protestkundgebungen im Hungerwinter 1916/17 stand nicht mehr nur eine gerechtere Verteilung der Lebensmittel im Mittelpunkt, jetzt dominierten Forderungen nach umfassenden politischen Reformen zugunsten der Arbeiterschaft und einem Ende des Krieges. Die Streikenden verlangten:

1. eine eindeutige Erklärung, einen Friedensschluss nicht von fremden Annexionen oder finanziellen Kriegsentschädigungen an Deutschland abhängig zu machen.
2. die sofortige Einberufung des Reichstages und seine Mitwirkung an Friedensverhandlungen.
3. eine umgreifende Reform der Volksernährung durch die Erfassung der Lebensmittel bei den Produzenten und eine gerechte Verteilung zu bezahlbaren Preisen.
4. die Auflösung des preußischen Abgeordnetenhauses und sofortige Neuwahlen nach dem Gesetzentwurf der Regierung.
5. die Aufhebung des Belagerungszustands in allen Bezirken, die nicht unmittelbares Kriegsgebiet sind, sowie die Beschränkung der Zensur auf rein militärische Angelegenheiten.
6. die Freilassung aller wegen politischer Verfehlungen inhaftierten oder in Schutzhaft befindlichen Personen.
7. die Zusicherung, dass die Vertrauensmänner in den Betrieben nicht zur Strafe für ihr Eintreten für die Interessen der Arbeiter zum Heeresdienst einberufen werden können.[15]

Die sozialdemokratische »Schleswig-Holsteinische Volkszeitung« druckte die Forderungen der Arbeiter am 30. Januar 1918 auf ihrer Titelseite und machte sie damit auch über die Grenzen Kiels und Schleswig-Holsteins hinaus bekannt. Danach kehrten die Kieler Arbeiter an ihre Arbeitsplätze zurück, auch weil die Gewerkschaften den Streik als politisch motiviert betrachteten, kein Streikgeld zahlten und weiterhin am Burgfrieden festhielten.

Der Protest der Kieler Arbeiter hatte jedoch reichsweite Massenstreiks ausgelöst, an denen sich über eine Million Arbeiter und

Arbeiterinnen beteiligten. In vielen deutschen Großstädten ging die kriegsmüde Bevölkerung auf die Straße und forderte politische Reformen und die sofortige Aufnahme von Friedensverhandlungen. Allein in Berlin legten über 400 000 Menschen Ende Januar 1918 die Arbeit nieder. Erstmals bildeten Politiker beider sozialdemokratischer Parteien Arbeiterausschüsse und teilten sich die Streikleitung, denn auch die MSPD wollte ihren Einfluss auf die Arbeiterschaft nicht kampflos an die radikalere USPD abgeben. Die MSPD-Führung hielt selbst dann noch am Burgfrieden fest, als die Arbeiter bereits zu Hunderttausenden mit den Füßen auf den Straßen abstimmten, dass der Krieg ein Ende haben müsse. Auch in Berlin bildete sich ein Arbeiterrat, dem u. a. die führenden MSPD-Politiker Friedrich Ebert und Philipp Scheidemann angehörten. Die Regierung und das Militär wussten sich gegen die Massenproteste nicht mehr anders zu helfen, als den verschärften Belagerungszustand über Berlin zu verhängen und die Demonstrationen teils gewaltsam niederzuschlagen. Es gab Tote und Verletzte, und das Militär besetzte und kontrollierte die bestreikten Großbetriebe. Um ihrer drohenden Einberufung an die Front zu entgehen, kehrten die Streikenden am 4. Februar an ihre Arbeitsplätze zurück. Es folgte eine Verhaftungswelle unter den Streikführern in Berlin wie in Kiel – zum letzten Mal gelang es den staatlichen Autoritäten, die Massenproteste der Bevölkerung gegen Elend und Krieg zu unterdrücken.

Im Frühjahr 1918 entspannte sich die Situation an der Heimatfront noch einmal kurzzeitig. Im März 1918 hatte das revolutionäre Sowjetrussland in Brest-Litowsk Frieden mit dem Deutschen Reich geschlossen und war aus dem Krieg ausgeschieden. Die militärische Besetzung und wirtschaftliche Ausbeutung großer Teile Weißrusslands und der Ukraine ermöglichten dem Deutschen Reich neue Nahrungsmittelzufuhren, doch schon im August begann der Zusammenbruch der Front im Westen.

Am 24. September 1918, fünf Tage vor dem Eingeständnis der militärischen Niederlage durch die Oberste Heeresleitung am

Kaiser Wilhelm II. bei seinem letzten Besuch in Kiel am 25. September 1918 im Gespräch mit Werftarbeitern

29. September, besuchte Kaiser Wilhelm II. ein letztes Mal Kiel. In Friedrichsort ließ er sich zuerst die Torpedowerkstätten zeigen und sprach mit den Arbeitern. Nach einer Truppeninspektion in der Wiker Garnison besichtigte er die Kaiserliche Werft in Gaarden, wo er sich erneut mit Arbeitern und Arbeiterinnen unterhielt.

Bei seinem Besuch wurde er nicht mehr wie früher mit Jubel empfangen. Die Stimmung in der Stadt war ernst und gedrückt, die Menschen und die Arbeiter auf den Werften wollten endlich Frieden. Am 18. Oktober 1918 teilte die Marinestation der Ostsee im Angesicht der militärischen Niederlage dem Reichsmarineamt in Berlin mit, dass die Arbeiter der Germaniawerft für die Annahme der Waffenstillstandsbedingungen des amerikanischen Präsidenten Wilson seien und deshalb bereits einen Streik vorbereiteten. Auf der Kaiserlichen Werft, so das Fernschreiben, tendiere die Stimmung gegen eine Annahme, die Torpedowerker in Friedrichsort würden sich schon auf eine in wenigen Tagen völlig veränderte politische Situation vorbereiten.[16] Am selben Tag kritisierte Militärgouverneur Bachmann in einem persönlichen Schreiben an die Inspekteure der ihm unterstellten Einheiten den fortschreitenden Autoritätsverlust seiner Offiziere gegenüber den Mannschaften, für den er vor allem die mangelnde Vorbildfunktion und charakterliche Eignung vieler jüngerer Offiziere verantwortlich machte.[17] Weniger dramatisch als beim Westheer, trotzdem deutlich spürbar begann auch in der Marine im Herbst 1918 die Moral zu bröckeln, insbesondere auf den Großkampfschiffen, wo die strengen Hierarchien zwischen den Seeoffizieren, Deckoffizieren[18] und Mannschaften zu Lasten des Zusammenhalts und der Kameradschaft an Bord gingen. Wie weit der Autoritätsverlust der Offiziere bereits fortgeschritten war, sollte sich nur zehn Tage nach Admiral Bachmanns mahnenden Worten auf dramatische Art zuerst in Wilhelmshaven und dann noch deutlicher in Kiel zeigen.

3. Die massenhaften Befehlsverweigerungen in der Marine in Wilhelmshaven
Oktober 1918

Den Zerfall der Westfront und die Kapitulation des Kriegsverbündeten Bulgarien vor Augen musste der neue Reichskanzler Prinz Max von Baden Anfang Oktober 1918 umgehend Waffenstillstandsverhandlungen mit den Entente-Mächten vorbereiten. Allerdings vertagte sich der Reichstag nach der Regierungserklärung des neuen Reichskanzlers am 5. Oktober und kam erst am 22. Oktober wieder zusammen, sodass das Parlament die Gelegenheit, die Einleitung der Waffenstillstandsverhandlungen und die sich abzeichnende Demokratisierung Deutschlands aktiv mitzugestalten, nicht nutzte und diese überaus wichtigen Aufgaben allein der neuen Reichsregierung überließ. Am 4. Oktober (datiert auf den 3. Oktober) richtete die Reichsregierung über die neutrale Schweiz ein Waffenstillstandsgesuch an den amerikanischen Präsidenten Woodrow Wilson, das sich an dessen 14 Punkten vom 8. Januar 1918 zu einer Neuordnung des vom Krieg zerstörten Europas orientierte. In seiner Antwort vom 8. Oktober forderte Wilson als Vorbedingung für die Aufnahme von Waffenstillstandsverhandlungen die Räumung der von den Mittelmächten (Deutsches Reich, Österreich-Ungarn) besetzten Gebiete, wozu sich das Deutsche Reich am 12. Oktober bereit erklärte. Am 10. Oktober belastete jedoch ein schwerer militärischer Zwischenfall

Broschüre »Ursprung und Entwicklung der November-Revolution 1918. Wie die deutsche Republik erstand.« Von Lothar Popp unter Mitarbeit von Karl Artelt, Vorsitzende des Obersten Soldatenrates Kiel. Dezember 1918

in der Irischen See die angestrebte Anbahnung von Verhandlungen zwischen der deutschen und der amerikanischen Regierung ganz erheblich, als das deutsche U-Boot 123 den britischen Post- und Passagierdampfer »Leinster« versenkte, wobei 501 der 771 Besatzungsmitglieder und Passagiere, vorwiegend Angehörige der alliierten Streitkräfte, darunter auch Amerikaner, starben. Daraufhin bezichtigte Wilson in einer zweiten diplomatischen Note vom 14. Oktober Deutschland des wiederholten Bruchs des Völkerrechts und forderte die sofortige Einstellung des uneingeschränkten U-Boot-Krieges. Der deutsche U-Boot-Krieg gegen Zivilisten und das gleichzeitige Ausstrecken von Friedensfühlern an Amerika waren für ihn inakzeptabel und machten die Reichsregierung als Verhandlungspartner unglaubwürdig. Wilson erklärte, dass es keinerlei Waffenstillstandsverhandlungen mit Deutschland geben würde, solange deutsche U-Boote zivile Schiffe angriffen. Auch die Oberste Heeresleitung verlangte angesichts der desolaten militärischen Lage an der Westfront von der Seekriegsleitung die sofortige Einstellung des U-Boot-Krieges, um die Vorbereitungen zu den Waffenstillstandsverhandlungen nicht zu gefährden. Die deutsche Politik musste nun reagieren, um den Gesprächsfaden mit den Amerikanern nicht abreißen zu lassen. Am 21. Oktober 1918 erfüllte das Deutsche Reich die Forderung nach der Einstellung des U-Boot-Krieges gegen den expliziten Willen der Seekriegsleitung, die darin immer noch die wirkungsvollste Waffe zur See gegen Großbritannien sah, und zog die U-Boote von See zurück.[19] In einer dritten diplomatischen Note vom 23. Oktober forderte Wilson nicht nur die umgehende Parlamentarisierung und Demokratisierung Deutschlands, sondern – vor allem auf französischen und britischen Druck – jetzt auch die Entwaffnung Deutschlands und die Auslieferung der deutschen Flotte, damit von Deutschland in Zukunft keine militärische Bedrohung mehr ausginge. Angesichts der aussichtslosen militärischen Situation an der Westfront konnte die Reichsregierung diesen deutlich verschärften alliierten Forderungen nichts entgegensetzen. Sie setzte sich über die strikte Ablehnung dieser Forderungen durch die OHL hinweg, entließ am 26. Oktober General Ludendorff und verhandelte weiter mit den Amerikanern. Die Admiralität musste erkennen, dass die deutsche Kriegsflotte bei dem kommenden Waffenstillstand abzugeben wäre, so wie die neue Reichsregierung auf Verlangen Wilsons zuvor schon den U-Boot-Krieg aufgegeben hatte. Die Auslieferung der deutschen Flotte an die Alliierten war für die Führung der Kaiserlichen Marine unvorstellbar. Stattdessen lautete ihr Credo: Deutsche Kriegsschiffe ergeben sich nicht – sie gehen mit wehenden Fahnen unter. Vorbild war das Ostasiengeschwader mit seinen 2200 Matrosen unter Vizeadmiral Maximilian Graf Spee, das am 8. Dezember 1914 gegen ein überlegenes britisches Geschwader bei den Falkland-Inseln im Südatlantik gekämpft hatte und untergegangen war.

Während all dieser diplomatischen Verhandlungen gingen die Kämpfe an der Westfront unvermindert weiter. Täglich starben Tausende deutscher Soldaten, und im Oktober 1918 bekamen im Deutschen Reich die Siebzehnjährigen ihre Einberufungsbefehle zum Militär zugestellt.[20]

Schon vor der Einstellung des U-Boot-Krieges hatte sich die Seekriegsleitung unter Admiral Scheer und dem Chef des Stabes der Hochseeflotte, Konteradmiral Adolf von Trotha, konkrete Gedanken gemacht, wie die Hochseeflotte auf eine solche politische Entscheidung der Reichsregierung reagieren könne. Kern dieser Pläne war, eine letzte große Seeschlacht mit der Royal Navy in der südlichen Nordsee bzw. am Eingang zum Ärmelkanal zu suchen. Ähnliche Pläne waren im Frühjahr 1917 und im April 1918 bereits zweimal vom Kaiser mit dem Argument abgelehnt worden, die Schlachtflotte für einen möglicherweise entscheidenden Einsatz gegen Kriegsende zu schonen. Vor der Reichsregierung ließe sich das Unternehmen jetzt als Unterstützung bzw. Entlastung für die noch in Flandern kämpfenden deutschen Truppen und Marineinfanteristen deklarieren, und im, wenn auch sehr unwahrscheinlichen, Fall eines Sieges über die britische Flotte könnte der Flottenvorstoß sogar die Verhandlungsposition der Reichsregierung gegenüber den Alliierten stärken. Zugleich bot die Operation der Hochseeflotte die Chance zur »Ehrenrettung«, damit sie sich nach dem Krieg nicht vorwerfen lassen müsste, die letzten Kriegsjahre untätig im Hafen geblieben zu sein, während das Heer unermüdlich in den Schützengräben gekämpft hatte. Unabhängig vom militärischen Ausgang der Operation spielte der Aspekt der Ehrenrettung der Hochseeflotte eine ganz entscheidende Rolle in den Plänen der Admiralität, wie Adolf von Trotha am 6. Oktober 1918 selbst formulierte:

> Aus einem ehrenvollen Kampf der Flotte, auch wenn er ein Todeskampf wird in diesem Kriege, wird – wenn unser Volk nicht überhaupt national versagt – eine neue deutsche Zukunfts-Flotte hervorwachsen; einer durch schmachvollen Frieden gefesselten Flotte ist die Zukunft gebrochen.[21]

Die Entscheidung zu dieser finalen Seeschlacht sollte nach von Trothas Plänen von höchster Stelle getroffen werden. Als Reichskanzler Max von Baden am 20. Oktober gegenüber Admiral Scheer die Einstellung des U-Boot-Krieges erklärte, machte dieser gegenüber dem Reichskanzler ein paar Andeutungen über einen möglichen Flottenvorstoß gegen Großbritannien, ohne dem Regierungschef den bereits ausgearbeiteten Operationsplan in Gänze vorzulegen. Wären dem Reichskanzler die gewaltigen Ausmaße des Unterfangens erläutert worden, so wäre der Plan gewiss von der Reichsregierung abgelehnt worden, um die Waffenstillstandsverhandlungen mit den Alliierten nicht zu gefährden. So aber ließ Admiral Scheer den Reichskanzler gezielt im Unklaren und wertete den ausbleibenden Widerspruch als Zustimmung. Selbst eine ausdrückliche Ermahnung des Regierungschefs, alles zu unterlassen, was die Waffenstillstandsverhandlungen gefährden könne, ignorierte der Admiral bewusst.

Die Niederschrift im Kriegstagebuch der Seekriegsleitung, angefertigt am 25. Oktober, vermerkt zur Besprechung zwischen dem Reichskanzler und Scheer am 20. Oktober:

> Er beschwor dann den Admiral noch auf das eindringlichste, dass sich die Marine in das Unabänderliche fügen müsse, da Zwischenfälle, die die Friedensaktion stören könnten, auf jeden Fall vermieden werden müssen. Der Admiral sagte nunmehr vollste Loyalität der Marine zu, die nur dadurch zu gewährleisten sei, dass alle U-Boote zurückgerufen werden müssten.[22]

Die Seekriegsleitung ist mit ihrem militärisch sinnlosen und politisch widersinnigen Flottenvorstoß der Regierung bewusst in den Rücken gefallen und hat ihre eigenen Interessen über die Staatsräson gestellt. Ebenso hat sie bewusst gegen eine Verordnung des Kaisers vom 15. Oktober 1918 verstoßen, die der politischen Führung des Reiches die Kontrolle über den Obermilitärbefehlshaber gab. Wilhelm II. hatte verordnet: »Der Obermilitärbefehlshaber trifft alle seine Anordnungen und Entscheidungen im Einverständnisse mit dem Reichskanzler oder dem von diesem bestellten Vertreter.«[23] Der Publizist und Historiker Sebastian Haffner sprach in diesem Zusammenhang über das Verhalten der Seekriegsleitung von »Gehorsamsaufkündigung größten Stils, Insubordination, Offiziersmeuterei«.[24] Dass die Seekriegsleitung den Plan einer letzten Seeschlacht gegen die Royal Navy bereits seit längerer Zeit verfolgte, zeigt sich auch darin, dass Admiral Scheer bereits am 30. September 1918 befohlen hatte, die einzelnen Geschwader der Hochseeflotte auf Schillig Reede vor Wilhelmshaven zusammenzuziehen. Daraufhin hatte auch das III. Geschwader seinen Heimathafen Kiel verlassen und war in die Nordsee verlegt worden.

In die Angriffspläne der Seekriegsleitung eingeweiht war lediglich General Ludendorff von der Obersten Heeresleitung, er wurde jedoch am 26. Oktober auf Verlangen des Reichskanzlers vom Kaiser entlassen, weil er zwei Tage zuvor einen Armeebefehl geschrieben hatte, der angesichts der verschärften Waffenstillstandsbedingungen Wilsons nach der Versenkung der »Leinster« zu verstärktem Widerstand gegen die Alliierten an der Front aufgefordert hatte, und so der Absicht der politischen Führung, Frieden zu schließen, in den Rücken fiel. Angesichts Ludendorffs Eingeständnis vom 29. September, dass der Krieg definitiv verloren sei, kann diese erneute Volte des Generals nur als eine gezielte Desavouierung der Reichsregierung unter Max von Baden verstanden werden, die seine Entlassung zwingend notwendig machte. Es war zugleich der Versuch der Reichsregierung, den Primat der Politik gegenüber dem Militär durchzusetzen, das seit der Einsetzung der 3. Obersten Heeresleitung im August 1916 Deutschland quasi wie eine Militärdiktatur regiert hatte.

Während die Admirale ihren Flottenvorstoß gegen Großbritannien vorbereiteten, leitete die Reichsregierung am 25. Oktober weitere, sehr wichtige Schritte zur Einführung eines parlamentarischen Regierungssystems in Deutschland ein. Als Ergebnis der sogenannten Oktoberreformen wurde die Reichsverfassung am 28. Oktober dahingehend geändert, dass der Reichskanzler zu seiner Amtsführung des Vertrauens des Reichstags bedurfte. Das heißt, die Reichsregierung musste von der Mehrheit der Abgeordneten im Parlament getragen werden und war nicht mehr allein dem Kaiser verantwortlich. Das Deutsche Reich wurde dadurch zu einer parlamentarisch-demokratischen Monarchie. Mit diesem Schritt wollte die neue Reichsregierung den alliierten Forderungen nach einer Demokratisierung Deutschlands nachkommen, ihre Friedenspolitik auf eine breitere innenpolitische Basis stellen und zugleich ihre Verhandlungsposition gegenüber den Alliierten als eine von der großen Mehrheit des deutschen Volkes legitimierte Regierung stärken. Der geplante militärische Alleingang der Admirale richtete sich also eindeutig gegen die Interessen der Regierung und der deutschen Bevölkerung und hätte zu einer massiven Untergrabung der Glaubwürdigkeit der Reichsregierung nach außen geführt. Eine Regierung, die Waffenstillstandsgespräche führt, aber gleichzeitig die ihr unterstellten Militärs nicht unter Kontrolle hat, konnte für die Alliierten kein ernstzunehmender Verhandlungspartner sein. Während die Reichsregierung die Parlamentarisierung Deutschlands im Eilverfahren vorantrieb, verließ der Kaiser am 29. Oktober Berlin, begab sich in das Große Hauptquartier in Spa in Belgien und entzog sich so der Debatte um seine zukünftige politische Rolle.

Am 24. Oktober wurde der streng geheime Operationsbefehl Nr. 19 für den Flottenvorstoß in allen Einzelheiten festgelegt.[25] Der Vorstoß sollte am 30. Oktober beginnen, und der Operationsbefehl sollte den Offizieren und Mannschaften erst dann bekannt gemacht werden, wenn die Flotte bereits ausgelaufen, der Kontakt zum Land abgerissen war und es kein Zurück mehr gab. Trotz oder vielleicht auch gerade wegen der strengen Geheimhaltung der Pläne machten bald Gerüchte über eine geplante Seeschlacht unter den Matrosen auf den versammelten Linienschiffen die Runde. Mochten eine finale Seeschlacht oder ein ehrenvoller Untergang für die Offiziere der Hochseeflotte eine »Ehrenrettung« und die Basis für einen späteren Neuaufbau der deutschen Flotte darstellen, so waren die Matrosen aber nicht mehr bereit, ihr Leben für ein solches Ehrverständnis der Offiziere herzugeben. Für sie machte ein Himmelfahrtskommando gegen die weit überlegene britische Flotte mit Tausenden zu erwartenden Toten so kurz vor dem absehbaren Ende des Krieges keinerlei Sinn.

Die Matrosen auf den Linienschiffen ließen sich nicht täuschen, sie glaubten den Beteuerungen der Offiziere, dass es sich nur um die Vorbereitungen für ein Flottenmanöver handele, nicht. Zuviel Munition war an Bord der Schiffe gebracht worden. Zum Ausgangspunkt der massenhaften Befehlsverweigerungen der Matrosen wurden die Schiffe des I. und des III. Geschwaders. Am 29. Oktober weigerten sich Matrosen auf den zum III. Geschwader aus Kiel gehörenden Linienschiffen SMS »Markgraf«,

SMS »König« und SMS »Großer Kurfürst« die Anker zu lichten. Gleichzeitig drohten die Heizer, das Feuer unter den Kesseln zu löschen, sollten die Linienschiffe die deutschen Hoheitsgewässer verlassen. Die revoltierenden Matrosen glaubten, mit ihren Befehlsverweigerungen im Sinne der neuen Reichsregierung, der Sozialdemokraten und dem von ihnen eingeschlagenen Friedenskurs zu handeln.

Zum offenen Aufstand kam es auf den zum I. Geschwader gehörenden Linienschiffen SMS »Helgoland« und SMS »Thüringen«. Angesichts der massiven Befehlsverweigerungen und Sabotage, auf die die Flottenleitung keine Antwort wusste, musste der Flottenvorstoß in der Nacht vom 29. auf den 30. Oktober aufgegeben werden. Für die ratlose Admiralität hatte umgehende Schadensbegrenzung nun erste Priorität. Die Befehlsverweigerungen der Matrosen mussten eingedämmt werden, bevor sie auf die Schiffe der anderen Geschwader vor Wilhelmshaven übergreifen konnten. Dabei kam es am 31. Oktober beinahe zu der dramatischen Situation, dass Matrosen auf ihre Kameraden schießen mussten. Erst als ein U-Boot und mehrere Torpedoboote drohten, mit ihren Geschützen die rund 600 Befehlsverweigerer auf der »Helgoland« und der »Thüringen« unter Feuer zu nehmen, gaben diese auf und ließen sich schließlich widerstandslos festnehmen.[26]

Die Flottenleitung beschloss daraufhin, die aufständischen Matrosen zunächst räumlich zu trennen. Auf Vorschlag seines Chefs Vizeadmiral Hugo Kraft sollte das III. Geschwader nach Kiel zurückbeordert werden, wo das Flaggschiff SMS »König« schon vorher für einen Aufenthalt in der Kaiserlichen Werft vorgesehen war. Kraft war kein erfahrener Geschwaderführer, denn von 1913 bis Anfang 1918 war er ausschließlich an Land im Werftwesen und im Reichsmarineamt als Verwaltungsoffizier eingesetzt worden und hatte das III. Geschwader erst im August 1918 übernommen.[27] Noch am 31. Oktober verließen die Linienschiffe »König«, »Bayern«, »Großer Kurfürst«, »Kronprinz« und »Markgraf« mit ihren insgesamt rund 5000 Mann Besatzung

Postkarte »Anfang der Revolution. Die sich in See zu gehen weigernde Mannschaft S. ›Thüringen‹ wird von U-Kreuzer und Torpedobooten zur Kapitulation gezwungen.«

Wilhelmshaven. Gleichzeitig schickte Kraft seinen 2. Admiralstabsoffizier, Korvettenkapitän Ernst Meusel, auf dem Landweg nach Kiel voraus. Gegen 21 Uhr traf Meusel in Kiel ein und informierte die Marinestation der Ostsee, dass es vor Wilhelmshaven eine »Meuterei« auf den Schiffen des III. Geschwaders gegeben habe und dass sich dieses bereits im Kanal auf dem Heimweg nach Kiel befinde. Der Geschwaderchef erhoffe sich, durch die großzügige Beurlaubung der Mannschaften von Bord in Kiel die Situation auf den Schiffen beruhigen zu können. Gleichzeitig erbat Meusel sich die Unterstützung des Stationskommandos bei der Bekämpfung der »Meuterei« an Bord der Schiffe.[28] Die Marinestation der Ostsee war jetzt über die angespannte Situation im III. Geschwader im Bilde. Derweil nahm Vizeadmiral Kraft Kurs auf die Brunsbütteler Schleusen. Noch während der Fahrt durch den Kanal ließ er 47 Matrosen von der »Markgraf« festnehmen, die er für die Rädelsführer der Befehlsverweigerungen auf dem Schiff vor Wilhelmshaven hielt. Mit den festgesetzten Matrosen an Bord steuerte das III. Geschwader Kiel an.

4. Der Matrosen- und Arbeiteraufstand in Kiel
Anfang November 1918

Matrosen und Arbeiter gegen Admirale

Bevor die dramatischen Ereignisse in Kiel in einer Chronik Tag für Tag geschildert werden, ist es notwendig, einen näheren Blick auf die entscheidenden Akteure zu werfen, die sich auf Seiten des Militärs in der Marinestation der Ostsee an der Ecke Adolfstraße/Lornsenstraße (heutige Oberfinanzdirektion) und der aufständischen Matrosen und unzufriedenen Arbeiter in den Kasernen in der Wik bzw. im Gewerkschaftshaus in der Fährstraße (heute Legienstraße) gegenüberstanden. Dies ist auch im Hinblick auf die Quellenlage und Quellenkritik wichtig, denn die Erinnerungen der Hauptakteure sind von ganz besonderer Bedeutung für die Rekonstruktion der Ereignisse.

In der Marinestation der Ostsee hatte es Ende Oktober 1918 einen Wechsel auf der Position des Chefs gegeben, der zugleich Militärgouverneur des Reichskriegshafens Kiel war. Admiral Gustav Bachmann hatte nach fast vier Jahren als Stationschef seinen Posten am 27. Oktober verlassen, sein Nachfolger Admiral Wilhelm Souchon hatte seine neue Verwendung erst am 30. Oktober angetreten.

Souchon (Jahrgang 1864) war ein erfahrener Seeoffizier, er hatte seit Kriegsbeginn als Chef der Mittelmeerdivision für die osmanische und die bulgarische Marine erfolgreich Operationen im Mittelmeer und im Schwarzen Meer geleitet. Von September 1917 bis August 1918 kommandierte er das IV. Geschwader der Hochseeflotte und war im September und Oktober 1917 mit seinen Linienschiffen an der deutschen Besetzung der zu Russland gehörenden baltischen Inseln beteiligt. Nach Abschluss der Landungsoperation tat Souchon mit seinem Geschwader vor allem Dienst in der Nordsee. Am 12. August 1918 verließ er das IV. Geschwader und wurde zur »Allerhöchsten Verfügung« gestellt. Am 30. Oktober 1918 trat er seine neue Stelle als Chef der Marinestation der Ostsee in Kiel an.[29]

Wilhelm Souchon war mit den Verhältnissen in Kiel aber schon aus der Vorkriegszeit vertraut. Vom 1. Oktober 1909 bis zum 30. September 1912 war er zunächst als Kapitän zur See und ab April 1911 als Konteradmiral Chef des Stabes der Marinestation der Ostsee gewesen. Dabei stand ihm vom 1. Oktober 1911 bis zum 16. Januar 1912 der damalige Kapitän zur See Hans Küsel (Jahrgang 1870) zur Verfügung. Auch nach Souchons Abgang 1912 aus Kiel verloren er und Küsel sich nicht aus den Augen. Souchon wurde im Oktober 1912 zweiter Admiral des II. Geschwaders, in dem Küsel seit dem 17. Januar 1912 als Kommandant des Linienschiffs »Hessen« Dienst versah. Nach seiner Versetzung 1915 als Kommandant auf das modernere Großlinienschiff »Thüringen« wurde Küsel im Dezember 1916 Chef des Stabes der Marinestation der Ostsee und im September 1918 zum Konteradmiral befördert.[30] Souchon wusste also nicht nur von den politischen Verhältnissen in der Arbeiterstadt Kiel aus eigener Erfahrung, er hatte mit Küsel auch einen mit den unruhigen Kieler Verhältnissen bestens vertrauten Offizier und alten Kameraden aus gemeinsamen Zeiten 1911/12 in Kiel und 1912/13 zur See als wichtigsten Ratgeber an seiner Seite. Küsel hatte den »Steckrübenwinter« 1916/17 mit seinen wiederholten Hungerkrawallen und den großen Massenstreik vom Januar 1918 hautnah in Kiel miterlebt. Er kannte die entscheidenden Ansprechpartner im Rathaus, im Polizeipräsidium oder bei den

Admiral Wilhelm Souchon, Chef der Marinestation der Ostsee
November 1918. Im Bild als Vizeadmiral. Archiv Föhrde-Club zu Kiel

Konteradmiral Hans Küsel, Chef des Stabes der Marinestation der Ostsee. Im Bild als Kapitän zur See, Aufnahme vor September 1918

politischen Parteien und Gewerkschaften. Souchon, insbesondere aber sein Stabschef Küsel, wussten also, wen sie beim Ausbruch von Unruhen in der Stadt kontaktieren konnten.

Als Anführer der Matrosen und Arbeiter standen ihnen Karl Artelt und Lothar Popp gegenüber. Schon bei den Werftarbeiterstreiks 1916 als auch im März 1917 gehörte der Metallarbeiter auf der Germaniawerft Karl Artelt der Streikleitung an. Er wurde dafür vom außerordentlichen Kriegsgericht zu sechs Monaten Festungshaft verurteilt, die er in Groß Strehlitz in Oberschlesien verbüßte. Seit den ersten Massenstreiks 1916 war die Verhaftung und anschließende Einberufung der Arbeiter- und Streikführer zum Militär ein explizites Druckmittel zur Disziplinierung der Arbeiterschaft in den Rüstungsbetrieben geworden. Direkt nach seiner Entlassung aus der Festungshaft wurde

Karl Artelt (1. v. l.) als Matrose bei der I. Werft-Division, September 1914.
Sammlung Klaus Kuhl

Lothar Popp. Passfoto
vermutlich Mitte 1920er Jahre

das USPD-Mitglied Artelt im Dezember 1917 zur Strafkompanie des 2. Marine-Pionierbataillons nach Flandern versetzt. Wegen erneuter politischer Agitation wurde er, obwohl völlig gesund, im Februar 1918 in eine Nervenheilanstalt in Brügge eingewiesen. Nach nur sechs Wochen wurde Artelt wieder aus der Heilanstalt entlassen und nach Kiel zurückgeschickt, wo sich mehrere militärische Einheiten zunächst weigerten, den notorischen Aufrührer aufzunehmen. Schließlich kam er als Pumpenspezialist bei der Torpedobootreparaturwerkstatt in der Wik unter, von wo aus er das 1917 zerschlagene Netzwerk der Vertrauensleute in der Marine wieder aufbaute.[31]

Auch Lothar Popp hatte im November 1918 bereits eine Karriere als Streikführer hinter sich. Nach 20 Monaten als Soldat war er Anfang 1917 als dienstuntauglich nach Kiel entlassen worden und hatte fortan als dienstverpflichteter Schlosser auf der Germaniawerft gearbeitet. Im März 1917 gehörte er zu den Mitbegründern des »Sozialdemokratischen Ortsverein (alte Richtung)«, aus dem kurz danach die Kieler USPD hervorging. Im März-Streik 1917 spielte Popp noch keine aktive Rolle, gehörte aber im Januar 1918 während der großen Protestkundgebungen auf dem Wilhelmplatz zu den Hauptrednern. Im Anschluss an die reichsweiten

Proteste und Massenstreiks kam es auch in Kiel zu Repressionen gegen die Streikführer. Weil Popp am 26. Januar zur Wahl eines Arbeiterrates aufgerufen hatte und per Akklamation zu dessen Vorsitzendem gewählt worden war, wurde er am 2. Februar 1918 vom außerordentlichen Kriegsgericht Kiel für die Einberufung einer nicht genehmigten Versammlung unter freiem Himmel zu zwei Monaten Gefängnis verurteilt, die er in Neumünster absaß.[32] Nach seiner Entlassung nahm er keine feste Arbeit mehr in Kiel an, weil er finanziell unabhängig war. Mit der Rückkehr des III. Geschwaders nach Kiel stellten sich Karl Artelt und Lothar Popp an die Spitze des Matrosen- und Arbeiteraufstands und wurden so die wichtigsten Gegenspieler der Admirale Souchon und Küsel.

Erinnerungen, Marinedokumente, Fotografien

Für die Rekonstruktion der entscheidenden Tage vom 1. bis zum 7. November in Kiel sind die Aufzeichnungen, Erinnerungen und Berichte der oben vorgestellten Kontrahenten von größter Bedeutung, denn sie geben den besten Einblick in die Motive ihres Handelns und das Wechselspiel von Aktion und Gegenaktion. Allgemein lässt sich feststellen, dass die ganz überwiegende Zahl der Augenzeugenberichte aus dem obrigkeitstreuen Lager stammt. Hier ist als herausragende Quelle der undatierte 75-seitige »Beitrag zur Geschichte des revolutionären Umsturzes in der Kaiserlichen Marine und in Kiel. November 1918.« von Konteradmiral a. D. Küsel zu nennen. Er wurde zwar erst nach 1933 auf der Grundlage von während der Zeit des Umsturzes gemachten Aufzeichnungen geschrieben und ist auch nicht frei von Tendenzen, die die Entscheidungen der Stationsführung, die bereits von vielen Zeitgenossen als charakterliches und militärisches Versagen empfunden wurden, im Nachhinein rechtfertigen sollen. Dennoch gibt er aus der Perspektive der Marinestation der Ostsee sehr detaillierte und wichtige Auskünfte über die Ereignisse und Entscheidungsprozesse vom 31. Oktober bis zum 11. November 1918 in Kiel.[33] Zum Abgleich hinzugezogen werden muss das »Kriegstagebuch der Kommandantur« der Marinestation.[34] Ergänzt werden diese Dokumente durch die Berichte der Polizeispitzel an die Marinestation und die Berichte etlicher Offiziere von in Kiel im November 1918 stationierten Einheiten, die auf Anweisung der Marineleitung zur Rekonstruktion der genauen Ereignisse in den Monaten nach dem Umsturz angefertigt wurden.

Von den Aufständischen gibt es bis auf zwei wichtige Ausnahmen kaum authentische Quellen, die aus der Zeit selber stammen, sodass sich ihre Motive und ihr Handeln oft nur aus den Reaktionen und Berichten ihrer politischen Gegenspieler rekonstruieren lassen. Bernhard Rausch, Chefredakteur der »Schleswig-Holsteinischen Volkszeitung«, publizierte bereits Ende November 1918 eine den politischen Positionen der MSPD nahestehende Schrift mit dem Titel »Am Springquell der Revolution. Die Kieler Matrosenerhebung«. Lothar Popp und Karl Artelt veröffentlichten Ende Dezember 1918 ihre Version der Ereignisse als Broschüre unter dem Titel »Ursprung und Entwicklung der Novemberrevolution 1918« und vertraten darin eine vor allem der USPD nahestehende Sichtweise der Revolution. 1920 veröffentlichte der SPD-Reichstagsabgeordnete und zwischenzeitliche Reichswehrminister Gustav Noske, der am 4. November 1918 als Marineexperte von der Reichsregierung zur Beruhigung der Lage nach Kiel geschickt worden war, seine Erinnerungen an die Zeit des Matrosenaufstands unter dem Titel »Von Kiel bis Kapp. Zur Geschichte der deutschen Revolution.« Die von anderen Augenzeugen des Matrosenaufstands zum Teil erst Jahrzehnte später verfassten Berichte sind häufig ideologisch eingefärbt und daher nur wenig belastbar. Dies gilt insbesondere für die auf Anweisung der Sozialistischen Einheitspartei Deutschlands in den 1950er Jahren zusammengestellten Erinnerungen an den Matrosenaufstand, mit denen sich die Deutsche Demokratische Republik in eine Traditionslinie mit den revolutionären Matrosen und Arbeitern von 1918 stellen wollte.[35] Insgesamt gesehen ist die Quellenlage zu den Kieler Ereignissen recht einseitig, und die Selbstzeugnisse werden klar vom Lager der Revolutionsgegner dominiert. Darüber hinaus sind die Aufzeichnungen des Kieler Soldatenrates und Arbeiterrates im Gegensatz zu anderen Städten nicht überliefert, sodass sich deren Entscheidungen nur bruchstückhaft aus dem Schriftwechsel mit anderen Institutionen rekonstruieren lassen. Weiterhin kommt hinzu, dass mit der politischen Deutung des Matrosenaufstands als Ursache der deutschen Niederlage im Ersten Weltkrieg, die bereits kurz nach der Revolution von 1918 einsetzte, viele Matrosen und Arbeiter, die an dem Umsturz in Kiel teilgenommen haben, ihre Aufzeichnungen aus Angst vor möglichen nachteiligen Konsequenzen vernichtet haben dürften.

Darüber hinaus gibt es keine Fotos aus den entscheidenden Tagen des Matrosenaufstands vor dem 10. November 1918, die eindeutig Kiel zugeordnet werden können, obwohl es in der Stadt eine beträchtliche Anzahl von Berufsfotografen, vor allem Marinefotografen, gab. Das völlige Fehlen von Fotos vom Revolutionsgeschehen ist vor allem zwei Umständen geschuldet. Zum einen waren die Fotoapparate noch sehr groß und mussten erst aufwendig aufgebaut werden, sodass Fotografien von spontanen Ereignissen kaum möglich waren. Zum anderen spielten sich vor allem in den ersten Tagen des Aufstands die entscheidenden Ereignisse wie die Protestkundgebungen und Demonstrationen am späten Nachmittag und abends ab, als es bereits so dunkel war, dass die Lichtverhältnisse keine Aufnahmen im Freien mehr zuließen. Es ist deshalb nicht überraschend, dass die ersten eindeutig dem Matrosenaufstand in Kiel zuzuordnenden Fotografien von einer Kundgebung auf dem Wilhelmplatz vom 10. November 1918 stammen bzw. die im Vorfeld in den Zeitungen angekündigte Beerdigung der Opfer des gewaltsam aufgelösten Demonstrationszugs vom 3. November am 10. November 1918 auf dem Eichhoffriedhof zeigen.

Ähnliches gilt für die Presse. Erstaunlicherweise werden die Anfänge des Matrosenaufstands vom 1. bis zum 3. November sowohl in den Kieler als auch in den überregionalen Zeitungen zunächst kaum erwähnt, obwohl die zuvor mit aller Strenge durchgesetzte Pressezensur bereits im Oktober 1918 praktisch zusammengebrochen war und von den sozialdemokratisch ausgerichteten Zeitungen nicht mehr beachtet wurde. Während in den beiden bürgerlichen Zeitungen, der »Kieler Zeitung« (KiZ) und den »Kieler Neuesten Nachrichten« (KNN), noch die Waffenstillstandsverhandlungen mit den Alliierten, die zukünftige Rolle des Kaisers und der rapide Zerfall der Donaumonarchie Österreich-Ungarn im Mittelpunkt der politischen Berichterstattung standen, begann vor allem die sozialdemokratische »Volkszeitung« ab dem 4. November, detailliert über die Unruhen in der Stadt zu berichten. Ein entscheidender lokaler Grund dafür war sicherlich, dass die am Mittag des 3. November von der Marinestation der Ostsee erlassene Anweisung an die Kieler Zeitungen, »über die Unruhen und militärischen Maßnahmen nur vom Gouverneur rezensierte Angaben zu bringen«, mit dem effektiven Kontrollverlust des Gouverneurs am 4. November keinerlei Beachtung mehr fand.[36] Mit der am 5. November für alle durch rote Fahnen weithin sichtbaren Übernahme der Macht auf den Schiffen und in der Stadt durch den Soldatenrat nahm auch in der bürgerlichen Presse die Berichterstattung über die politischen Umwälzungen an der Förde sprunghaft zu, sodass die lokalen Zeitungen zu einer wichtigen Quellengruppe avancieren.

5. Eine Chronologie der Kieler Ereignisse
1. bis 10. November 1918

Freitag, 1. November 1918

Um 1.45 Uhr in der Nacht läuft das erste Schiff des III. Geschwaders aus der Holtenauer Schleuse in den Kieler Hafen ein. Die anderen Schiffe folgen in kurzen Abständen. Bereits in den Schleusen dürfen die beurlaubten Mannschaften die Schiffe verlassen, eine Maßnahme, die zuvor nicht mit der Marinestation abgesprochen worden war. Gleichzeitig werden die festgenommenen Matrosen von Bord der »Markgraf« in die Marinearrestanstalt in der Feldstraße sowie in das nördlich von Kiel bei Altenholz gelegene Fort Herwarth gebracht.[37]

Die Inhaftierung der aufrührerischen Matrosen setzt auf den Schiffen und auch an Land eine Dynamik in Gang, die weder die befehlshabenden Offiziere auf den Schiffen noch diejenigen in der Marinestation der Ostsee vorausahnen. Vielen Matrosen des III. Geschwaders ist jedoch sehr bewusst, welches Schicksal ihren inhaftierten Kameraden jetzt droht, denn die überaus harten Urteile der Militärjustiz nach der Marinemeuterei im Sommer 1917 in Wilhelmshaven sind noch in frischer Erinnerung. Die Bewegung, die mit Befehlsverweigerungen in Wilhelmshaven begann, entwickelt sich nun in Kiel innerhalb von wenigen Tagen zu einem breiten Volksaufstand mit politischem Hintergrund weiter.

Linienschiff SMS »Markgraf«

Das Einlaufen des III. Geschwaders in seinen Heimathafen versetzt den neuen Stationschef in eine Zwangslage. Er will die Matrosen auf keinen Fall in seiner ohnehin schon politisch sehr unruhigen Stadt haben. Um 10 Uhr vormittags meldet sich Geschwaderchef Vizeadmiral Kraft im Stationsgebäude bei Admiral Souchon.[38] Souchon erläutert ihm, dass sich im Festungsbereich Kiel über 100 000 Arbeiter befinden, unter denen es gärt, und man anlässlich des Jahrestages der russischen Revolution für den 5. oder 7. November einen großen Streik der Rüstungsarbeiter erwarte. Von den Arbeitern der Germaniawerft wisse man, dass sie einen Massenstreik vorbereitet hätten, um die Annahme der Forderungen des amerikanischen Präsidenten Wilson durchzusetzen. Um zu verhindern, dass sich streikende Arbeiter und Tausende potenziell ungehorsamer Soldaten zusammentun, müsse Kraft mit seinen Schiffen Kiel sofort verlassen. Letzterer sieht sich dazu aber außer Stande, weil der überwiegende Teil seiner Mannschaften bereits beurlaubt und in den Schleusen von Bord gegangen ist. Kraft versichert Souchon, dass der Landgang für die Mannschaften die Situation auf seinen Schiffen beruhigen werde. Sein Flaggschiff, die »König«, schicke er zur fälligen Überholung sofort in die Werft, die Mannschaft soll dann trotz bestehender Urlaubs- und Bahnsperre während des Werftaufenthalts auf Heimaturlaub geschickt werden. Des Weiteren eröffnet Kraft Souchon, dass er weitere 180 Matrosen von der »Markgraf«, die seiner Ansicht nach eine Gefahr für das Schiff bedeuten, festnehmen und in ein Fort außerhalb von Kiel bringen lassen will. Die Bewachungsmannschaften für den Transport der Festzunehmenden soll das Stationskommando stellen, da die eigenen Mannschaften nicht zuverlässig genug sind. Ebenso fordert Kraft die Unterstützung des Stationskommandos bei der Überwachung der beurlaubten Matrosen. Admiral Souchon stimmt diesen Maßnahmen zu, andere Forderungen Krafts weist er aber entschieden zurück. Abgesehen von der »König« sollen die Besatzungen der anderen Schiffe des Geschwaders keinen Urlaub außerhalb von Kiel bekommen, da sich das ungünstig auf die Truppenteile an Land auswirken könne. Eine Beurlaubung über Kiel hinaus und die Benutzung der Bahn bis Hamburg und Lübeck, wie von Kraft gefordert, lehnt Souchon ab. Ebenso weist er die geforderte Abkommandierung von unsicheren Elementen von Bord der Schiffe zu den Stammmarineteilen strikt zurück, weil er befürchtet, dass so die Befehlsverweigerungen auch in diese Einheiten an Land weitergetragen würden. Abschließend verhängt Souchon noch ein Verbot über die Zeitungen, über die »Meutereien« im III. Geschwader zu berichten, und tatsächlich erscheinen auch bis zum 4. November keine Berichte über die Befehlsverweigerungen an Bord und die Festnahme von Matrosen.[39]

Von einer völligen Überrumpelung Souchons durch Kraft, wie mitunter geschrieben wurde, kann also keine Rede sein. Im Gegenteil, Kraft informiert Souchon im Vorfeld per Boten über die Rückkehr des Geschwaders sowie die Befehlsverweigerungen an Bord, und die weiteren Maßnahmen in Kiel im Umgang mit den Besatzungen werden am Vormittag des 1. November von beiden Admiralen gemeinsam getroffen. Noch am Nachmittag

Marinestation der Ostsee. Stationsgebäude Lornsenstraße/Adolfstraße (um 1910)

desselben Tages begeben sich Korvettenkapitän Düms, der Referent der Abwehrabteilung der Marinestation, und Korvettenkapitän Meusel an Bord der »König« und der »Bayern«, um die Umsetzung der angeordneten Maßnahmen zu besprechen.

So treffen am frühen Morgen des 1. November etwa 5000 unzufriedene Matrosen zusätzlich in der unruhigen Fördestadt ein, die ohnehin schon mit Matrosen und Soldaten überfüllt ist. Anfang November 1918 befinden sich mindestens 8 Linien- bzw. Großlinienschiffe, etwa 36 Torpedoboote sowie 5 kleine Kreuzer, Unterseeboote, Ausbildungs- und Spezialschiffe mit insgesamt 25 000 Matrosen im Kieler Hafen. Im Verlauf der nächsten Tage verdoppelt sich die Zahl der Schiffe im Kieler Hafen noch, weil vor allem viele kleinere Einheiten aus der Ost- und Nordsee in den Kieler Hafen zurückkehren.

Vizeadmiral Kraft verfolgt eine Doppelstrategie: Absonderung und Bestrafung derjenigen Matrosen, die er für »Meuterer« hält, großzügiger Landgang bzw. Heimaturlaub für diejenigen Mannschaften, die sich nicht an den Befehlsverweigerungen beteiligt haben. So hofft er, die angespannte Stimmung auf den Schiffen beruhigen zu können. Mit der Marinestation der Ostsee vereinbart er zur Sicherheit zudem, die Matrosen auf Landgang durch eigene Deckoffiziere in Zivil und die Polizei überwachen zu lassen, um ungewollten Entwicklungen vorzubeugen. Die Spitzel der politischen Polizei vom Kriminalkommissariat 5 heften sich sofort an die Fersen der Matrosen.

Zum Treffpunkt für die unzufriedenen, um ihre inhaftierten Kameraden besorgten Matrosen und zum Kristallisationspunkt des Aufstands wird das Gewerkschaftshaus, in dem sich ab dem 1. November Matrosen, Arbeiter sowie die Funktionäre beider sozialdemokratischen Parteien und der Gewerkschaften treffen, um über das weitere Vorgehen zu beraten.

Den Anfang machen am Abend des 1. November etwa 250 Landgänger, vor allem Mannschaftsdienstgrade aber auch einige Unteroffiziere, von der »Bayern«, »König« und »Markgraf«. Krimi-

Gewerkschaftshaus in der Legienstraße (um 1910)

nalkommissar Gäbler von der politischen Polizei beobachtet das Treffen, das um 19 Uhr beginnt und etwa eine Stunde dauert. In seinem Bericht an die Marinestation der Ostsee fasst er seine Beobachtungen und die Informationen seiner Zuträger zusammen:[40] So verlangen die Versammelten vor allem die sofortige Freilassung und Straffreiheit ihrer 26 wegen »Meuterei« inhaftierten Kameraden. Des Weiteren beschließen sie, dass die Mannschaften den Offizieren den Gehorsam verweigern und Sabotage an den Schiffen verüben sollen, um so zu verhindern, dass die Schiffe wieder in See stechen können. Für den Fall, dass die Offiziere dagegen einschritten, so sollen sie mit Gewalt beseitigt werden. Gegen Ende der Veranstaltung sollen die Versammelten noch »Nieder mit den Lumpen« gegen die Offiziere und »Hoch lebe die Bolschewiki« gerufen haben. Für den nächsten Abend vereinbaren die Versammelten ein weiteres Treffen im Gewerkschaftshaus, bevor sie auseinandergehen. Bei der Rückkehr der Landgänger auf ihre Schiffe sollen sich in der Wasserallee (heute Düsternbrooker Weg) große Disziplinlosigkeiten und tumultartige Szenen abgespielt haben.

Ihre Forderung nach Freilassung der inhaftierten Kameraden können die Matrosen nach ihrer Rückkehr auf die Schiffe jedoch nicht durchsetzen, denn die Kommandanten weisen die Delegationen ihrer Vertrauensleute brüsk zurück. Wollen die Matrosen erfolgreich sein, müssen sie ihren Forderungen mehr Nachdruck verleihen und dazu brauchen sie mehr Rückhalt in der Bevölkerung. Das Gewerkschaftshaus ist dafür genau der richtige Ort, hier stellen die Anführer der Matrosen und die Führer der Kieler Arbeiter am Abend des 1. November die nötigen Kontakte her, um ihr weiteres Vorgehen zu koordinieren und den Protest in die breite Öffentlichkeit zu tragen. Diese Gefahr wird auch in der Marinestation der Ostsee erkannt.

Die Staatsmacht ist durch ihre Spitzel über die Absichten der Matrosen gut informiert. Aus Sicht des Militärs und der Polizei muss das neuerliche Treffen der aufrührerischen Matrosen am 2. November im Gewerkschaftshaus unter allen Umständen verhindert werden. Verhandlungen mit den Matrosen kommen für den Chef der Marinestation der Ostsee aber nicht infrage, deshalb lässt er noch am Abend des 1. November die Wachen an der Marinearrestanstalt in der Feldstraße um einen Offizier und zehn Mann verstärken.

Während Admiral Souchon am 1. November mit den direkten Auswirkungen des gescheiterten Flottenvorstoßes konfrontiert wird und den ganzen Tag fieberhaft überlegt, was er mit dem unruhigen III. Geschwader in seiner Stadt machen soll, ordnet die Marineführung bereits die Vernichtung der vom Flottenkommando herausgegebenen Befehle zum gescheiterten Flottenvorstoß an, um die wahre Intention der Operation zu verschleiern.

Sonnabend, 2. November 1918

Um 9 Uhr vormittags findet eine gemeinsame Besprechung hochrangiger Offiziere in der Marinestation statt.[41] Anwesend sind Admiral Souchon, Konteradmiral Küsel, Korvettenkapitän Werth (I a), Korvettenkapitän Düms (I c, Nachrichtenwesen und Abwehr) und der Geheime Oberkriegsgerichtsrat Dr. Eichheim (III a) vom Stationskommando; Vizeadmiral Kraft vom III. Geschwader; Stadtkommandant Kapitän zur See Wilhelm Heine; sowie Vizeadmiral Otto Wurmbach (Inspekteur des Bildungswesens der Marine), Konteradmiral Hans Uthemann (Inspekteur des Torpedowesens), Konteradmiral Karl Sievers (Inspekteur der I. Marine-Inspektion), Konteradmiral Hugo Langemak (Inspekteur des Minen-, Sperr- und Sprengwesens), Vizeadmiral Hermann Nordmann (zur Verfügung des Chefs der Marinestation der Ostsee), Konteradmiral Max Hahn (Inspekteur der Schiffsartillerie) sowie der Militärpolizeimeister Dr. Walter von Brüning (seit dem 7. Juli 1918 Polizeipräsident von Kiel). Die Versammelten besprechen die Vorfälle vom 1. November, und obwohl Kraft die Lage auf seinen Schiffen als ernst beurteilt, bringt er seine Überzeugung zum Ausdruck, dass der Landgang beruhigend auf seine Mannschaften wirken werde. Die größte Gefahr sehen alle Beteiligten in einer Ausweitung der Kontakte zwischen den Matrosen und den Arbeitern. Um zu verhindern, dass die Arbeiter, die Streiks angedroht haben, mit den Mannschaften des III. Geschwaders in Kontakt kommen, wird beschlossen, das Gewerkschaftshaus für alle Marineangehörigen zu sperren. Die Sicherung des ganzen Stadtbereiches ist Aufgabe des Stadtkommandanten, Kapitän z. S. Wilhelm Heine, ihm unterstellt ist der Militärpolizeimeister Walter von Brüning, der für die Unterdrückung von Unruhen in der Bevölkerung zuständig ist. Dazu bekommt die Polizei eine mit scharfer Munition bewaffnete Kompanie des I. Ersatz-See-Bataillons, das dem Militärgouverneur als Einsatzreserve im Falle von Unruhen in der Stadt dient, unter Hauptmann v. Below zur Seite gestellt. Sie wird in der Maschinenbauschule an der Ecke der Fährstraße zum Knooper Weg stationiert, richtet in der Fährstraße einen ständigen Patrouillendienst ein und soll mögliche Zusammenrottungen von Matrosen auflösen. Souchon ordnet an: »Jede Versammlung von Marineangehörigen ist zu verhindern. Mit allen militärischen Machtmitteln, unter Anwendung von Waffengewalt ist Meutereien entgegenzutreten.«[42]

Sowohl die Kieler SPD als auch der Vorstand des Gewerkschaftshauses – Bernhard Rausch und Eduard Adler – werden über diese Maßnahmen in Kenntnis gesetzt. Des Weiteren werden alle Gastwirte angewiesen, ihre Räumlichkeiten den Matrosen nicht zur Verfügung zu stellen.

Bereits im Gewerkschaftshaus anwesende Marinemannschaften, die die Show eines Zauberkünstlers sehen wollen, werden von der Polizei des Hauses verwiesen. Allerdings signalisieren einige Marineinfanteristen des Ersatz-See-Bataillons während ihrer Patrouillen den Matrosen schnell, dass sie mit ihren Forderungen sympathisieren und nicht auf ihre Kameraden schießen werden. Manche Patrouillen erfüllen auch ihren Auftrag nicht und kehren in ihre Kaserne zurück.

Als die ersten Matrosen des III. Geschwaders gegen 18 Uhr vor dem Gewerkschaftshaus eintreffen, werden sie zunächst zum Saal des Versammlungslokals »Harmonie« in der Faulstraße weiterverwiesen, wo ihnen der Wirt aber ebenfalls den Zutritt verweigert. Über Mundpropaganda verbreitet sich jedoch schnell die Nachricht, man möge sich zum großen Exerzierplatz im Vieburger Gehölz im Süden der Stadt begeben. Aber auch dort ist die politische Polizei bereits vor Ort. Als Matrose verkleidet mischt sich Kriminalschutzmann Hager gegen 19 Uhr unter die Versammelten. Sein Bericht an die Marinestation der Ostsee schildert den Ablauf der Protestversammlung:[43] Gegen 19.30 Uhr haben sich etwa 600 Mann, vor allem von den Schiffen »Markgraf«, »König«

und »Bayern«, auf dem großen Exerzierplatz, auch »Schleifstein« genannt, eingefunden. Zunächst berichten verschiedene Redner über die Stimmung in ihren Einheiten und fordern erneut die sofortige Freilassung ihrer verhafteten Kameraden. Als dritter Redner tritt dann Karl Artelt auf. Er gibt sich sogleich als USPD-Mitglied zu erkennen und bringt unmissverständlich zum Ausdruck, »dass sie für einen sofortigen Frieden und die Einstellung weiteren Blutvergießens von Proletarierblut durch Verweigerung des Dienstes streben müssten.« Er fordert alle Anwesenden deshalb auf, den Gehorsam zu verweigern und die Schiffe zu verlassen, sodass diese nicht wieder in See gehen können. Artelts Forderungen kulminieren in nichts Geringerem als dem Aufruf zum Umsturz der bestehenden Herrschaftsordnung. Er verlangt die Niederschlagung des Militarismus, die Beseitigung des Klassensystems und der herrschenden Klasse. Sollten diese Ziele nicht auf friedlichem Wege erreicht werden, dann – so Artelt – müsse auch Gewalt angewendet werden. Hier spricht weniger der Soldat als der Politiker Artelt, der einen Systemwechsel und die Revolution fordert. Abschließend wird noch berichtet, dass die Werftarbeiter einen großen Streik planen und dass auch die Stimmung unter den Torpedoboot- und U-Boot-Besatzungen sehr schlecht ist, sodass auch sie für den Aufstand gewonnen werden könnten. Als Letztes beschließen die Matrosen, sich am 3. November wieder auf dem großen Exerzierplatz zu versammeln und anschließend einen großen Demonstrationszug, zu dem sie mehrere Tausend Teilnehmer erwarten, durch die Stadt zu veranstalten, um der Bevölkerung ausdrücklich zu zeigen, dass sie noch da sind. Mit einem dreifachen Hoch auf die internationale Sozialdemokratie und die USPD endet die Versammlung gegen 20 Uhr, und die Matrosen zerstreuen sich. Die inzwischen zum Vieburger Gehölz beorderte Kompanie des Ersatz-See-Bataillons trifft dort zu spät ein. Sie trifft nur noch auf die abziehenden Matrosen und ergreift ca. 70 von ihnen, die jedoch alle im Schutz der Dunkelheit entkommen.[44] Kriminalschutzmann Hager hebt abschließend in seinem Bericht hervor, dass die Situation aufgrund der Begeisterung der Matrosen und die durch Hurra- und Bravorufe deutlich zum Ausdruck gebrachte Zustimmung für die Forderungen der Redner als sehr ernst zu bezeichnen sei.

Die obrigkeitsstaatliche Entscheidung, das Gewerkschaftshaus für die aufbegehrenden Matrosen zu sperren, bleibt nicht ohne Folgen. Anstelle einer möglichen Begrenzung der Matrosenproteste auf das Gewerkschaftshaus führt diese Maßnahme der Marinestationsführung dazu, dass die Matrosen ihren Unmut jetzt für jedermann sichtbar in die breite Öffentlichkeit tragen. Aufgrund der Teilnahme von Werftarbeitern und mehreren Vertrauensleuten der USPD an der Protestversammlung im Vieburger Gehölz wissen die Matrosen nun auch, dass es in der kriegsmüden Arbeiterschaft ebenfalls gewaltig gärt, und sie suchen jetzt gezielt den Schulterschluss mit der Zivilbevölkerung. Deshalb trifft sich Karl Artelt noch am Abend des 2. November mit Lothar Popp und anderen USPD-Funktionären in deren Parteibüro in der Preußerstraße und fordert, dass sich die Werftarbeiter den Matrosen anschlössen. Man vereinbart, dass Artelt die Matrosen für den 3. November mobilisiert und dass die USPD die Arbeiter zur geplanten Massendemonstration zusammenruft. Noch in der Nacht werden Tausende Handzettel gedruckt, die die Soldaten und Arbeiter zur Solidarität aufrufen: »Kameraden, schießt nicht auf eure Brüder! Arbeiter, demonstriert in Massen, lasst die Soldaten nicht im Stich!«[45] Zur selben Zeit gibt es in der Marinestation Überlegungen, das Parteibüro der USPD sofort schließen zu lassen, allerdings wird diese Maßnahme auf Antrag des Militärpolizeimeisters fallen gelassen, um die polizeiliche Überwachung der USPD-Mitglieder nicht zu gefährden. Die für die Bekämpfung von Unruhen vorgesehenen Maßnahmen werden aber sofort in vollem Umfang befohlen.[46]

Ermutigend für die Matrosen- und Arbeiterführer ist sicherlich auch, dass sich die angeforderten Soldaten des Ersatz-See-Bataillons nur wenig Mühe gaben, die von der Versammlung zurückkehrenden Soldaten festzunehmen und stattdessen in der Dunkelheit wieder entkommen ließen. Dieses Verhalten lässt für die Aufständischen den Rückschluss zu, dass auch dieser Truppenteil nicht mehr loyal zum Militärgouverneur steht. Der von der Marinestation so gefürchtete Zusammenschluss von rebellierenden Matrosen, unzufriedenen Arbeitern und der USPD ist passiert, wenn auch nicht im Gewerkschaftshaus so doch auf dem Exerzierplatz im Vieburger Gehölz.

Während im USPD-Parteibüro bereits die Handzettel vervielfältigt werden, kommt es in der Wohnung von Konteradmiral Küsel gegen 22.30 Uhr zu einer nächtlichen Krisensitzung, an der auch Stadtkommandant Heine, Korvettenkapitän Düms und der Militärpolizeimeister Walter von Brüning teilnehmen.[47] Polizeibeamte erstatten Bericht über die Versammlung im Vieburger Gehölz, und es wird das Vorgehen für den nächsten Tag besprochen. In dieser Sitzung fehlt Gouverneur Admiral Souchon, der in seinem Privatquartier in Holsts Hotel am Schlossgarten weilt. Küsel hält die Lage für so ernst, dass er sich im Anschluss an die Sitzung gegen Mitternacht mit den Teilnehmern zu Souchon in Holsts Hotel begibt. Dort entbrennt eine Diskussion über die Zuverlässigkeit der eigenen Truppen, und es wird beschlossen, vorerst keine auswärtigen Armeetruppen vom IX. Reserve-Armee-Korps (= Stellvertretendes Generalkommando) in Altona, das für die Sicherheit in ganz Schleswig-Holstein mit Ausnahme des Reichskriegshafens Kiel zuständig ist, anzufordern, denn eine solche Maßnahme, so Küsel, »schien einer moralischen Bankrotterklärung der Marine gleichzukommen.«[48] Noch hat die Stationsleitung in Kiel Vertrauen in das Gros ihrer Truppen, sie will allerdings zum Zeitpunkt dieser Entscheidung nicht gewusst haben, wie unzuverlässig das Ersatz-See-Bataillon, die herbeigerufenen Schutzleute und die im ehemaligen Tanzlokal Waldwiese untergebrachte Kompanie der I. Matrosen-Division sich bei der angeordneten Auflösung der Protestversammlung auf dem Exerzierplatz erwiesen hätten. Diese Behauptung Küsels scheint durchaus plausibel, denn Kriminalschutzmann Hager schreibt in seinem einen Tag später verfassten Bericht[49] an die Marinestation über die heimliche Protestversammlung der Matrosen lediglich, dass einzelne Seesoldaten die Versammlungsteilnehmer gewarnt hätten, dass sie zu deren Ergreifung ausgerückt seien, sodass sich die Matrosen durch sofortige Flucht ihrer Festnahme entzogen. Festnahmen – so Hager – seien nicht erfolgt. Von der absichtlichen Freilassung Festgenommener berichtet er nicht. Allerdings wird die Freilassung von etwa 70 Festgenommenen im Kriegstagebuch der Kommandantur der Marinestation vermerkt. Es lässt sich aber nicht mehr feststellen, zu welchem Zeitpunkt der Eintrag gemacht wurde, und es deutet einiges darauf hin, dass der Eintrag erst nach dem 2. November angefertigt wurde, sodass diese Information Souchon und Küsel zum Zeitpunkt ihrer Entscheidung, keine auswärtigen Heerestruppen zur Hilfe zu rufen, noch nicht bekannt war.[50] Diese Ansicht Küsels wird auch durch eine Aufzeichnung Souchons vom 7. Oktober 1926 gestützt, in der er schreibt: »2h nachts meldete mir der Stadtkommandant, die Verhaftungen seien in der Dunkelheit misslungen.«[51] Dass die Seesoldaten gar keine ernsthaften Versuche unternommen hatten, die Teilnehmer der Versammlung zu verhaften, sei ihm in dieser Nacht nicht mitgeteilt worden.

Sonntag, 3. November 1918

Bereits am Vormittag verschärft sich die Situation gegen 9.30 Uhr in Kiel, als der Kommandant der »Markgraf«, Kapitän zur See Hermann Mörsberger, weitere 57 Matrosen und Heizer wegen Befehlsverweigerung festnehmen lassen will. Da er die Besatzung seines Schiffes für nicht mehr zuverlässig hält, werden die I. und die II. Kompanie des I. Ersatz-See-Bataillons unter Führung des Hauptmanns der Reserve Eckart für die Abholung und Überstellung der Befehlsverweigerer nach Fort Herwarth angefordert.

Die Überführung leitet Stadtkommandant Heine persönlich. An der Vinetabrücke direkt vor der Marineakademie spricht er, so Bernhard Rausch, zu den angetretenen Seesoldaten und erläutert ihnen, dass die Front noch ungebrochen und der Krieg nicht verloren sei. Dann appelliert er an ihren soldatischen Gehorsam und verlangt, dass sie nicht davor zurückschrecken dürfen, das Blut ihrer Kameraden zu vergießen.[52] Als Hauptmann Eckart den Seesoldaten anschließend ihren Auftrag eröffnet, weigern sich die Soldaten der II. Kompanie beinahe geschlossen, die Matrosen von der »Markgraf« abzuführen. Ein Soldat namens Axhelm tritt hervor und begründet die Befehlsverweigerung damit, »er wäre zwei Jahre im Felde gewesen und kämpfe nicht gegen deutsche Kameraden. Es sei schon genug, wenn die Feinde deutsches Blut vergössen.«[53] Nach längerem Zureden finden sich doch noch 15 Seesoldaten der II. Kompanie, die zusammen mit der ebenfalls angerückten I. Kompanie die Überführung der Festgenommenen übernehmen. Während die aufrührerischen Matrosen und Heizer von 10.30 bis 12.30 Uhr in das Fort Herwarth bei Altenholz gebracht werden, wird die II. Kompanie in ihre Kaserne zurückgeführt. Auch die II. Kompanie des Ersatz-See-Bataillons kann aus Sicht der Marinestation jetzt nicht mehr als loyal eingestuft werden, besondere Maßnahmen gegen die Befehlsverweigerer werden aber nicht angeordnet.[54]

Es stellt sich die Frage, warum Stadtkommandant Heine überhaupt das I. Ersatz-See-Bataillon für die Überführung der Befehlsverweigerer heranzog, nachdem es sich bereits am Vortag tagsüber im Patrouillendienst um das Gewerkschaftshaus und abends bei der versuchten Auflösung der Versammlung im Vieburger Gehölz als nicht mehr zuverlässig erwiesen und zum Teil sogar gemeinsame Sache mit den Aufständischen gemacht hatte. Das Verhalten des Ersatz-See-Bataillons am 2. November hätte Heine eine Warnung sein müssen, im Kampf gegen die Befehlsverweigerer auf diese Einheit nicht mehr zurückzugreifen, und diese erneuten Befehlsverweigerungen am Vormittag hätte er auch seinen direkten Vorgesetzten Stabschef Küsel und Gouverneur Souchon unbedingt melden müssen. Offensichtlich fehlt Heine aber der Mut einzugestehen, dass er die Befehlsgewalt über die ihm unterstellten Einheiten verloren hat.

Parallel zur Überstellung der Matrosen von der »Markgraf« nach Fort Herwarth findet in der Marinestation ab 9.30 Uhr eine weitere Sitzung der Inspekteure und Schiffskommandanten mit Gouverneur Souchon statt, in der die Vorbereitungen und die Anweisungen für den Stadtalarm um 16 Uhr besprochen werden und an der laut dem Bericht von Küsel dieselben Personen wie am Vortag – also auch Stadtkommandant Heine – teilnehmen. Weder im Kriegstagebuch der Kommandantur noch im Bericht Küsels findet sich ein Hinweis, dass Heine, der für die Sicherheit in der Stadt zuständig und damit für den nachmittäglichen Stadtalarm die wichtigste Person war, das Wort ergreift und die Anwesenden über die gerade geschehenen Befehlsverweigerungen in der II. Kompanie des Ersatz-See-Bataillons informiert. Stattdessen verschweigt er wiederum diese entscheidende Information und wiegt die Anwesenden so in einer trügerischen Sicherheit, die für den Abend angekündigte Versammlung der Matrosen im Vieburger Gehölz mit den eigenen zur Verfügung stehenden Kräften niederschlagen zu können. In der Sitzung wird auch beschlossen, den bei den Mannschaften besonders unbeliebten Ersten Offizier der »Markgraf« abzulösen und durch den Adjutanten des Chefs der Seekriegsleitung Korvettenkapitän Wilfried von Loewenfeld zu ersetzen.[55] Außerdem sollen zur Beruhigung der Situation sofort Kapitänleutnants aus den U-Boot- und Torpedobootkursen auf die Schiffe des III. Geschwaders abkommandiert werden.[56] Des Weiteren beschließen die Sitzungsteilnehmer, an die durch den Stadtalarm in ihre Kasernen zurückbefohlenen Soldaten entgegen der üblichen Verfahrensweise keine Munition auszugeben, weil man die Soldaten schließlich nicht bewaffnen, sondern von der Straße bekommen wolle. Der Sicherheitsdienst solle mit Munition ausgerüstet werden, die Ausgabe von Pistolen und Munition an die Offiziere und das Büropersonal sei bereits befohlen worden. In seinem später verfassten Bericht hebt Konteradmiral a. D. Küsel zum Ende der Besprechung ausdrücklich hervor: »Mit allen Mitteln, auch unter Anwendung der Schusswaffe sind auftretende Meutereien zu unterdrücken.«[57] Die in ihre Kasernen zurückgekehrten Soldaten sollen durch ihre Offiziere über den Anlass und Zweck der Maßnahme unterrichtet werden. Es gibt also die klare Anweisung, Befehlsverweigerungen mit Waffengewalt niederzuschlagen.

Direkt nach der Besprechung werden das Reichsmarineamt in Berlin, die Seekriegsleitung, das Marinekabinett und der Admiralstab per Fernschreiben über die Lage in Kiel und die Ereignisse am 1. und 2. November informiert. Schonungslos detailliert beschreibt Souchon die Zustände als »äußerst gefährlich«, die Befehlsverweigerungen erwähnt er jedoch nicht, was man als ein weiteres Indiz dafür werten kann, dass sie ihm zum Zeitpunkt des Absetzens des Telegramms noch nicht bekannt waren. Einzig der Satz »Einzelne festgehaltene Gruppen sind den Leuten des Seebataillons angeblich entwischt.« könnte einen kleinen Hinweis auf die mangelnde Loyalität seiner Truppen geben. Gleichzeitig bittet Souchon am Ende des Telegramms, wenn irgendwie möglich einen »hervorragenden sozialdemokratischen Abgeordneten hierher zu schicken, um im Sinn der Vermeidung von Revolution und Revolte zu sprechen.«[58]

Auch Souchon verfolgt eine Doppelstrategie, um die sich abzeichnende Revolte zu bändigen: Einerseits bereitet er sich auf eine militärische Niederschlagung der Revolte vor, gibt gegenüber seinen Offizieren die klare Weisung aus, »Meutereien« mit Waffengewalt zu unterdrücken, und überlegt, dafür neben den eigenen Truppen notfalls auch auswärtige Infanterie nach Kiel zu ordern. Andererseits versucht er durch Vermittlung eines auch von den Aufständischen respektierten sozialdemokratischen Politikers aus Berlin, eine Revolte und Blutvergießen doch noch zu vermeiden. Die für den Abend angekündigte Protestversammlung im Vieburger Gehölz muss er aber noch ohne politische Unterstützung aus Berlin allein in den Griff bekommen.

Schon im Verlauf des Vormittags sind wieder viele Marineangehörige, die Freigang hatten, zum Gewerkschaftshaus geströmt, wo für 12 Uhr mittags seit Längerem eine öffentliche Veranstaltung angesetzt ist, auf der der MSPD-Reichstagsabgeordnete Heinrich Stubbe über die politische Situation reden soll. Stubbe fordert vor über 5000 Menschen die Abdankung des Kaisers, Bernhard Rausch wettert gegen den Militarismus und fordert die Einigkeit der Arbeiterbewegung, Lothar Popp lobt schließlich die Situation in Russland. Währenddessen verteilen USPD-Mitglieder und Soldaten unter den Versammelten die in der letzten Nacht vervielfältigten Handzettel und machen Mundpropaganda für die abendliche Versammlung auf dem großen Exerzierplatz. Nun hängt alles davon ab, wie sich die Lage im Verlauf des Tages weiter entwickelt und ob der Stadtalarm Wirkung zeigen wird.

Um 15.30 Uhr löst Stadtkommandant Heine wie vereinbart den Stadtalarm aus, um so die Matrosen und Soldaten auf ihre Schiffe und in ihre Kasernen zurückzubeordern. Das Alarmsignal der Trommler und Trompeter in den Straßen und auf den Plätzen wird aber vom Großteil der zahlreichen beurlaubten Soldaten nicht beachtet, und diejenigen, die bisher noch nichts von der geplanten Versammlung im Vieburger Gehölz gehört haben, erfahren jetzt durch Nachfragen von dem Vorhaben. Mit dem Auslösen des Stadtalarms werden seitens der Marinestation vier bewaffnete Kompanien Soldaten an verschiedenen Stellen im Stadtgebiet zur Verfügung des Militärpolizeimeisters in Stellung gebracht, um eventuelle Unruhen zu unterdrücken.[59]

Um 16.30 Uhr meldet der Chef der im Tanzlokal »Waldwiese« einquartierten II. Kompanie der I. Matrosen-Division an die Marinestation, dass jeder Straßenbahn zahlreiche Matrosen entsteigen und zum nahegelegenen Exerzierplatz im Vieburger Gehölz strömen. Daraufhin lässt der Gouverneur den Straßenbahnverkehr in Richtung Waldwiese einstellen. Trotz des Stadtalarms versammeln sich bis 17.30 Uhr etwa 5000 bis 6000 Menschen, vor allem Matrosen, Soldaten aber auch Zivilisten und Frauen, auf dem Exerzierplatz. Über den Verlauf der Protestversammlung erfahren wir vor allem aus den Berichten von Lothar Popp, Karl Artelt und Bernhard Rausch, denn die Polizeispitzel sind in der großen Menschenmenge so schlecht positioniert, dass sie nur einen Bruchteil der Reden mitbekommen und auch die Redner nicht identifizieren können. Ihren Vorgesetzten können sie später lediglich berichten, dass die Menge sehr erregt war und die Gefangenen in der Marinearrestanstalt in der Feldstraße befreien wollte. Laut Lothar Popp eröffnet Karl Artelt die Versammlung mit einer Schilderung der aktuellen Ereignisse. Danach verliest ein Marineangehöriger einen Artikel aus der »Leipziger Volkszeitung«, in dem die Vorgänge der Matrosenbewegung 1917 geschildert werden. Anschließend spricht der Vorsitzende des Kieler Gewerkschaftskartells Gustav Garbe und fordert die Anwesenden auf, mit ihrem Massenprotest noch ein bis zwei Tage zu warten, da die Werftarbeiter dann etwas Ähnliches planen. Dieser Aufschub wird jedoch mit der Begründung abgelehnt, dass die Gewerkschaften die bisherigen Protestaktionen während des Krieges nicht unterstützt und die Arbeiter an der Nase herumgeführt hätten. Stattdessen erklären verschiedene Werftarbeiter, dass sie die ungehorsamen Matrosen voll und ganz unterstützen. Danach beschließt die Menschenmenge, gemeinsam zur Marinearrestanstalt in die Feldstraße zu ziehen, um die dort inhaftierten Kameraden zu befreien.[60] Gegen 18 Uhr setzt sich der Demonstrationszug in Bewegung. Das Kriegstagebuch der Kommandantur der Marinestation enthält keinerlei Informationen über den Verlauf der Protestkundgebung auf dem Exerzierplatz bis zum Beginn des Protestzuges, was ein Beleg dafür ist, wie schlecht die Obrigkeit und ihre Sicherheitskräfte vor Ort positioniert sind und wie wenig zeitnahe Informationen über die Absichten der Demonstranten die Marinestation erreichen.

Mittlerweile sind, für alle sichtbar, bewaffnete Patrouillen und Truppen in der Stadt aufgezogen. Es ist daher eine mutige Entscheidung der Protestierenden, trotzdem zur Marinearrestanstalt zu ziehen, denn sie müssen mit dem Einsatz von Gewalt gegen sie rechnen. An der Waldwiese fordern die Demonstranten die dortige Kompanie der I. Matrosen-Division auf, sich ihnen anzuschließen. Die Offiziere und Unteroffiziere können die erregte Menge unter Androhung von Waffengewalt noch etwa zehn Minuten in Schach halten, dann dringen die mit Knüppeln und Brettern bewaffneten Demonstranten über eingeschlagene Fenster und Hintertüren in die Truppenunterkunft ein und befreien die dortigen Arrestanten. Entgegen dem ausdrücklichen Befehl der Marinestation gibt Kompaniechef Hauptmann Otto Bruhn seinen Offizieren keine Erlaubnis, auf die Eindringlinge zu schießen, und führt dafür zwei entscheidende Gründe an: Zum einen hatten die Mannschaftsdienstgrade seiner Kompanie sich bereits am Vortag geschlossen geweigert, gegen die Teilnehmer der Versammlung im Vieburger Gehölz vorzugehen; zum anderen erkannte er, dass der Einsatz von Schusswaffen in dieser Situation nur zu einem völlig sinnlosen Blutvergießen führen würde. Angesichts der Befehlsverweigerung seiner eigenen Truppe lässt Bruhn die Demonstranten schließlich herein und lässt sie auch diejenigen Soldaten mitnehmen, die sich ihnen anschließen wollen. In der Zwischenzeit brechen die Eindringlinge Spinde auf und eignen sich Gewehre an. Anschließend ziehen die Demonstranten zusammen mit den Soldaten der Waldwiese weiter in Richtung Innenstadt.[61] Die zum Schutz der Waldwiese georderten Soldaten des I. Marine-Bataillons treffen zu spät am Ort des Geschehens ein.

An der Waldwiese zeigt sich ein Verhaltensmuster, das sich in den nächsten Tagen häufig wiederholen wird. Angesichts der zahlenmäßigen Übermacht der Aufständischen geben die Offiziere ihren Widerstand kampflos auf, vor allem, weil sie sich der Loyalität ihrer eigenen Einheiten nicht mehr sicher sind bzw.

ihre Befehlsgewalt bereits verloren haben. Dieses resignative Verhalten großer Teile des Offizierskorps ist auch bei der späteren Bewertung der Handlungsspielräume und Entscheidungen von Admiral Souchon als oberstem Befehlshaber bezüglich der Anwendung von Waffengewalt gegen die Aufständischen zu berücksichtigen.

Als Gouverneur Souchon per Telefon über das Überlaufen der Soldaten der »Waldwiese« zu den Demonstranten und deren Marsch in die Innenstadt unterrichtet wird, entzieht er dem Militärpolizeimeister die Leitung der Unterdrückung der Unruhen und überträgt sie Stadtkommandant Heine.[62] Angesichts der dramatischen Zuspitzung der Situation fordert die Marinestation um 19 Uhr telefonisch vom IX. Reserve-Armee-Korps in Altona, sofort zuverlässige Truppen nach Kiel zu schicken, was auch zugesagt wird. Inzwischen bewegt sich der Demonstrationszug in Richtung Bahnhof, durchbricht an der Ecke Sophienblatt/ Hummelwiese eine Polizeisperre und dringt anschließend über die Holstenstraße, den Alten Markt und die Dänische Straße bis in die Brunswik vor. Auf ihrem Weg suchen die Demonstranten die anliegenden Lokale und Kinos auf und fordern die anwesenden Soldaten auf, sich ihnen anzuschließen. Der Demonstrationszug ist jetzt nur noch wenige Hundert Meter von der Marinearrestanstalt in der Feldstraße entfernt, und der städtische Branddirektor weigert sich zunächst, die Teilnehmer mit seinen Spritzenwagen auseinander zu treiben.[63]

Gegen 19 Uhr erreicht der Demonstrationszug die Ecke von der Brunswiker Straße und der Karlstraße, wo der Reserveleutnant Oskar Steinhäuser auf Höhe des Etablissements »Hoffnung« mit einem etwa 30 Mann starken Zug Rekruten der I. Torpedo-Division Aufstellung genommen hat. Vor ihm steht nur noch eine Absperrkette von Schutzpolizisten. Als die Demonstranten in die Karlstraße einbiegen und die Straßensperre sehen, stoppen sie zunächst. Steinhäuser fordert sie zur Ruhe und Besonnenheit auf und erklärt ihnen, dass er den Befehl habe, anderenfalls von der Schusswaffe Gebrauch zu machen. Der Demonstrationszug lässt sich aber nicht mehr aufhalten, Tausende drängen und schieben von hinten nach, und die vorderen Reihen durchbrechen die Polizeikette. Die Polizisten bringen sich fluchtartig in die Nachbarstraße »Langer Segen« in Sicherheit, Steinhäuser lässt zur Warnung in die Luft schießen. Doch die Massen schieben weiter, und Steinhäuser gibt seinen Soldaten zwei Mal den Befehl, in die Menge zu schießen, die daraufhin das Feuer erwidert. Die Demonstranten stieben auseinander. Nur wenige Minuten später sind 7 von ihnen tot und 29 verletzt, 2 weitere erliegen in den folgenden Tagen ihren Verletzungen. Abgesehen von einer Frau, die während des Demonstrationszuges auf Höhe des Bahnhofs unter eine Straßenbahn gerät und tödlich verletzt wird, sind dies die ersten Revolutionäre, die im November 1918 ihr Leben lassen. Auch Leutnant Steinhäusers Leute fliehen, er selbst wird durch einen Schlag auf den Kopf und einen Schuss in die Brust verwundet. Die verletzten Demonstranten und Steinhäuser werden in die »Hoffnung« gebracht und dort notdürftig versorgt. Als zwei Kompanien Infanterie vom Schlossgarten und vom Dreiecksplatz zum Ort der Schießerei anrücken und auf die Beine der Protestler schießen, löst sich der Demonstrationszug endgültig auf. Die letzten Gruppen werden von der Feuerwehr mit Wasser auseinandergetrieben.[64]

Ihr Ziel, die gefangenen Matrosen aus der Marinearrestanstalt zu befreien, haben die Demonstranten nicht erreicht. Allerdings sind die aufrührerischen Soldaten und kriegsmüden Arbeiter jetzt zu einer Schicksalsgemeinschaft zusammengeschweißt worden, und der Schusswaffengebrauch der Staatsmacht gegen die Demonstranten wirkt wie ein Brandbeschleuniger für den Aufstand.

Die Augenzeugenberichte über die Schießerei sind von starken Widersprüchen geprägt. So behauptet Oskar Steinhäuser, die Demonstranten vor dem Schusswaffengebrauch noch drei Mal explizit gewarnt zu haben, während Lothar Popp schreibt, dass er nach einer Salve in die Luft unbarmherzig »Salve auf Salve« in die

Menge feuern ließ. Dies lässt sich vielleicht noch damit erklären, dass sich Leutnant Steinhäuser und Lothar Popp in der Karlstraße diametral gegenüber standen. Steinhäuser vertritt den militärischen Obrigkeitsstaat und versucht im Nachhinein sein Handeln zu rechtfertigen, während Popp die Demonstranten anführt. Aber auch im Hinblick auf die Rolle anderer am Geschehen beteiligter Personen weichen die Darstellungen stark voneinander ab. So heißt es z. B. im Bericht von Steinhäuser, dass eine »Genossin Haberger«[65] die Demonstranten besonders lautstark zum Vorgehen gegen die Militärpatrouille angestachelt haben soll, während Lothar Popp schreibt, dass ebendiese Frau Leutnant Steinhäuser um Himmelswillen gebeten habe, nicht auf die Demonstranten schießen zu lassen. Selbst die Augenzeugenberichte der Demonstrationsteilnehmer widersprechen sich erheblich, und die in späteren Jahren abgefassten Darstellungen sind häufig von starken Übertreibungen, wie z. B. dem Einsatz von Maschinengewehren gegen die Demonstranten, gekennzeichnet.[66]

Die bald nach der Schießerei vom Stadtkommandanten, vom Militärpolizeimeister und von den einzelnen Truppenteilen im Stationsgebäude eingehenden Meldungen wähnen die Admirale Souchon und Küsel wieder in Sicherheit. Die eingesetzten Kompanien der I. Torpedo-Division und des Marine-Bataillons haben sich als zuverlässig erwiesen, und der von Souchon vormittags ausgegebene Schießbefehl ist von Leutnant Steinhäusers Zug befolgt worden. Der Protestzug ist aufgelöst worden, Souchon und Küsel glauben, wieder Herr der Lage in der Stadt zu sein. Außerdem hat Admiral Kraft zugesagt, mit seinem III. Geschwader am nächsten Vormittag den Hafen zu verlassen. Damit, so glauben die beiden Admirale, werden auch die aufrührerischen Matrosen die Stadt verlassen. Gleichzeitig erhält der Militärpolizeimeister den Befehl, das USPD-Parteibüro in der Preußerstraße zu durchsuchen und alle anwesenden Personen festzunehmen.[67]

Aufgrund dieser Lageeinschätzung Souchons und Küsels ruft die Marinestation erneut beim IX. Reserve-Armee-Korps in

Altona an und zieht ihre vorherige Anforderung von Truppen nach Kiel zurück. Allerdings lässt der Chef des Stabes in Altona, Oberst von Voss, durchblicken, dass er sich nicht absolut sicher sei, ob seine Truppen noch uneingeschränkt zuverlässig seien. Davon unabhängig sichert er der Marinestation aber zu, Truppen in Rendsburg, Neumünster und Lübeck bereitzuhalten, die jederzeit von der Marinestation angefordert werden könnten.[68] Im Verlauf des Abends laufen weitere Schiffseinheiten in den Kieler Hafen ein, darunter die IV. Aufklärungsgruppe unter Konteradmiral von Karpf mit ihren vier Kreuzern und etwa 2000 Mann Besatzung sowie die II. Torpedobootflottille. Die Torpedobootbesatzungen werden von Souchon sofort für den Schutz der Marinearrestanstalt, des Marinestationsgebäudes und des Offizierskasinos requiriert. Letztlich sind beide Verbände aber nicht die erhoffte Verstärkung für die Marinestation. Im Gegenteil, Konteradmiral Karpf ist sich bezüglich seiner Besatzungen ebenfalls nicht sicher, ob sie gegen die Aufständischen eingesetzt werden können, sodass auch er mit seinen Schiffen am frühen Nachmittag des 4. November wieder in die Ostsee ausläuft, um ein Übergreifen der Befehlsverweigerungen vom III. Geschwader auf seine Schiffe zu verhindern.

Gegen 23 Uhr kommt es zu einer erneuten Sitzung der Marineführung im Stationskommando. Es werden die Lage in der Stadt besprochen und das Marineamt, der Admiralstab, das Kabinett in Berlin und die Seekriegsleitung per Fernschreiben über die gewaltsame Auflösung des Demonstrationszugs unterrichtet. Souchon schließt das Fernschreiben mit der Forderung, dass es notwendig sei, Kiel zu entlasten, dass er aber zuversichtlich hoffe, Herr der Lage zu bleiben. Für den kommenden Tag (4. November) rechne er jedoch mit einem Streik auf der Germaniawerft. Für 8 Uhr morgens wird daher Bereitschaft für die Garnison befohlen. Diese durchaus zweideutige Meldung Souchons macht es den Politikern und Militärs in Berlin nicht leicht, sich ein klares Bild von den aktuellen Machtverhältnissen in Kiel zu verschaffen.

Laut Kriegstagebuch der Kommandantur kommt es in der Nacht zu keinen weiteren größeren Ausschreitungen, jedoch sind vielfach Schüsse zu hören gewesen. Allerdings kommt es noch zu Unruhen auf den Schiffen in der Kaiserlichen Werft, als einige Soldaten nach Mitternacht das Gerücht verbreiten, das III. Geschwader würde gleich die Werft beschießen, sodass zahlreiche Besatzungen aus Furcht ihre Schiffe unerlaubt verlassen und zum Teil erst am nächsten Morgen an Bord zurückkehren.[69]

Noch in der Nacht verlässt Polizeipräsident Walter von Brüning, der mit der Lageentwicklung der letzten Stunden offensichtlich völlig überfordert war und deshalb am Abend von Gouverneur Souchon von seinen Aufgaben entbunden wurde, Kiel und setzt sich auf die Insel Rügen ab.[70] Um jegliches Anzeichen von Schwäche zu vermeiden, erfährt die Öffentlichkeit von Brünings Absetzung kein Wort. Für die Presse sieht sein Verschwinden wie eine Flucht aus.[71] Das alte System beginnt zu erodieren, die ersten prominenten Repräsentanten entfernen sich zu nächtlicher Stunde aus der Stadt. Weitere werden ihnen bald folgen.

Der Kieler Feuerwehrdirektor wird sich schon am nächsten Tag beim Oberbürgermeister in einem wütenden Schreiben beschweren, dass die Unterdrückung von Aufständen nicht zu den Aufgaben seiner Männer gehöre, und das Stadtoberhaupt daran erinnern: »Schon vor 23 Jahren wurde durch einen Allerhöchsten Erlass in Berlin bestimmt, dass die Feuerwehr nicht einmal zur Beseitigung von der Sozialdemokratie aufgeheisster roter Fahnen und dergleichen verwendet werden sollte.«[72] Weil seiner Meinung nach alle Teile der Marine versagten und die »bösen Elemente« in der Stadt die Oberhand gewännen, sei es notwendig, sofort eine Bürgerwehr zur Aufrechterhaltung der Sicherheit und öffentlichen Ordnung zu gründen, deren Grundlage die sozialdemokratischen Arbeiterorganisationen sein müssten. Dafür bietet er die Hilfe der Feuerwehren an. Obwohl er seine Feuerwehr aus den politischen Auseinandersetzungen heraushalten möchte, erkennt er als einer der ersten Amtsträger in der Stadt, dass sich ohne eine Beteiligung der Sozialdemokraten und ihrer Mitgliedsorganisationen die unruhigen Volksmassen nicht mehr beruhigen lassen werden.

Montag, 4. November 1918

Der 4. November 1918 ist durch den völligen Zerfall der militärischen Befehlsstrukturen und die rasante Ausbreitung des Aufstands in der ganzen Stadt gekennzeichnet. Bereits am frühen Morgen meldet Stadtkommandant Heine an Konteradmiral Küsel, dass es seit 4 Uhr in verschiedenen Truppenunterkünften zu »Meutereien« gekommen ist. Derweil versuchen Bewaffnete, sich der bei den Licht- und Wasserwerken abgestellten Lastwagen zu bemächtigen. Um 7.45 Uhr meldet die Truppenunterkunft in der Prüne, dass 45 Matrosen der I. Matrosen-Division aus der Handwerkerschule in der Wilhelminenstraße in die Gebäude und die Turnhalle, in der die Soldaten untergebracht sind, eingedrungen sind und sich bewaffnet haben. Danach ziehen die bewaffneten Eindringlinge zusammen mit vielen Soldaten aus der Prüne, die sich ihnen spontan anschließen, weiter zur Kaserne in der Muhliusstraße und zur Maschinenbauschule im Knooper Weg. Die Marinestation befiehlt daraufhin, eine Kompanie Soldaten zu ihrer Entwaffnung zu schicken, und ordnet die Besetzung der Fernsprechzentrale im Postgebäude und des Elektrizitätswerks in der Humboldtstraße an. Um 8 Uhr wird für die Garnison Alarmbereitschaft ausgelöst, und Stadtkommandant Heine erhält erneut den Befehl, rücksichtslos gegen die »Meuterer« vorzugehen.[73] Danach fordert die Marinestation beim IX. Reserve-Armee-Korps in Altona die bereit gehaltenen Truppen zur Niederschlagung der »Meuterei« an, worauf 4 Kompanien mit ca. 600 Mann Infanterie aus Neumünster, Schleswig, Lübeck und Rendsburg nach Kiel beordert werden. Weil Küsel diese 600 Mann für zu schwach hält, fordert er über das Kriegsministerium in Berlin zusätzliche Truppen an. Die ihm hierauf aus Hannover und Stettin zugesagten Truppen werden aber nicht vor dem 5. November in Kiel eintreffen können. Die Seekriegsleitung hält mindestens 2000 Mann Armeetruppen für erforderlich, um in Kiel die Lage wieder unter Kontrolle zu bringen.[74] Derweil entsteht ein Kompetenzgerangel zwischen Konteradmiral Küsel und dem IX. Reserve-Armee-Korps, wer die nach Kiel geschickten Truppen befehlen solle. Küsel setzt sich durch, auch die auswärtigen Truppen werden dem Oberbefehl des Militärgouverneurs in Kiel unterstellt. Das IX. Reserve-Armee-Korps schickt daher um 12.30 Uhr Oberstleutnant von Raven aus Rendsburg nach Kiel, um dort, Admiral Souchon unterstellt, das Kommando über die nach Kiel entsandten Einheiten zu übernehmen.[75] Eine blutige Konfrontation bahnt sich an, Souchon und Küsel wollen die »Meuterei« mit Waffengewalt und auswärtigen Truppen niederschlagen.

Um 10 Uhr treffen Oberpräsidialrat Johannsen vom Oberpräsidium für die Provinz Schleswig-Holstein und Kiels Oberbürgermeister Paul Lindemann im Stationsgebäude ein. Gouverneur Souchon verlangt von ihnen, mit allen ihnen zur Verfügung stehenden Mitteln beruhigend auf die Bevölkerung, insbesondere die Arbeiterschaft, einzuwirken, weil auch er die größte Gefahr in der Verbindung von Arbeiterschaft und Militär sieht. Gleichzeitig erläutert er die angeordneten militärischen Maßnahmen und betont, dass die Unruhen mit allen militärischen Machtmitteln unterdrückt werden. Des Weiteren fordert Admiral Souchon Vizeadmiral Kraft auf, gemäß seiner gestrigen Zusage mit seinem Geschwader sofort den Hafen zu verlassen. Kraft erwidert, dass er frühestens um 16 Uhr auslaufen könne, da viele Matrosen noch beurlaubt und daher an Land seien und er nicht genügend Dampf auf den Kesseln habe. Souchon verlangt, die Freiwachen sofort zurück an Bord zu holen und auszulaufen. Die »Meuterer« an Land, so Souchon, stellen eine erhöhte Gefahr dar.[76]

Warum Kraft die Beurlaubung seiner Mannschaften nach der bereits am Morgen ausgelösten Alarmbereitschaft nicht umgehend aufgehoben hat, bleibt heute ein Rätsel, denn inzwischen musste auch ihm klar geworden sein, dass die Beurlaubungen nicht zu einer Beruhigung auf seinen Schiffen geführt, sondern – ganz im Gegenteil – die Unruhe erst an Land getragen haben.

Souchons Befürchtungen bezüglich der beurlaubten Mannschaften sind nicht unbegründet. Bereits um 8 Uhr morgens waren unter der Führung des Heizers Podolski 260 Mann des Linienschiffs »Großer Kurfürst« an den Ort der Schießerei in die Karlstraße gekommen, hatten ihrer getöteten Kameraden gedacht und, so Lothar Popp, Rache geschworen.[77] Während der Besprechung betritt ein Leutnant der Reserve Franke von der I. Matrosen-Division sichtbar erregt den Raum und erklärt den Anwesenden, dass er die Kontrolle über seine Kompanie, die in der Handwerkerschule in der Wilhelminenstraße untergebracht sei, verloren habe, und dass seine Mannschaften von den aufrührerischen Matrosen unter Druck gesetzt würden und sich weigerten, auf diese zu schießen. Auf Küsels Replik, dass Leutnant Steinhäusers Männer am Vorabend den Schießbefehl ausgeführt hätten, antwortet Franke, dass dies junge Rekruten gewesen seien und dass sich alle älteren Soldaten geschlossen weigerten, auf ihre Kameraden zu schießen.[78] Zur selben Zeit trifft die Nachricht von Direktor Buschfeld von der Germaniawerft ein, dass die Arbeiter in den Streik getreten seien und Vertrauensleute zur Kaiserlichen Werft geschickt hätten, um auch deren Belegschaft zum Streik zu bewegen. Auf der Kaiserlichen Werft sperren Marineangehörige den Zugang ab und lassen keine Zivilpersonen mehr herein.[79]

Während sich die vier Kompanien aus den schleswig-holsteinischen Garnisonsstädten per Eisenbahn auf den Weg nach Kiel machen, greift der Aufstand der Matrosen auf alle Kasernen im Stadtgebiet über. Gegen 11 Uhr meldet die I. Matrosen-Division an die Marinestation, dass bewaffnete Haufen die Kasernen erstürmt, die Waffenkammern aufgebrochen und sich bewaffnet haben. Große Teile der Mannschaften haben sich den Aufständischen angeschlossen. Das I. Marine-Bataillon erhält daraufhin den Befehl, den bewaffneten Haufen entgegenzurücken, sieht sich aber dazu nicht imstande, da die eigene Kaserne von Aufständischen belagert wird. Auch anderen Einheiten gelingt es nicht, die Aufständischen zu entwaffnen.[80]

Ein von Oberbürgermeister Lindemann und Stadtverordnetenvorsteher Ludwig Ahlmann verfasster Aufruf »Mitbürger!« fordert die Bevölkerung auf, »Ruhe und Besonnenheit zu bewahren«, alle Ansammlungen zu meiden und Gerüchten keinen Glauben zu schenken. Er endet mit der Parole »Wer Freiheit will, muss Ordnung halten!«[81] Beachtung wird der Aufruf in der Bevölkerung nicht mehr finden.

Ab dem späten Vormittag überschlagen sich die Ereignisse.[82] Im Minutentakt laufen aus den über das ganze Stadtgebiet verteilten Kasernen Meldungen im Stationsgebäude ein, dass es zu Unruhen unter den Mannschaften kommt und diese sich bewaffnen. Die Wik wird zum Zentrum des Aufstands. Um 12.30 Uhr meldet die I. Torpedo-Division aus der Wik, dass sich ihre Männer um 13 Uhr den Aufständischen anschlössen. Die Wache der Wiker Arrestanstalt wird daraufhin verstärkt. Um 13 Uhr meldet der Adjutant der I. Werft-Division, dass ca. 1400 Mann der benachbarten Torpedo-Division ohne Waffen auf dem Appellplatz angetreten seien und die Ansprache ihres Kommandeurs, Kapitän zur See Bartels, niedergeschrien hätten. Daraufhin werden Unteroffiziere und Applikanten der Ingenieur- und Deckoffizierschule zum Schutz der Arrestanstalt in die Wik beordert. Gegen 13.30 Uhr schließen sich auch erste Teile der Werft-Division den Aufständischen an, und mehrere Tausend Mann verlangen vor der Arrestanstalt in der Wik die Freilassung der Gefangenen, woraufhin die Wache ihre Gewehre niederlegt.

Am frühen Nachmittag haben die Offiziere allerorten die Kontrolle über ihre Untergebenen verloren. Stadtkommandant Heine meldet um 13.45 Uhr über die Lage: »Die Meuterei der Truppen greift weiter um sich. Die militärischen Machtmittel zur Unterdrückung der Meuterei sind erschöpft, es stehen keine sicheren Truppen mehr zum Einsatz zur Verfügung. Die Truppen sind nicht mehr in der Hand der Offiziere.«[83]

Heine begründet seine Lagebeurteilung damit, dass sich die I. Torpedo-Division bewaffnet habe, einen Demonstrationszug plane und zu den »Meuterern« übergelaufen sei. Eine Kompanie der I. Werft-Division habe sich von der Torpedo-Division widerstandslos entwaffnen lassen und mache gemeinsame Sache mit ihr. Der Rest der Werft-Division weigere sich, auf die »Meuterer« zu schießen. Beide Einheiten seien somit als unsicher einzustufen. Ebenso haben die zur Bewachung der Wiker Arrestanstalt eingesetzten Unteroffiziere der Ingenieur- und Deckoffizierschule sich geweigert zu schießen und ihre Waffen niedergelegt. Darüber hinaus verhielten sich auch die Torpedoboote an der Wiker Mole passiv bzw. scheinen bereits zum Teil zu den »Meuterern« übergelaufen zu sein. Auch beim Marine-Bataillon habe eine Kompanie erklärt, sich den »Meuterern« anzuschließen. Das Seebataillon weigere sich, die Kaserne zu verlassen, die Offiziere hätten keinen Einfluss mehr auf ihre Soldaten. Zu den in Stadtquartieren untergebrachten Soldaten sei jegliche Verbindung abgerissen, sie seien geschlossen zu den »Meuterern« übergelaufen. Im Munitionsdepot in Dietrichsdorf zeichne sich ebenfalls Ungehorsam ab.[84]

Im Gegensatz zu seinem Verhalten in den vorherigen Sitzungen beschönigt Stadtkommandant Heine jetzt nichts mehr. Die Kasernen in der Wik sind zum Zentrum des Matrosenaufstands geworden, und weil hier die Torpedo-Division, die Werft-Division und die U-Boot-Division dicht beieinander liegen, lassen sich die massiven Befehlsverweigerungen auch nicht mehr auf eine Einheit begrenzen oder mithilfe der anderen Einheiten niederschlagen. Ein Flächenbrand ist ausgebrochen, die Offiziere haben ihre Befehlsgewalt verloren. Über erfolgreiche militärische Aktionen gegen die Aufständischen gehen in der Station keinerlei Meldungen ein. Kein Offizier oder Soldat schießt auf die befehlsverweigernden Matrosen. Es gibt in Kiel keine Truppen der Landmarineteile mehr, auf die sich die Marinestation noch verlassen kann. Der

Militärgouverneur kommt ab diesem Zeitpunkt nicht mehr darum herum, mit den aufständischen Matrosen zu sprechen.

Auf der anderen Seite wollen auch die Matrosen in der Wik dem Gouverneur ihre Forderungen mitteilen. Nach der ausgebuhten Rede ihres Kommandeurs, der von ihnen bedingungslosen militärischen Gehorsam verlangte, treten die Soldaten der I. Torpedo-Division nicht wie befohlen auf ihre Stuben ab, sondern versammeln sich in größeren Gruppen auf dem Kasernengelände und diskutieren ihre Forderungen. Die U-Boot-Division schließt sich ihnen an. Ein Teil der Werft-Division, die zuvor mit Waffen und Munition ausgerüstet worden ist, um den Aufstand der Torpedo-Division niederzuschlagen, kommt ebenfalls dazu. Wie bereits in der Nacht zuvor auf der Kaiserlichen Werft wird jetzt auch in der Wik unter den Torpedobootbesatzungen gezielt das Gerücht gestreut, dass alle diejenigen, die sich nicht den Aufständischen anschlössen oder gar die Offiziere unterstützten, vom III. Geschwader unter Feuer genommen würden. Aufgrund dieser Drohungen verhalten sich viele Mannschaften und Unteroffiziere, die dem Aufruhr zunächst ablehnend oder abwartend gegenüberstanden, passiv und weigern sich, von nun an mit Waffengewalt gegen die Aufständischen vorzugehen, oder laufen ebenfalls zu ihnen über.[85] Damit hat der Aufstand in der Wik den Schwellenwert überschritten und die kritische Masse erreicht, zudem verfügen die Aufständischen über eine große Zahl an Waffen. Für die Offiziere vor Ort kommt noch erschwerend hinzu, dass sich auch viele Unteroffiziere den Aufständischen direkt anschließen, während sich die Deckoffiziere weitgehend passiv verhalten und den Offizieren dadurch ebenfalls die Unterstützung verweigern.[86] Somit ist für die Marinestation der Ostsee auch die so wichtige mittlere Führungsebene verloren gegangen, was ein weiteres Indiz für die überstrenge Hierarchie und die daraus resultierende mangelnde Kameradschaft innerhalb der Marine ist.

Die aufrührerischen Matrosen ziehen derweil vor das Stabsgebäude der I. Torpedo-Division, und Karl Artelt trägt mit zwei weiteren Kameraden dem Kommandeur die Forderungen der Matrosen an den Militärgouverneur vor:

1. Abdankung des Hohenzollernhauses.
2. Die Aufhebung des Belagerungszustandes.
3. Freilassung unserer gemaßregelten Kameraden vom III. Geschwader.
4. Freilassung aller im Zuchthaus zu Celle sitzenden Kameraden von der Matrosenerhebung 1917.
5. Freilassung sämtlicher politischen Gefangenen.
6. Einführung des allgemeinen, gleichen und geheimen Wahlrechts für beide Geschlechter.[87]

Diese Forderungen gehen zwar völlig über die Entscheidungsbefugnisse von Kommandeur Bartels und Militärgouverneur Souchon hinaus, aber Artelt kommt der glückliche Umstand entgegen, dass Souchon aufgrund der vielen ihm gemeldeten Befehlsverweigerungen bereit ist, mit den Aufständischen zu reden. Gegen 14.10 Uhr befiehlt Souchon an alle Kommandostellen, alle Einheiten im Festungsbereich Kiel nach den Gründen für ihr aufrührerisches Verhalten zu befragen. Die Wünsche der Truppen sind ihm sofort zu melden. Dieser Befehl ergeht ausdrücklich, »um Blutvergießen zu vermeiden«.[88]

Mit dieser Anordnung muss sich Souchon allerdings eingestehen, dass er die Kontrolle über den Reichskriegshafen verloren hat und die aufrührerischen Matrosen und Soldaten als Verhandlungspartner um die Macht in der Stadt akzeptieren muss. Zu dieser Entscheidung dürfte maßgeblich beigetragen haben, dass mit den begonnenen Solidaritätsstreiks auf der Germaniawerft und in den Friedrichsorter Torpedowerkstätten das aus Souchons Sicht schlimmste Szenario eingetreten ist: Der so gefürchtete Schulterschluss zwischen der unruhigen, kriegsmüden Arbeiterschaft und den »meuternden« Matrosen. Andererseits befreit Souchon mit diesem Befehl seine Offiziere aus dem schweren

Gewissenskonflikt, auf die eigenen Leute schießen zu müssen oder eidbrüchig zu werden.

Mit der Entscheidung, mit den Aufständischen reden zu wollen, beweist Souchon Augenmaß und Vernunft. Er kann den Aufstand militärisch nicht mehr unterdrücken, dazu verweigern bereits zu viele Soldaten die Befehle. Durch den Solidaritätsstreik der Arbeiter ist aus dem Matrosenaufstand ein Volksaufstand geworden, und ein Einsatz der wenigen ihm verbliebenen ergebenen Militäreinheiten gegen die Zivilbevölkerung wäre nach den Erfahrungen des Vorabends höchst riskant und kontraproduktiv. Souchon versucht jetzt, Zeit zu gewinnen, bis der aus Berlin zugesagte SPD-Politiker in Kiel eintrifft, um die Situation zu beruhigen und zwischen der militärischen Führung und den Mannschaften zu vermitteln. Spätestens mit dem Beginn der Massenstreiks – wenn nicht schon am Abend des 3. November – ist es auch notwendig, ab diesem Zeitpunkt den Begriff eines »Matrosenaufstands« als zu kurz gegriffen zur Seite zu legen und von einem »Matrosen- und Arbeiteraufstand« zu sprechen.

Nach der Bekanntgabe ihrer Forderungen beginnen die Torpedo-Division und die U-Boot-Division kompanieweise Soldatenräte zu wählen. Wie die Wahlen zu den ersten Soldatenräten in Deutschland genau abgelaufen sind, bleibt unklar, aber Karl Artelt wird zum Vorsitzenden bestimmt.[89] Zum ersten Mal in der deutschen Geschichte bilden einfache Soldaten einen Soldatenrat und übernehmen die Macht, es ist der Beginn einer gravierenden revolutionären Umwälzung. Als Admiral Souchon auf Anfrage von Kommandeur Bartels zustimmt, eine Matrosenabordnung persönlich zu empfangen, damit sie ihm ihre Wünsche vortragen können, nutzt Karl Artelt sofort die Gunst der Stunde und fährt mit einer kleinen Delegation von Soldaten zum Gouverneur in die Marinestation. Mit einer wehenden roten Fahne am Wagen trifft Artelt mit drei Kameraden gegen 15 Uhr am Stationsgebäude ein. Lothar Popp schildert das erste Aufeinandertreffen der beiden Kontrahenten:

> Auf dem Stationsgebäude wurden wir gleich mit drohenden Gewehrläufen von einem Offizier empfangen. Verwundert blickte er auf unsere Aufmachung und fragte, was uns eigentlich einfalle, in solcher Aufmachung vor dem Stationsgebäude zu erscheinen. Kamerad Artelt machte ihn darauf aufmerksam, dass die Aufregung gar keinen Zweck hätte, sondern er möchte uns dem Gouverneur melden. Wir würden bereits erwartet. Nachdem wir gemeldet waren, kam der Befehl, wir möchten sofort zum Gouverneur kommen. Wir wurden ins Sitzungszimmer des Stationsgebäudes gebracht, darauf erschien der Gouverneur, der Admiral Souchon, der Chef des Stabes Admiral Küsel, sowie mehrere Generalstabsoffiziere und Geheimrat Eichheim, der Chef des Gerichtswesens der Station. Beim Empfang reichte der Gouverneur dem Kamerad Artelt die Hand und sagte: ›Ich danke Ihnen, dass Sie die Courage gehabt haben und sind hierhergekommen.‹ Kamerad Artelt richtete an ihn die Frage: ›Erkennen Sie uns als Soldatenräte an?‹ worauf der Gouverneur mit ›Ja‹ antwortete. Darauf wurden die Fragen verhandelt, die in der Macht des Gouverneurs lagen.[90]

Ob sich diese Szene wirklich so abgespielt hat, wie von Popp in seiner Ende Dezember 1918 publizierten Broschüre beschrieben, ist eher zweifelhaft. Konteradmiral Küsel widerspricht dieser Darstellung in seinem nach 1933 verfassten »Beitrag zur Geschichte des revolutionären Umsturzes in der Kaiserlichen Marine und in Kiel. November 1918.« vehement und behauptet, dass die Marinestation nichts von der Bildung eines Soldatenrats in der Wik mitbekommen habe. Folglich habe Admiral Souchon Karl Artelt weder explizit einbestellt noch auf ihn gewartet. Dass sie den neu gebildeten Soldatenrat empfangen haben, wollen Souchon und Küsel bis dahin nicht gewusst haben. Ebenso sei das Wort »Soldatenrat« bei der Begrüßung und Vorstellung der Delegation zu keinem Zeitpunkt gefallen. Eine Anerkennung der Delegation als Soldatenrat habe es auch nicht gegeben, Souchon habe Artelt und seine Begleiter lediglich als Abordnung anerkannt, die die Wünsche der Mannschaften vorträgt.[91] Unabhängig davon sprechen jetzt aber der einfache Mannschaftssoldat Artelt und der Admiral Souchon Auge in Auge, und es beginnt zwischen ihnen ein erbittertes Ringen um die Macht in der Stadt.

Wenn Souchon glaubt, er könne durch den Empfang der Delegation die Soldaten in der Wik beruhigen, so irrt er. Die Soldaten der Torpedo-Division wollen die Verhandlung im Stationsgebäude nicht abwarten, sie fühlen sich durch die immer noch bewaffneten Teile der Werft-Division bedroht und beginnen ihrerseits, die Soldaten der Werft-Division unter Druck zu setzen, sich dem Aufstand anzuschließen. Daraufhin brechen auch in der Werft-Division die Befehlsstrukturen zusammen. Die Soldaten verweigern den Gehorsam und bitten, nicht auf ihre Kameraden der Torpedo-Division schießen zu müssen. Die Offiziersanwärter in der Werft-Division werden entwaffnet. Die Offiziere sind machtlos, andererseits wollen sie ein Blutbad verhindern, so wie es auch Souchon in seinem Befehl von 14.10 Uhr angeordnet hat. Sie lassen ihre Männer auf die Stuben abtreten und die Waffen ablegen. Damit sind die Kasernen in der Wik am Nachmittag fest in der Hand der Aufständischen.[92]

Derweil verhandelt Karl Artelt noch mit Gouverneur Souchon und seinen Offizieren. Konteradmiral Küsel hat in seinem später verfassten »Beitrag« den Ablauf der Verhandlung und die Forderungen der Soldatendelegation sinngemäß wiedergegeben. Sie forderten:

1. Freilassung aller in Haft befindlichen Matrosen des Geschwaders.
2. Freilassung aller im Zuchthaus befindlichen Matrosen von der Meuterei im Jahr 1917.
3. Einstellung aller Untersuchungsverfahren, bis auf solche wegen unehrenhaften Handlungen.

4. Freilassung aller Arrestanten bis auf die wegen unehrenhaften Handlungen in Arrest befindlichen.
5. Erlaubnis zum Besuch von Volksversammlungen.
6. Längeren Garnisonurlaub, Aufhebung der Urlaubssperre.
7. Entlassung der Jahrgänge über 30 Jahre.
8. Aufhebung des Grußzwanges.
9. Gleiche Verpflegung für Offiziere und Mannschaften.
10. Umbildung des Herrenhauses.
11. Abdankung des Kaisers.[93]

Die politischen Forderungen – Umbildung des preußischen Herrenhauses, das die im Burgfrieden von 1914 fest vereinbarte Abschaffung des ungerechten preußischen Dreiklassenwahlrechts zum Abgeordnetenhaus blockierte, und die Abdankung des Kaisers – werden vom Stationschef scharf zurückgewiesen und laut Küsel nicht weiter thematisiert. Dafür stellt Souchon der Abordnung die Erfüllung der Wünsche in Aussicht, die nicht politischer Natur sind und deren Umsetzung in seiner Macht liegt. Ebenso sichert er laut Popp der Matrosendelegation zu, die sich bereits auf dem Weg in die Wik befindliche Infanterie zurückzubeordern und keine weiteren Truppen von auswärts hinzuzuziehen.[94] Voraussetzung dafür sei allerdings, dass die Abordnung alles täte, die Ruhe und Ordnung bei den Truppenteilen wiederherzustellen, und den geplanten Demonstrationszug verhindere. Danach verließ die Delegation die Station, um die Zusage des Stationschefs unter den Mannschaften in der Wik zu verbreiten. Die Forderungen der Soldatendelegation um Artelt gehen schon deutlich über die kurz zuvor an Kommandeur Bartels gestellten Forderungen hinaus, und sie sind eine Vorstufe der später im Verlauf der Nacht formulierten 14 Kieler Punkte.

Auf dem Weg zurück in die Wik treffen Artelt und seine Delegation an der Wiker Post (Holtenauer Straße/Höhe Elendsredder) auf eine etwa 180 Mann starke Kompanie Infanterie aus Rendsburg, die, mit Maschinengewehren ausgerüstet, zur Niederschlagung des Aufstands in die Wik befohlen war. Vermutlich hat der Kompaniechef an der Wiker Post seine Männer anhalten lassen, um sich neue Befehle zu holen. Als Karl Artelt an den Infanteristen vorbeifährt – so schreibt Lothar Popp – stoppt er seinen Wagen und spricht zu den Soldaten. Er macht ihnen klar, dass sich bereits Tausende bewaffnete Matrosen und Soldaten der Bewegung angeschlossen hätten, dass die Kompanie chancenlos sei und bewegt sie so zur Umkehr.[95] Konteradmiral Küsel schildert die Ereignisse an der Wiker Post in einem anderen Licht. Er gibt an, dass die Kompanie bereits um 15 Uhr auf Befehl des Gouvernements in die Oberrealschule in der Waitzstraße zurückbeordert wurde.[96] Seine Darstellung macht aus zwei Gründen Sinn: Zum einen hatte Militärgouverneur Souchon schon eine Stunde zuvor den ausdrücklichen Befehl ausgegeben, Blutvergießen zu vermeiden, zum anderen musste ihm klar sein, dass eine einzige Kompanie gegen Tausende bewaffnete, aufrührerische Matrosen schlichtweg chancenlos war. Unabhängig davon, ob der Befehl umzukehren die Kompanie zum Zeitpunkt der Begegnung mit Karl Artelt bereits erreicht hatte, trägt seine Ansprache an die Soldaten sicherlich dazu bei, dass sie umkehren und ein Blutvergießen in der Wik vermieden werden kann.

Laut Kriegstagebuch der Kommandantur kommen am 4. November im Verlauf des Tages insgesamt über 700 Heeressoldaten mit 22 Maschinengewehren in Kiel an.[97] Von diesen Truppen laufen einige aber schon bei ihrer Ankunft in Kiel zu den Aufständischen über. Die größte von auswärts nach Kiel beorderte Einheit ist das von Hauptmann Trowitz geführte Ersatzbataillon 163 aus Neumünster. Es umfasst ca. 450 Mann Infanterie und verfügt über 10 leichte Maschinengewehre. Vom Bahnhof marschiert Trowitz mit seinen Männern zur Marinearrestanstalt und bringt seine Maschinengewehre gegen die aus der Wik anrückenden Matrosen in Stellung. Gegen 18 Uhr befiehlt Stadtkommandant Heine ihm mit dem ausdrücklichen Hinweis, dass Admiral Souchon jeglichen Einsatz von Schusswaffen gegen die Aufständischen verboten habe, die Maschinengewehre sofort abzubauen und sich in die Oberrealschule in der Waitzstraße zurückzuziehen. Trowitz zieht seine Männer daraufhin von der Arrestanstalt ab und nimmt Quartier in der Schule. Gegen 21 Uhr schickt er noch eine Kompanie Infanterie unter Führung des Oberleutnants von Treyden in den Keller der nahegelegenen Marinestation. Als diese von den aufständischen Matrosen bemerkt wird, fordern sie deren sofortigen Abzug, und Treyden muss eskortiert von bewaffneten Matrosen mit seinen Infanteristen zum Bahnhof abrücken, wo bereits ein Zug nach Neumünster für sie bereit steht. Auch Trowitz muss wie alle anderen von auswärts herbeigerufenen Truppen noch in der Nacht vom 4. auf den 5. November aus Kiel abmarschieren und über den Bahnhof in Russee nach Neumünster zurückkehren. Seine spätere Behauptung aus dem Jahr 1936[98], dass er mit seinen Soldaten den Aufstand hätte niederschlagen können, wenn Souchon ihm den Befehl dazu gegeben hätte und nicht so zögerlich gewesen wäre, ist schlichtweg unrealistisch, denn Trowitz lässt dabei völlig außer Acht, dass die aufrührerischen Matrosen und Soldaten ihm zahlenmäßig um ein Vielfaches überlegen waren. So schätzt der vom IX. Reserve-Armee-Korps nach Kiel geschickte Oberstleutnant von Raven die Zahl der aufständischen Matrosen am 4. November, 18 Uhr, bereits auf ca. 12 000 mit stark zunehmender Tendenz.[99]

Mit der Umkehr der Rendsburger Infanterie an der Wiker Post und dem Abzug des Ersatzbataillons 163 aus Kiel sind die Versuche der Marinestation, den Aufruhr in der Wik doch noch mit Waffengewalt niederzuschlagen, nur wenige Hundert Meter vor den Kasernen in der Wik bzw. in der Feldstraße unblutig gestoppt worden. Ruhe kehrt dadurch allerdings nicht ein. In der Wik brechen die Soldaten weitere Waffenkammern auf. Als gegen 15.45 Uhr einige Torpedoboote der Schulflottille auslaufen wollen, werden sie von Soldaten der Torpedo-Division beschossen und zur Rückkehr in den Hafen gezwungen. Anderen Torpedobooten gelingt es, sich auf die Ostsee abzusetzen, um nicht in den Aufstand hineingezogen zu werden. Die Linienschiffe des III. Geschwaders greifen nicht ein. Sie laufen am Nachmittag in Richtung Travemünde aus, wo sie bis zum 9. November bleiben, lassen jedoch über 1000 Mann Besatzung in Kiel an Land zurück. Die Mannschaften rühren keine Hand mehr, das Losmachen der Leinen müssen die Deckoffiziere und Fähnriche übernehmen.[100]

In die Wik zurückgekehrt verkündet Karl Artelt unter großem Jubel die Ergebnisse der Verhandlung mit Admiral Souchon, insbesondere die zugesagte Freilassung der Matrosen des III. Geschwaders aus der Arrestanstalt in der Feldstraße. Gleichzeitig ruft er die Matrosen zu Besonnenheit und Disziplin auf und mahnt an, die Waffen nur zu gebrauchen, wenn sie angegriffen würden. Daraufhin formieren sich ca. 2000 Matrosen zu einem Demonstrationszug in Richtung Innenstadt und Arrestanstalt.

Zur selben Zeit kommt es im Stationsgebäude zu einer zweiten Besprechung, diesmal zwischen Admiral Souchon und Vertretern der Arbeiter. Eine Abordnung von Vertrauensleuten der Kieler Betriebe, die zuvor mit Matrosen im Gewerkschaftshaus tagten, trifft gegen 17 Uhr in der Marinestation ein, um Souchon ihre Forderungen vorzutragen. Ob die Delegation von Souchon aufgefordert wurde, ins Stationsgebäude zu kommen, – wie von Popp behauptet – oder um ein Treffen beim Gouverneur nachfragte – wie von Küsel behauptet – ist im Nachhinein nicht mehr zu klären.[101] Wichtig ist, dass Souchon angesichts der Streiks auf der Germaniawerft, in der Friedrichsorter Torpedowerkstatt und des für den nächsten Tag angekündigten Generalstreiks jetzt auch die Arbeitervertreter und die sozialdemokratischen Parteien in die Lösung der Krise einbeziehen muss. Er hat erkannt, dass er es nicht mehr nur mit einer »Marinemeuterei«, sondern mit einer immer breiteren Volksbewegung zu tun hat. Das gemeinsame, koordinierte Vorgehen hat die Verhandlungsposition der Matrosen und Arbeiter erheblich gestärkt und den Militärgouverneur an den Verhandlungstisch gezwungen. Das sieht auch Konteradmiral Küsel so, der trotz der Zusage des Kriegsministers, möglichst viele Truppen nach Kiel zu werfen, eine solche Maßnahme jetzt für zu spät hält. Eine Gewaltanwendung ist seines Erachtens nicht mehr möglich, nachdem Souchon die beiden Delegationen empfangen hat.[102]

Die Arbeiterdelegation besteht aus folgenden Personen: Lothar Popp und J. Classen als Vertreter der USPD, Bernhard Rausch und Wilhelm Poller als Vertreter der MSPD sowie Karl Artelt und sechs weitere Matrosen und Maate verschiedener Marine- und Landmarineeinheiten. Die Delegation fordert:

1. Freilassung der Gemaßregelten des III. Geschwaders.
2. Gerichtliche Untersuchung der gestrigen Vorfälle und Bestrafung der Schuldigen.
3. Unterlassung des geplanten Vorstoßes der Flotte.[103]

Der Gouverneur verpflichtet sich, diese Forderungen an alle Truppenteile bekannt zu geben. Die Behandlung der politischen Forderungen wird auf den Abend verschoben, wenn die angeforderten Politiker aus Berlin in Kiel eingetroffen sein werden. Der mit dem Ende dieser Besprechung gegen 19 Uhr erlassene und im Kriegstagebuch der Kommandantur eingetragene Befehl Souchons spiegelt die Umkehrung der Machtverhältnisse in der Stadt in diesen kritischen Stunden wieder: »Alle militärischen Maßnahmen zurück. Munition ist in Sicherheit zu bringen. Beurlaubungen nach Möglichkeit verhindern.«[104] Der oberste militärische Befehlshaber hat die Niederschlagung der Revolte mit Waffengewalt verworfen. Er will ein Blutbad vermeiden und setzt auf Zeitgewinn und Verhandlungen. Das Kriegstagebuch endet für den 4. November mit dem lakonischen Eintrag: »Ein weiteres Eingreifen der Kommandantur erfolgt nicht.«[105]

Für diese Entscheidung Souchons war sicherlich auch von Bedeutung, dass die Aufständischen zuvor mehrfach angedroht hatten, die Schiffsartillerie des III. Geschwaders gegen ihre

Gegner einzusetzen, was unweigerlich zu großen Zerstörungen und zahlreichen zivilen Opfern in der Stadt geführt hätte.[106] Konservative Kräfte werden Souchon diesen Befehl später als völliges persönliches und militärisches Versagen vorhalten, demokratische Kräfte sehen in ihm eine rationale und von Verantwortungsbewusstsein bestimmte Entscheidung.

Allerdings wissen auch die Matrosen mit ihrer neu gewonnenen Macht so recht noch nichts anzufangen. Sie nutzen die Gunst der Stunde nicht, machen sich nicht zu den neuen Herren der Stadt, setzen den Militärgouverneur nicht ab und beginnen auch nicht mit der Umsetzung politischer Reformen. All dies sind deutliche Indizien, dass es sich bei dem Matrosenaufstand um eine spontane Bewegung handelt und nicht um einen von langer politischer Hand vorbereiteten Umsturz. Stattdessen warten Gouverneur Souchon und die Vertreter der Matrosen und Arbeiter nun auf das Eintreffen der für den Abend angekündigten Berliner Politiker. Damit geben die Matrosen die Fortführung der Bewegung und ihr Schicksal zum Teil aus der eigenen Hand und den Berliner Politikern die Möglichkeit, von außen in die Kieler Verhältnisse einzugreifen.

In der Zwischenzeit hat der Demonstrationszug aus den Soldaten der Torpedo-Division, der Werft-Division, der Matrosen-Division und der Matrosenartillerie aus der Wik die Innenstadt erreicht. Karl Artelt setzt sich mit Oberkriegsgerichtsrat Eichheim an den Tisch und handelt mit ihm aus, dass die politischen Gefangenen freigelassen werden sollen. Matrosen, die wegen krimineller Taten einsitzen, sollen nicht auf freien Fuß gesetzt werden. Dann fährt er mit Eichheim im Wagen den etwa 2000, zum großen Teil bewaffneten, Demonstranten entgegen, die sich inzwischen der Arrestanstalt nähern.[107] Während sich die Menschenmassen diszipliniert vor dem Marinegefängnis aufstellen, gehen Artelt und Eichheim zusammen mit 4 Mitgliedern des Soldatenrats und den Wärtern durch die Trakte und befreien insgesamt 16 politische Gefangene aus ihren Zellen,

Ansprache des Gouverneurs Noske (x) an die Mannschaften der aus Pola heimgekehrten U-Boote. 29.11.1918

die außerhalb des Gebäudes mit einem Ehrenspalier und großem Jubel empfangen werden. Freudenschüsse werden in die Luft gefeuert, rote Fahnen geschwenkt. Anschließend spricht Artelt zu den Menschenmassen und fordert sie auf, sich für 20 Uhr diszipliniert zur Großkundgebung auf den Wilhelmplatz zu begeben. Er selbst setzt sich ins Auto und fährt zum Bahnhof, wo um 19.30 Uhr der MSPD-Reichstagsabgeordnete und Marineexperte Gustav Noske sowie Staatssekretär Conrad Haußmann von der Fortschrittlichen Volkspartei (FVP) aus Berlin erwartet werden.

Bevor Gustav Noske an dieser Stelle die Kieler Bühne betritt, ist es notwendig, seinen politischen Werdegang kurz vorzustellen, denn er wird in den nächsten Tagen und Wochen zu der entscheidenden politischen Figur an der Förde.[108] 1868 in Brandenburg an der Havel geboren, machte er zunächst eine Ausbildung zum Korbmachergesellen, bevor er als Autodidakt in den Journalismus wechselte. Nach diversen Redakteursstellen wechselte er als Chefredakteur zur Chemnitzer »Volksstimme«, wurde überregional bekannt und zog 1906 als SPD-Abgeordneter für Chemnitz in den Reichstag ein. Sein sachlicher Debattenstil verschaffte ihm schnell Ansehen, sodass er 1912 Korreferent des Reichstags für den Marineetat wurde. Auch wenn er als klarer Befürworter der Kriegskredite in der eigenen Fraktion nicht unumstritten war, genoss er als Fachmann für Militär- und Marinefragen ein hohes parlamentarisches Ansehen und war damit als Sozialdemokrat prädestiniert, die Vermittlerrolle in Kiel zu übernehmen. Noske gehörte zum rechten Flügel der SPD, er wollte die Umwandlung der Monarchie in eine parlamentarische Republik, wobei er sich aber auch eine konstitutionelle Monarchie vorstellen konnte, in der eine vom Volk frei gewählte Regierung die Staatsgeschäfte führte und der Monarch auf eine rein repräsentative Rolle beschränkt war. Nach Kiel geschickt wurde er jedoch als Vertrauter des MSPD-Vorsitzenden Friedrich Ebert mit dem alleinigen Auftrag, die Unruhen beizulegen, bevor sie zu massivem Blutvergießen führen und die Stabilität des Deutschen Reiches gefährden würden. Ebert und Noske sahen in den Räten eine Gefahr für den politischen Neuanfang in einer parlamentarischen Republik und fürchteten Verhältnisse wie in Russland, wo sich nach der Revolution Bürgerkrieg und Chaos ausgebreitet hatten. 1920 veröffentlichte Noske das Buch »Von Kiel bis Kapp«, in dem er ausführlich auf seine Zeit in der Fördestadt im November und Dezember 1918 eingeht. Es ist eine wichtige Quelle zum Kieler Matrosen- und Arbeiteraufstand sowie zur Novemberrevolution, aber im Rahmen der Quellenkritik muss ausdrücklich darauf hingewiesen werden, dass er dieses autobiografische Werk vor allem als eine Rechtfertigung für sein politisches Handeln, das schon unter seinen Zeitgenossen und Parteifreunden äußerst umstritten war, geschrieben hat.

Kaum aus dem Zug gestiegen – so schildert es Noske selbst – werden er und Haußmann von Hunderten jubelnder Matrosen stürmisch begrüßt. Die Aufständischen tragen rote Armbinden. Die Beiden werden sofort zu einem bereitstehenden Auto geleitet, in dem Karl Artelt sitzt und mit ihnen zum Wilhelmplatz fährt, wo sich inzwischen mehrere Tausend bewaffnete Menschen zusammengefunden haben. Artelt berichtet Noske kurz über die Ereignisse des Tages. Am Wilhelmplatz wird Noske zu einer spontanen Rede gedrängt, in der er sich, weil er mit den Kieler Verhältnissen noch nicht so vertraut ist, »auf allgemeine Betrachtungen, die der politischen Lage entsprachen« beschränkt, und die »mit der nachdrücklichen, mit großem Beifall aufgenommenen Aufforderung, Ordnung zu bewahren«, schließt.[109] Noske spricht den verunsicherten Menschen aus der Seele.

Bei der Abfahrt vom Wilhelmplatz fallen Schüsse. Es sind Freudenschüsse über das Erreichte, aber die Menge rennt wild auseinander, da sich inzwischen erste Gerüchte darüber in der Stadt verbreiten, dass in der kommenden Nacht ein Angriff kaisertreuer Truppen auf Kiel zu erwarten sei. Die Nervosität der Bevölkerung steigt ins Unermessliche, denn niemand kann mit

Sicherheit sagen, was die Nacht bringen wird. Wer kann, bringt sich schnell in Sicherheit. Noske lässt sich umgehend ins schwer gesicherte Gewerkschaftshaus fahren. Im für ihn reservierten Zimmer im Hotel Continental am Sophienblatt 6 wird er in den nächsten Tagen kaum zu sehen sein.

Im Gewerkschaftshaus sitzen etwa ein Dutzend Arbeiter und ebenso viele Soldaten zusammen, die laut Noske viel durcheinander reden und kein klares Ziel haben. Noske erkennt das in Kiel existierende Machtvakuum schnell und versucht als machtbewusster und versierter Berufspolitiker, die Entscheidungen an sich zu ziehen und die Dinge in seinem Sinne zu gestalten. Zusammen mit Karl Artelt verlässt er das Gewerkschaftshaus und fährt zum Stationsgebäude, wo für 21 Uhr eine wichtige Besprechung angesetzt ist, an der Staatssekretär Haußmann als Vertreter der Reichsregierung, der gesamte Stab der Marinestation, sieben Inspekteure im Admiralsrang, die Reichstagsabgeordneten Struve und Hoff von der Fortschrittlichen Volkspartei und die Matrosen- und Arbeitervertreter der beiden nachmittäglichen Besprechungen mit Gouverneur Souchon teilnehmen. Neu dabei ist der Vorsitzende des Kieler Gewerkschaftskartells Gustav Garbe, der den USPD-Vertreter Classen ersetzt. Hatte der Gewerkschaftsvertreter Garbe noch am Nachmittag zuvor zur Zurückhaltung bei Streiks aufgerufen, zeigt seine Teilnahme an dieser Besprechung, dass jetzt auch die Kieler MSPD-Politiker und die eng mit ihnen verbundenen Gewerkschaften keine Zurückhaltung mehr üben wollten. Dirk Dähnhardt bewertet die Teilnahme Garbes als »die endgültige Solidarisierung der Arbeiterschaft mit den Matrosen und ihren Forderungen«.[110]

Von der Sitzung im Stationsgebäude, die bis kurz nach Mitternacht dauert, liegt ein detailliertes Protokoll vor.[111] Nach einem kurzen Vorgeplänkel ergreift Gustav Noske zügig das Wort und erklärt, »dass, falls weitere Truppen herangezogen würden, mit dem Zweck, die Bewegung einzudämmen, sodass es zum Blutvergießen kommt, die Arbeiter im ganzen Reich durch Streik demonstrieren würden, für diesen Fall würde sich eine weitere Erörterung für ihn erübrigen.«[112]

Die Matrosenvertreter unterstützen ihn und fordern ebenfalls den sofortigen Rückzug sämtlicher nach Kiel beorderten auswärtigen Armeetruppen per Sonderzug, inklusive der im Keller des Stationsgebäudes gefundenen Kompanie Infanterie aus Neumünster. Stationschef Souchon entspricht diesen Forderungen und erteilt sofort die hierfür notwendigen Befehle. Der Abzug wird unter Begleitung von Matrosen geschehen.[113] Anlässlich des nachmittäglichen Auslaufens des III. Geschwaders entbrennt die Diskussion, ob die Marine einen erneuten Flottenvorstoß zu ihrer »Ehrenrettung« gegen England plane, was von einem Offizier des Stabes, Staatssekretär Haußmann und auch Noske explizit verneint wird.[114] Eine solche Maßnahme bedürfe der Zustimmung der Reichsregierung, und diese würde nicht erteilt werden. Staatssekretär Haußmann betont, dass die Reichsregierung größtes Interesse daran habe, dass die Ruhe und Ordnung unter den Matrosen in Kiel wiederhergestellt werde und er als Regierungsmitglied nach Kiel geschickt worden sei, um die Wünsche und Beschwerden der Matrosen zu hören und der Regierung vorzutragen. Ein Vertreter des Soldatenrats trägt die Forderungen vor:

1. Freie Meinungsäußerung, Rücktritt des Kaisers,
2. Größere Rechte des Volkes (Ausbau des Wahlrechts),
3. Entlassung der Gefangenen und deren Straffreiheit.
4. Bildung eines Matrosenrats, der in Angelegenheiten der Verpflegung, Fragen disziplinarer Art usw. gehört werden soll.[115]

Wenn diese Forderungen zugesichert oder erfüllt werden, so erklärt der Vertreter des Soldatenrats, dann wird die Ruhe unter den Mannschaften gehalten werden können. Voraussetzung sei aber auch, dass man nicht versuche, die Matrosen zu entwaffnen, und dass man nicht auf sie schieße. Im Gegenzug sichern die Soldatenvertreter zu, Ausschreitungen gegen Offiziere und Plünderungen zu unterbinden. Diese Forderungen gehen dem USPD-Vorstandsmitglied Lothar Popp nicht weit genug. Er führt aus, dass der Militarismus gerade zusammenbreche und dass »je nachdem man die Bewegung gewähren lasse oder nicht, die Lösung eine friedliche oder gewalttätige sein werde, und zwar die Entwickelung zum friedlichen Sozialismus oder die Diktatur des Proletariats bedeuten, das, was man bei uns als ›Bolschewismus‹ bezeichnete.«[116]

Um eine Rückkehr zu vorherigen gesellschaftlichen Zuständen zu vermeiden, stellt Popp folgende Mindestforderungen auf:

1. Beseitigung der Krone,
2. Abschaffung sämtlicher Monarchien in Deutschland,
3. freie Volksrepublik,
4. ein gerechtes Wahlrecht. Als solches betrachte er das Proportionswahlrecht, das die Stimmberechtigung auch den Frauen zuspreche.
5. Pressefreiheit,
6. Restlose Entlassung aller Gefangenen.[117]

Zur Durchsetzung dieser Forderungen würden die Arbeiter in Kiel – so Popp – in den Generalstreik treten. Diese Forderungen sind weitreichender als die des Soldatenvertreters, ihre Erfüllung liegt aber außerhalb der Entscheidungsbefugnis der Anwesenden und des Regierungsmitglieds Haußmann. Letzterer sichert lediglich zu, sich bei der Regierung für die Freilassung aller politischen Gefangenen einzusetzen. Im Hinblick auf die noch in der Kieler Marinearrestanstalt einsitzenden Gefangenen wird vereinbart, dass sich Oberkriegsgerichtsrat Eichheim am 5. November mit je einem Vertreter des Soldaten- und des Arbeiterrates treffen wird, um zu prüfen, welche Vergehen eine Entlassung aus der Arrestanstalt zulassen. Der Gouverneur bietet dem Soldatenrat ausdrücklich an, sich für seine Aufbauarbeit die bestehenden Behörden dienstbar zu machen. Außerdem sollen die beiden USPD-Reichstagsabgeordneten Hugo Haase (Parteivorsitzender) und Georg Ledebour nach Kiel kommen, damit sie den Leuten ihre Ansichten bekanntgeben können. Zuletzt wird vereinbart, dass das Gouvernement durch die Einrichtung einer Telefonwache im Gewerkschaftshaus mit dem Soldatenrat in Verbindung bleibt.

Sowohl Staatssekretär Haußmann als auch Gustav Noske machen in der Besprechung mehrfach deutlich, dass die Wiederherstellung der Ruhe und Ordnung unter den Matrosen und Soldaten für die Regierung oberste Priorität habe, weil man im Falle einer Ausbreitung der Unruhen auf andere Marinehäfen damit rechnen müsse, dass die britische Flotte innerhalb von drei Tagen zum Angriff vor Wilhelmshaven erscheinen werde. Weil es bereits zu vereinzelten Übergriffen auf Offiziere und Plünderungen von Proviantlagern gekommen ist und der Soldatenrat offensichtlich nicht alle aufrührerischen Truppenteile hundertprozentig unter seiner Kontrolle hat, bittet Noske auch Staatssekretär Haußmann, die Reichsregierung in Berlin noch in der Nacht vorab über den Ernst der Lage in Kiel telegrafisch zu informieren, denn es darf auf keinen Fall zu einem Kontrollverlust über die revoltierenden Soldaten kommen. Gleichzeitig informieren Admiral Souchon und Konteradmiral Küsel in zwei detaillierten Fernschreiben in der Nacht vom 4. auf den 5. November das Reichsmarineamt, den Konteradmiralstab, die Seekriegsleitung und das Kommando des Heeres über die Ereignisse des Tages in Kiel und das Ergebnis der nächtlichen Sitzung mit den Matrosenvertretern sowie Haußmann und Noske.[118]

Mit den – aus Sicht der Matrosen und Arbeiter – mageren Ergebnissen gehen die Versammelten auseinander. Wieder einmal hat sich in der Besprechung gezeigt, dass die Matrosen und Arbeiter noch kein einheitliches Programm haben, was ihre Verhandlungsposition gegenüber dem Militär und den Regierungsvertretern erschwert. Noch in der Nacht lassen die Matrosen ein

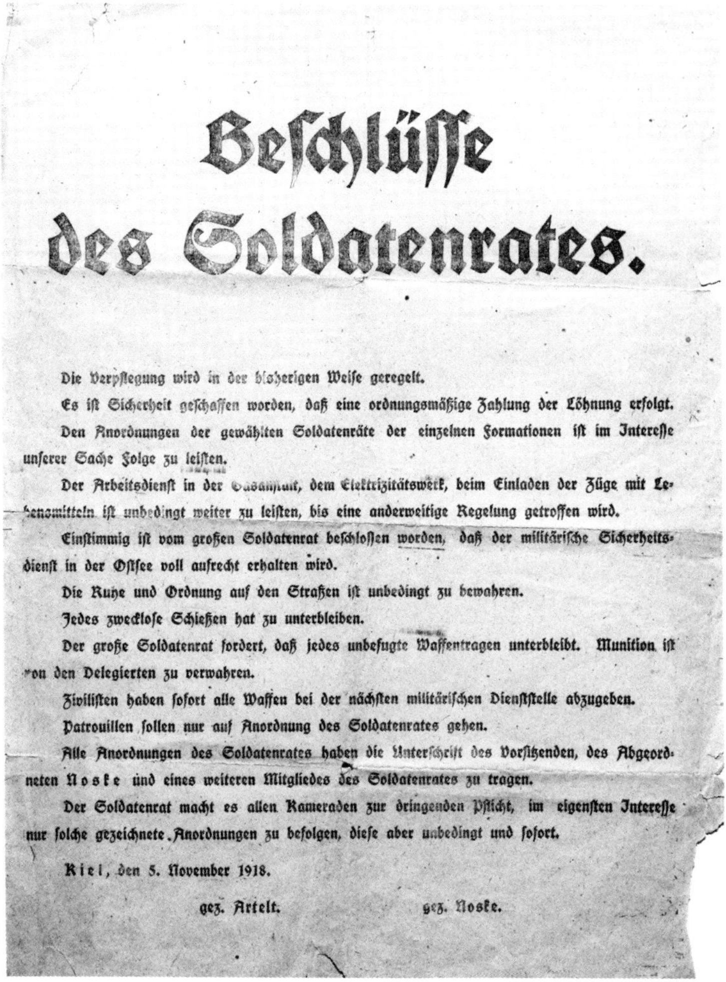

Beschlüsse des Soldatenrates.

Die Verpflegung wird in der bisherigen Weise geregelt.

Es ist Sicherheit geschaffen worden, daß eine ordnungsmäßige Zahlung der Löhnung erfolgt.

Den Anordnungen der gewählten Soldatenräte der einzelnen Formationen ist im Interesse unserer Sache Folge zu leisten.

Der Arbeitsdienst in der Gasanstalt, dem Elektrizitätswerk, beim Einladen der Züge mit Lebensmitteln ist unbedingt weiter zu leisten, bis eine anderweitige Regelung getroffen wird.

Einstimmig ist vom großen Soldatenrat beschlossen worden, daß der militärische Sicherheitsdienst in der Ostsee voll aufrecht erhalten wird.

Die Ruhe und Ordnung auf den Straßen ist unbedingt zu bewahren.

Jedes zwecklose Schießen hat zu unterbleiben.

Der große Soldatenrat fordert, daß jedes unbefugte Waffentragen unterbleibt. Munition ist von den Delegierten zu verwahren.

Zivilisten haben sofort alle Waffen bei der nächsten militärischen Dienststelle abzugeben.

Patrouillen sollen nur auf Anordnung des Soldatenrates gehen.

Alle Anordnungen des Soldatenrates haben die Unterschrift des Vorsitzenden, des Abgeordneten Noske und eines weiteren Mitgliedes des Soldatenrates zu tragen.

Der Soldatenrat macht es allen Kameraden zur dringenden Pflicht, im eigensten Interesse nur solche gezeichnete Anordnungen zu befolgen, diese aber unbedingt und sofort.

Kiel, den 5. November 1918.

gez. Artelt. gez. Noske.

Flugblatt »Beschlüsse des Soldatenrates.« 5. November 1918

Flugblatt drucken, mit dem sie ihren Kameraden und der Bevölkerung die Ergebnisse der Besprechung mitteilen.

In ihrem Flugblatt kommunizieren die Aufständischen die Besprechungen vom 4. November mit dem Gouverneur trotz der bescheidenen konkreten Ergebnisse als einen großen Erfolg, der in die Geschichte Deutschlands eingehen wird, denn zum ersten Mal liegt die politische Macht jetzt in den Händen der Soldaten. Allerdings weichen die von ihnen der Öffentlichkeit verkündeten Zugeständnisse der Obrigkeit teilweise von den Beschlüssen der Besprechung ab. Anscheinend sind sich die Revolutionäre selbst nicht ganz einig, was sie erreicht haben und wie es weitergehen soll. Für sie gibt es aber kein Zurück mehr. Für Lothar Popp ist es »die Götterdämmerung einer alten Welt«.[119]

Noskes Sorgen über eine gewalttätige Eskalation der Situation sind berechtigt, denn im Verlauf des späten Abends und der Nacht ereignen sich auf dem Gelände der Kaiserlichen Werft in Gaarden und besonders um das Seekadettenschulschiff »Elsass« herum heftige Schießereien.[120] Aber auch an Land gerät die Situation außer Kontrolle und es kommt zu wilden Schießereien. Der Ingenieur Nikolaus Andersen wird am Bahnhof Zeuge der Gewalt, er notiert in seinem Tagebuch:

> Um 1 nach Hause, denn es war kalt. Kaum im Bett, erhebt sich ein mörderliches Schießen. Ich raus. Am Bahnhof menschenleer. Man schießt (angeblich aus dem Hansa-Hotel und zwar von Offizieren) auf die Soldaten. Das Hotel wird erheblich beschossen, desgl. mehrere Häuser am Sophienblatt […]. Als es ruhig, gehe ich durch den Tunnel südl. am Bahnhof entlang. Ein Lastauto kommt Ringstr. u. wird mächtig beschossen von allen Seiten. Leider sind Matrosen die Insassen. Als das Schießen eingestellt ist, findet man einen Obermaat mit Beinschuss und einen Matrosen mit Brustschuss.
> Ein Krankenauto holt sie ab. Trauriger Anblick. Ich musste hinter einem Kandelaber der Gaslaterne niederknien. Die

> Kugeln flogen umher. Ein Obermaat schießt neben mir stehend freihändig eine Kugel nach der anderen ins Hotel u. nach dem Auto.[121]

Wie die Übernahme der kleineren Schiffe im Hafen durch die aufständischen Matrosen erfolgte, schildert der bisher unbekannte Bericht des Leutnants zur See Walter Rogge vom Torpedoboot »G 38«, das bis Ende Oktober 1918 auf Vorposten vor Borkum stationiert war und mit dem Abbruch des Flottenvorstoßes in seinen Heimathafen Kiel zurückkehrte. Leutnant Rogge schreibt über die Ereignisse am 4. November in seiner Torpedoboot-Halbflottille:

> Am Nachmittag kamen auch bei uns schon die ersten Fälle vor. Die begonnene Kesselreinigung wurde von den Heizern zum Teil nicht mehr fortgesetzt. Auf einem Boot ließ man dem Kommandanten sagen, er solle sich auf keinen Fall unterstehen, etwas anderes als die Leute zu Abend zu essen. Urlaub sollte es an dem Tage nicht geben, da an Land noch immer keine Ruhe eingetreten war. Schließlich wurde vom Chef doch Urlaub erteilt, da die Leute baten, zu einer in Gaarden stattfindenden Versammlung gehen zu dürfen. – Als nun die Dunkelheit hereinbrach, wurde schon in der Werft verschiedentlich geschossen. Anscheinend waren es aber nur Spielereien von jungen Soldaten, die sich bereits bewaffnet hatten, es waren bis jetzt aber nur Truppen der Landgarnisonen. – Ich war an diesem Abend Wachhabender Offizier. Ich sprach mit meinem Bts. Mt. [Bootsmannsmaat] der Wache noch über die augenblicklichen Verhältnisse. Wir waren beide einer Meinung. Als ich an Deck stand, zogen unsere Leute und auch die aller in der Werft liegenden Verbände in hellen Scharen zur Versammlung nach Gaarden. – Etwa gegen 10h abends kamen die Leute in Trupps zurück, der große Umschwung nahm seinen Anfang. Die Schießerei in

der Werft nahm an Heftigkeit zu, auch an Land wurde heftig geschossen. Es war ein schaurig schöner Abend, ist er doch so bedeutungsvoll für uns geworden. Der erste Offensivschritt unserer Leute war der, dass sich die Leute auf »G 32« Waffen aneigneten, die anderen Boote folgten bald. Ich hatte mich gerade etwas hingelegt, als ich aus meiner Kammer trete, sehe ich, wie sie Pistolen und Munition verteilen, ein entsetzlicher Anblick für mich, aber ich konnte ja nichts dran hindern. Ich ging an Deck und stellte dort fest, dass meine Wache abgetreten war, ich legte natürlich auch die Schärpe ab und machte meinem Chef davon Meldung. Wir waren noch etwa zu 6 Offizieren auf der Halbflottille. Die Schießerei nahm immer noch zu an Heftigkeit, es wurde verschiedentlich über die Boote weggeschossen, sodass man sich an Deck der Gefahr des Angeschossenwerdens aussetzte. Wir Offiziere versammelten uns auf Vorschlag des H'Ch. [Halbflottillenchefs] in der Offizier-Messe »G 39«. Namentlich bei dem Seekadettenschulschiff Elsass war eine wahnsinnige Schießerei. Bei der 17. T. [Torpedoboot] Halbflottille, die hinter uns lag, hielt ein Obermatrose, der ein rotes Mützenband trug, eine lange Ansprache. Die Offiziere waren gezwungen worden, die Ansprache mit anzuhören. Nachdem er dort fertig war, kam er zu uns und verkündete, dass ein Arbeiter- und Soldatenrat gegründet worden sei und dass den Offizieren nicht mehr gehorcht werden brauchte. Ferner gab er Befehl, dass es Pflicht jedes Mannes sei, sich umgehend zu bewaffnen, wer noch keine Waffe und Munition hatte bekommen können, sollte spätestens bis morgen Vormittag letzteres auf dem Gewerkschaftshaus abholen. Ebenfalls müssen Kokarden rotgefärbt oder entfernt werden. Rote Bänder als Abzeichen der Freiheit und Gleichheit hat jeder zu tragen. Ferner teilte er mit, dass am nächsten Tag vormittags 8h im Gewerkschaftshaus eine Vertrauensmännerversammlung stattfinde, Pflicht der Halbflottillen wäre es von jedem Boot einen von

> der Besatzung gewählten Vertrauensmann zur Versammlung zu schicken. Zum Schluss sagte er, um 7h morgens wird auf aller Boote die rote Flagge geheißt. Boote oder Schiffe, die sich weigern, werden beschossen.[122]

Wie in so vielen anderen Fällen werden auch Walter Rogge und die übrigen Offiziere der Halbflottille in dieser Nacht keinen Widerstand gegen die Übernahme ihrer Schiffe durch die aufständischen Matrosen leisten. Sie resignieren und werden am folgenden Morgen von den Aufständischen an Land gebracht. Noch während der Nacht bereiten die Matrosen die Übernahme der größeren Schiffe am nächsten Morgen vor.

Auch an Land leisten die Offiziere keinen Widerstand, wie das geradezu typische Beispiel des damaligen Kapitänleutnants Oskar Leistikow zeigt. Als neuer Adjutant des Kommandeurs und »Kompanieführer vom Dienst« in der I. Matrosen-Division nimmt er es ohne jeglichen Widerspruch hin, dass der Soldatenrat aus der Wik das Kommando über die Soldaten in der Kaserne in der Feldstraße [I. Matrosen-Division] übernimmt und gegen Abend neue Wachen an den Kasernentoren einsetzt. Stattdessen arbeitet er sofort mit der neuen Wache zusammen, unterbindet so Plünderungen in der Kleiderkammer und begibt sich am späten Abend nach Hause, obwohl kein anderer Offizier mehr in der Kaserne anwesend ist. Wie viele andere Offiziere wird er in seinen Erinnerungen Jahrzehnte später fernab jeglicher Realität behaupten, dass es ein Leichtes gewesen wäre, den Aufstand noch am 4. November niederzuschlagen, wenn es nur diesbezügliche Befehle von der Marinestation gegeben hätte.[123]

In der Nacht vom 4. auf den 5. November übernehmen auch in Friedrichsort die Soldaten die Macht und entwaffnen ihre Offiziere. Am folgenden Morgen weht bereits die rote Fahne über der Matrosen-Artilleriekaserne, der Torpedowerkstatt und dem Marinedepot.[124]

Dienstag, 5. November 1918

Zurück in das Stationsgebäude des Militärgouverneurs. Mit dem Ende der Besprechung um 00.15 Uhr macht sich Karl Artelt sofort auf den Weg ins Gewerkschaftshaus, wo seit etwa 20 Uhr parallel ca. 40 Matrosen, Soldaten und Arbeiter tagen und einen Soldatenrat gebildet haben. Über den Sitzungsverlauf ist wenig bekannt, das Ergebnis jedoch umso bedeutender. Die in der Nacht vom 4. auf den 5. November im Gewerkschaftshaus formulierten »14 Kieler Punkte« werden in den folgenden Tagen von fast allen neu gebildeten Arbeiter- und Soldatenräten in Deutschland übernommen und zu einer Blaupause für den Umsturz. Der Kieler Soldatenrat fordert:

1. Freilassung sämtlicher Inhaftierten und politischen Gefangenen.
2. Vollständige Rede- und Pressefreiheit.
3. Aufhebung der Briefzensur.
4. Sachgemäße Behandlung der Mannschaften durch Vorgesetzte.
5. Straffreie Rückkehr sämtlicher Kameraden an Bord und in die Kasernen.
6. Die Ausfahrt der Flotte hat unter allen Umständen zu unterbleiben.
7. Jegliche Schutzmaßnahmen mit Blutvergießen haben zu unterbleiben.
8. Zurückziehung sämtlicher nicht zur Garnison gehöriger Truppen.
9. Alle Maßnahmen zum Schutze des Privateigentums werden sofort vom Soldatenrat festgesetzt.
10. Es gibt außer Dienst keine Vorgesetzten mehr.
11. Unbeschränkte persönliche Freiheit jedes Mannes von Beendigung des Dienstes bis zum Beginn des nächsten Dienstes.

12. Offiziere, die sich mit den Maßnahmen des jetzt bestehenden Soldatenrates einverstanden erklären, begrüßen wir in unserer Mitte. Alles Übrige hat ohne Anspruch auf Versorgung den Dienst zu quittieren.
13. Jeder Angehörige des Soldatenrates ist von jeglichem Dienst zu befreien.
14. Sämtliche in Zukunft zu treffenden Maßnahmen sind nur mit Zustimmung des Soldatenrates zu treffen.

Diese Forderungen sind für jede Militärperson Befehl des Soldatenrates.[125]

In Kiel hat jetzt der revolutionäre Soldatenrat die Befehlsgewalt über das Militär an sich gezogen und erklärt sich als Parallelgewalt für alle militärischen Belange zuständig. Seine Forderungen sind aber alles andere als ein in sich schlüssiges politisches Programm. Viele Punkte zielen auf die Abstellung der Missstände im Umgang der Offiziere mit den Mannschaften in der Marine ab, ein weiteres Indiz für die Spontanität des Aufstands und das Fehlen einer programmatischen Führung. Die Matrosen sind über ihre plötzliche Machtfülle genauso verblüfft wie die alten Autoritäten über ihren schnellen Machtverlust. Die Mannschaften haben jetzt die Macht, aber wie sie damit umgehen sollen, das wissen sie nicht. Das Fehlen eines politischen Programms spielt vor allem Noske in die Hände und eröffnet ihm weitreichende Gestaltungsmöglichkeiten. Er bleibt auf Bitten des Militärgouverneurs in Kiel, während Staatssekretär Haußmann bereits am Vormittag wieder nach Berlin abreist, um der Reichsregierung ausführlich Bericht über die Vorgänge zu erstatten.

Parallel zum Soldatenrat bildet sich gegen 5 Uhr morgens zusätzlich noch ein Arbeiterrat im Gewerkschaftshaus. Über seine Entstehung ist wenig bekannt. Lothar Popp, der vermutlich an der Bildung teilgenommen hat, berichtet, dass sich der Rat aus den Obleuten der Kieler Großbetriebe, je sieben Vorstandsmitgliedern der MSPD und USPD sowie dem Vorsitzenden des

Gewerkschaftskartells, Gustav Garbe, zusammensetzte, der auch zum Vorsitzenden des Arbeiterrates gewählt wurde. Zur Koordination der Interessen der Arbeiter und Soldaten werden vier Mitglieder des Arbeiterrates in den Soldatenrat abgeordnet und vier Mitglieder des Soldatenrates in den Arbeiterrat.[126] Da beide Räte zeitgleich in demselben Gebäude tagen, ist auch davon auszugehen, dass Vertreter des späteren Arbeiterrates an der Formulierung der »14 Kieler Punkte« beteiligt sind. Ob die beiden Räte tatsächlich, wie von Popp behauptet, Vertreter austauschen, bleibt zweifelhaft. Spätere Namenslisten des Soldatenrats und des Arbeiterrats enthalten keine Überschneidungen.[127] Wichtig ist auch die Aufgabenteilung zwischen dem Soldatenrat, der für alle militärischen Dinge und die Sicherheit in der Stadt zuständig ist, und dem Arbeiterrat, der die Versorgung der Bevölkerung mit Lebensmitteln sowie die Kontrolle und Neuregelung der zivilen Verwaltung an sich zieht. Nur bei der Lebensmittelversorgung gibt es eine Kooperation zwischen den beiden Räten, denn der Soldatenrat übernimmt auch die Bewachung der Vorratslager und der Lebensmitteltransporte.

Jetzt gibt es mit dem Gouvernement, dem Soldatenrat und dem Arbeiterrat drei zum Teil konkurrierende Machtzentren in Kiel, die für sich Exekutivgewalt beanspruchen. Dass der Militärgouverneur seine Macht inzwischen weitgehend eingebüßt hatte, zeigt sich auch darin, dass er in der Nacht von ca. 2 bis 5 Uhr vom Soldatenrat im Wartesaal des Bahnhofs festgesetzt und in Geiselhaft genommen wird, um so sicherzustellen, dass tatsächlich keine weiteren auswärtigen Truppen nach Kiel zur Niederschlagung des Aufstands beordert werden.[128] Nachdem sich derartige Gerüchte als haltlos erweisen, lässt der Soldatenrat Gouverneur Souchon frei und bringt ihn in sein Hotel am Schlossgarten zurück. In dieser Nacht übernehmen die Aufständischen auch die Kontrolle über die Fernschreib- und Fernsprechzentrale.[129] In die Neuregelung des Sicherheitsdienstes in der Stadt durch den Soldatenrat am Morgen des 5. November wird der Militärgouverneur entgegen vorheriger Absprachen nicht mehr einbezogen.

All diese Maßnahmen des Soldatenrates sind eindeutige Indizien für den Machtverlust Souchons.

Am Morgen des 5. November ist die Umwälzung der Machtverhältnisse in der Stadt für jedermann offen sichtbar. Am Rathausturm wehen rote Fahnen, ebenso am Turm des Schlosses, in dem Prinz Heinrich von Preußen, Großadmiral und jüngerer Bruder des Kaisers, residiert. Auf den Kriegsschiffen im Hafen – auf denen gestern noch die kaiserliche Kriegsflagge wehte – sind seit 7.30 Uhr in der Früh ebenfalls rote Fahnen gehisst. Auf der SMS »König«, die zur Überholung im Schwimmdock der Kaiserlichen Werft liegt, kommt es zu einem dramatischen Zwischenfall. Ihr Kommandant, Kapitän zur See Karl Weniger, lässt ohne militärisches Zeremoniell gegen 7.40 Uhr die kaiserliche Kriegsflagge setzen. Zu ihrer Sicherheit stellt er den Leutnant Wolfgang Zenker ab. Das Symbol der alten Macht ist den revolutionären Matrosen ein Dorn im Auge. Von der anderen Hafenseite eröffnen sie mit Gewehren das Feuer und schießen blindlings auf die Flagge. Leutnant Zenker wird im Kugelhagel getroffen und bricht zusammen. Dann dringen die Matrosen auf das Werftgelände und zur »König« vor. Als sie die »König« aus kürzerer Distanz unter Beschuss nehmen, können ihnen die überraschten Offiziere mit ihren Marinepistolen nur wenig entgegensetzen. Laut Deckoffizier Paul Rösch von der »König«, der die Schießerei aus nächster Nähe miterlebt, prasseln die Geschosse wie Erbsen gegen die Aufbauten des Schiffes. Kommandant Weniger wird getroffen, ebenso der Erste Offizier Korvettenkapitän Bruno Heinemann. Schließlich stürmen die Aufständischen an Bord. Als der Matrose Mewes (oder Mews) die kaiserliche Kriegsflagge niederholen will, wird er vom Kommandanten Weniger niedergeschossen und stirbt noch an Deck. Die übrigen Offiziere der »König« fliehen angesichts der Übermacht der revolutionären Matrosen unter Deck, leisten keinen weiteren Widerstand und gehen später von Bord. Nun weht als letztem Schiff im Kieler Hafen auch auf der »König« die rote Fahne. Die revolutionären

Matrosen bringen Weniger und die anderen verletzten Offiziere in das Marinelazarett in der Wik und weisen die Ärzte an, sie wie alle anderen verwundeten Marineangehörigen bestens zu behandeln. Kommandant Weniger überlebt die Schießerei, seine Untergebenen Zenker und Heinemann erliegen im Lazarett ihren Verletzungen. Weniger wird sich später auf Notwehr berufen, er wird für die tödlichen Schüsse auf den Matrosen Mewes nicht zur Rechenschaft gezogen werden. Interessant ist, dass laut den meisten Augenzeugen die Schießerei von den revolutionären Matrosen begonnen wurde, während die an diesem Vorfall nicht beteiligten Bernhard Rausch und Lothar Popp allein die Offiziere der »König« für die Gewaltanwendung verantwortlich machen.[130]

Aber nicht alle Schiffe der kaiserlichen Marine schließen sich dem Aufstand an. Das veraltete und als Schulschiff verwendete Linienschiff »Schlesien« läuft mit der kaiserlichen Kriegsflagge am Heck im Morgengrauen des 5. November aus dem Kieler Hafen aus. Da sich der Kommandant seiner Mannschaft aber nicht sicher ist und es zu Befehlsverweigerungen kommt, stellt er vor Flensburg der Besatzung anheim, das Schiff zu verlassen, worauf ein großer Teil der Deckoffiziere, Unteroffiziere und Mannschaften von Bord geht. Die Lücken werden mit Seekadetten aufgefüllt, und das Schiff fährt mit einer Restbesatzung über Umwege nach Swinemünde.[131] Auch der kleine Kreuzer »Straßburg« von der IV. Aufklärungsgruppe, der am Abend des 3. November in Kiel eingelaufen war und dessen Matrosen keinen Landgang erhielten, damit sie nicht mit den Aufständischen in Kontakt kommen, verlässt seinen Liegeplatz unter der kaiserlichen Kriegsflagge und nimmt am 5. November zunächst Kurs auf Sonderburg. Danach verlegt die »Straßburg« nach Saßnitz auf Rügen, wohin sich bereits mehrere U-Boote und Torpedoboote geflüchtet haben, um die weitere politische Entwicklung abzuwarten. An Bord der »Straßburg« bilden Schiffsführung, Seeoffiziere, Deckoffiziere, Unteroffiziere und Mannschaften gemeinsam einen Soldatenrat, der den Dienstbetrieb an Bord

Revolutionsversammlung auf dem Kasernengelände in Friedrichsort. 5.11.1918

regelt.[132] Auch mehrere U-Boote, darunter U 126, verlassen zum Teil unter Beschuss durch Revolutionäre am 5. November den Kieler Hafen, um sich nicht dem Matrosenaufstand anschließen zu müssen.[133] Auffallend ist, dass sich die Besatzungen der kaisertreuen Schiffe, die Kiel verlassen, insbesondere von den Matrosen der »Markgraf« bedroht fühlen, die an der Spitze des Aufstands stehen und den Besatzungen anderer Schiffe Gewalt androhen, sollten sie sich ihnen in den Weg stellen. Der Matrose Karl Bock von der »Markgraf« beschreibt die revolutionäre Vorreiterrolle seines Schiffes in diesen Tagen mit den Worten: »Im 3. Geschwader sind augenblicklich zwei Richtungen, wir vom Markgraf sind die Roten, die anderen Schiffe sind die Rosaroten.«[134]

In Friedrichsort streiken derweil die Arbeiter und versammeln sich am Vormittag, angeblich zu den Klängen der Marseillaise, mit den Soldaten auf dem Kasernenplatz. Verschiedene Redner sprechen zu den Versammelten, die daraufhin einen

»Bei Revolte-Beginn 1918 Nov. – Überwachung des Telefons im Hafenamt Holtenau.« Sammlung Klaus Schoppe

Arbeiter- und Soldatenrat bilden. In Friedrichsort und Kiel machen Gerüchte die Runde, die englische und französische Flotte hätten ebenfalls die rote Fahne gesetzt, was sich aber bald als unwahr herausstellt.[135]

Zurück zur Politik. Was in der Nacht vom 4. auf den 5. November mit einem Treffen von ca. 40 Matrosen, Soldaten und Arbeitern im Gewerkschaftshaus begann, setzt sich am nächsten Morgen mit einer Versammlung in dem Varieté und Lichtspielhaus »Reichshallen« am Bootshafen fort. Die Arbeit ruht, es ist Generalstreik ausgerufen. Etwa 1000 Vertrauensleute der Arbeiter kommen gegen 8 Uhr zusammen. Lothar Popp nimmt an der Versammlung teil, schreibt aber nichts über ihren Verlauf. Auch Gustav Noske kommt dazu. Laut Noske schwadroniert ein junger Mann mit blumigen Worten, dass der Soldatenrat im Gewerkschaftshaus die Lage im Griff habe, alle Zugänge zur Stadt kontrolliere, Prinz Heinrich im Schloss interniert und die Flotte zu den Revolutionären übergelaufen sei. Noske gibt den Vertrauensleuten lediglich einen kurzen Bericht über die nächtliche Verhandlung im Stationsgebäude und macht sich dann auf den Weg zum Gewerkschaftsgebäude, um den Soldatenrat zu suchen.[136]

Derweil Noske den Soldatenrat sucht, beginnt der Arbeiterrat am Vormittag die Kontrolle über die Stadtverwaltung zu übernehmen. Gegen 10 Uhr begibt sich der stellvertretende Stadtverordnetenvorsteher Eduard Adler (MSPD) ins Rathaus und legt Oberbürgermeister Lindemann einen handschriftlichen, von Gustav Garbe unterschriebenen Zettel vor, der bestimmt, dass die Stadtverwaltung »in der bisherigen Weise unter Abhängigkeit vom Arb.- und Soldatenrat selbständig zu arbeiten hat.«[137] Die Aufsicht über die Arbeit der Stadtverwaltung übernimmt Adler als sogenannter Beigeordneter, um sicherzustellen, dass die überwiegend konservativ gesinnten kommunalen Amtsträger die Vorgaben des Arbeiterrates umsetzen und nicht gegen dessen Willen agieren. Noch am selben Tag werden Adlers Befugnisse in einer schriftlichen Vereinbarung zwischen ihm und dem Oberbürgermeister festgehalten. Demnach darf Adler an allen ordentlichen Magistratssitzungen teilnehmen, von eventuellen außerordentlichen Sitzungen ist er in Kenntnis zu setzen. Außerdem wird vereinbart, dass der Schriftverkehr sämtlicher Dienststellen der Stadtverwaltung mit den vorgesetzten Behörden Adler 24 Stunden lang zur Einsichtnahme bereitgehalten wird. Bei Beanstandungen setzt sich der Beigeordnete unmittelbar mit dem Oberbürgermeister in Verbindung.[138] Auch die anderen wichtigen Behörden in der Stadt, wie z. B. die Polizei oder die Post mit dem Telegrafenamt, werden mittels Beigeordneter unter die Kontrolle des Soldaten- und des Arbeiterrates gebracht.

Hierbei kommt es den Revolutionären zugute, dass sie für ihre Beigeordneten auf politisch erfahrene SPD-Stadtverordnete und unbesoldete Stadträte zurückgreifen können, denen der Zugang zu hauptamtlichen Magistratsstellen bisher nur dadurch verwehrt war, dass die bürgerlich dominierte Stadtverordnetenversammlung durch Anhebung des für die Wahlberechtigung notwendigen Einkommens (Zensuswahlrecht) einen großen Teil der Arbeiter von den Kommunalwahlen ausschloss, um so eine Arbeitermehrheit im Stadtparlament zu verhindern. Garbe, aber auch Adler, sind sich bewusst, dass die Aufrechterhaltung der öffentlichen Ordnung und der Fortgang der Verwaltung nur in Zusammenarbeit mit der Fachkompetenz der dort tätigen Mitarbeiter geleistet werden kann.

Nur bei der Sicherstellung der kritischen Lebensmittelversorgung wählt der Arbeiterrat einen anderen Weg und unterstellt sich das Ernährungsamt direkt. Diese Maßnahme mag zum einen darin begründet sein, dass eine gerechte Versorgung mit Lebensmitteln zur Aufrechterhaltung der öffentlichen Ordnung zwingend notwendig ist, zum anderen, dass die Arbeiter seit den Massenstreiks und Hungerkrawallen im März 1917 bereits mit 15 Personen innerhalb der städtischen Lebensmittelkommission vertreten sind, sodass sie dieses besonders wichtige Amt innerhalb der Stadtverwaltung sehr leicht übernehmen können. Es ergeht umgehend ein Aufruf vom Magistrat, der alle Zivil- und Militärpersonen nochmals eindringlich darauf hinweist, dass Lebensmittel, die nur über Lebensmittelkarten zu beziehen sind, nur gegen Vorlage der gültigen Kartenabschnitte ausgegeben werden dürfen. Wer von Ladeninhabern die unberechtigte Herausgabe von Lebensmitteln verlangt, wird aufs schwerste bestraft. Dieser Aufruf ist vom Soldatenrat gegengezeichnet und mit einer weiteren scharfen Strafandrohung bei Zuwiderhandlung versehen.[139]

Der vom Arbeiterrat ausgesandte neue Beigeordnete Eduard Adler nimmt bereits am Abend des 5. November in seiner neuen Doppelfunktion an der 12. öffentlichen Sitzung der Stadtkollegien im Rathaus teil, ohne dass es zu Protesten kommt, was sicherlich auch daran liegt, dass er diesem Gremium bereits seit 1904 angehört und seit 1916 stellvertretender Vorsitzender ist.[140] Damit nehmen die Stadtkollegien nicht nur die Existenz der Räte zur Kenntnis, sondern akzeptieren auch, dass die Räte ab sofort eine Mitsprache bei den Entscheidungen der Kollegien beanspruchen. Ansonsten verläuft die Sitzung wie vorgesehen, revolutionäre Themen stehen nicht auf der Tagesordnung. Allerdings beschließen die Stadtverordneten auf Antrag von Eduard Adler, dass der Zensus für die Teilnahme an den Wahlen zur Stadtverordnetenversammlung zum 1. Juli 1919 von 1200 Mark auf das in der Schleswig-Holsteinischen Städteordnung vorgeschriebene gesetzliche Minimum von 600 Mark gesenkt wird.[141] Damit wird eine entsprechende Verdoppelung des Zensus aus dem Jahr 1892, die einen großen Teil der rasch wachsenden Kieler Arbeiterschaft von den Kommunalwahlen ausschließen sollte, rückgängig gemacht. Dieser Beschluss stellt eine deutliche Liberalisierung des Wahlrechts dar und hätte die Wählerbasis erheblich verbreitert, er wird aber von der völligen Abschaffung des Zensuswahlrechts durch das Land Preußen bis zur Kommunalwahl in Schleswig-Holstein am 2. März 1919 obsolet gemacht werden.

Zunächst ist also noch Kontinuität gefragt, bevor mit der Abschaffung des kommunalen Zensuswahlrechts und der Demokratisierung der Gesellschaft auch personelle Änderungen in der Verwaltungsspitze der Stadt durchgesetzt werden können. Hier zeigt sich, dass die Mitglieder des Arbeiterrates, die häufig jahrelange kommunalpolitische Erfahrung haben, bereits über ein politisches Konzept für die Übernahme der Macht in der Stadt verfügen, was beim politisch unerfahrenen Soldatenrat nicht der Fall ist.

Am 5. November schwirren überall in der Stadt bewaffnete Soldaten umher. Es kommt zu Belästigungen und Übergriffen gegen Offiziere, denen ihre Säbel abgenommen und die Rangabzeichen von den Schultern gerissen werden. Doch es bleibt bei diesen eher symbolischen Erniedrigungen der Offiziere, zu Gräueltaten oder gar massiven Gewaltexzessen, wie sie 1917 während der russischen Revolution vorgekommen sind, kommt es nicht. Dafür, dass jetzt die Aufständischen auf den Straßen das Sagen haben, bleibt es zunächst erstaunlich gewaltfrei, und die meisten Offiziere kommen relativ glimpflich in ihre Unterkünfte.

Etwa 200 Offiziere werden am Vormittag auf den Schiffen von revolutionären Matrosen entwaffnet und durch bewaffnete Matroseneskorten in einen Saal des Gewerkschaftshauses geführt. Auf den Galerien stehen Mannschaften mit Gewehren und Maschinengewehren. Ein Zivilist hält eine Ansprache an die Offiziere mit folgendem Tenor:

> Meine Herren, finden Sie sich mit der neuen Lage ab, die Gewalt ist in unseren Händen. Versuchen sie keine Gegenbewegung, um unnützes Blutvergießen zu vermeiden. Alle irgendwie wichtigen militärischen Stellen sind von uns besetzt, alle Waffen in unseren Händen. Es wird nur klug sein von Ihnen, wenn Sie sich den Tatsachen fügen. Der bereits gebildete Soldatenrat fordert von Ihnen, sich einen Pass, mit einem Ausweisvermerk versehen, geben zu lassen, sich ruhig in ihre Wohnung zu begeben und Versammlungen, auch in den Wohnungen, zu meiden.[142]

Nicht alle revolutionären Matrosen agieren so besonnen wie dieser Zivilist. Im Gewerkschaftshaus herrscht derweil Chaos, vom Soldatenrat ist laut Noske keine Spur zu finden. Die vom Soldatenrat ausgegebenen Befehle und Anordnungen widersprechen sich, es mangelt an Koordination und einer einheitlichen Führung zur Wiederherstellung der Ordnung.[143] Immer abenteuerlichere Gerüchte machen in der Stadt die Runde, dass kaisertreue Offiziere zum militärischen Gegenschlag ansetzen. Als sich herumspricht, dass der Kommandant der SMS »König« am Morgen einen revolutionären Matrosen beim Niederholen der kaiserlichen Kriegsflagge erschossen hat, heizt das die Nervosität und Angst der Matrosen weiter an. Die Straßen sind nicht mehr sicher, am frühen Nachmittag kommt es zwischen 13.30 Uhr und 15 Uhr zu heftigen Schießereien mit mehreren Toten und Verletzten in der

Innenstadt. Überall fühlen sich die Matrosen von konterrevolutionären Offizieren aus dem Hinterhalt bedroht und angegriffen. Besonders heftig geschossen wird am Rathaus in der Fleethörn und an der Stadtsparkasse am Lorentzendamm. Letztere wird von außen mit schweren Waffen beschossen, und Aufständische dringen in das Gebäude ein und bedrohen die völlig verängstigten Angestellten, darunter auch Frauen, die sie für Konterrevolutionäre halten. Der Hausmeister wird kurzerhand festgenommen und im Gewerkschaftshaus vor ein spontan einberufenes Revolutionsgericht gestellt. Ihm droht der Tod. Nach kurzer Untersuchung stellen andere Matrosen aber seine Unschuld fest, und er wird freigelassen. Ein Sparkassenlehrling hat weniger Glück. Er wird von einem revolutionären Matrosen absichtlich niedergeschossen, schwer verletzt und überlebt nur mit großem Glück.[144]

Die Wahnvorstellung der revolutionären Matrosen, dass die ganze Stadt von konterrevolutionären Offizieren wimmelt, führt dazu, dass sie bald auch auf unbewaffnete Zivilisten schießen und Angst und Schrecken in der Stadt verbreiten. Für das Ansehen der Revolutionäre in der Zivilbevölkerung sind diese Zwischenfälle verheerend. Auch im Damperhofviertel fallen zwischen der Fährstraße und der Waisenhofstraße, an der ehemaligen Marineschule in der Muhliusstraße sowie am nahegelegenen Kraftwerk im Knooper Weg immer wieder Schüsse. Im Bereich der I. Matrosen-Division in der Feldstraße kommt es auf dem Kasernenhof laut den »Kieler Neuesten Nachrichten« zu einem »lebhaften Feuerkampf« zwischen Offizieren und Applikanten auf der einen Seite und revolutionären Soldaten auf der anderen. Hierbei sollen auch Maschinengewehre eingesetzt werden. Zahlreiche Verletzte, darunter auch Zivilisten, werden mit Krankenwagen und Tragen in die Akademischen Heilanstalten gebracht. Wer aber zuerst auf wen geschossen hat, bleibt auch hier unklar.[145]

Insgesamt werden bei den Schießereien am 5. November 10 Menschen getötet und 21 verletzt. Das ist der höchste einzelne Blutzoll in der ersten Revolutionswoche in Deutschland. In den zeitgenössischen Berichten wird immer wieder vom Hörensagen behauptet, dass Offiziere und Offiziersanwärter aus Fenstern und von Dächern zuerst auf Matrosen und unbewaffnete Zivilisten geschossen hätten, eindeutige Belege dafür gibt es aber keine.[146] Die Kieler Zeitungen fordern die Bevölkerung auf, sich zur eigenen Sicherheit von den Fenstern fernzuhalten und Gerüchten keinen Glauben zu schenken. Sie selbst halten sich allerdings kaum an diese Empfehlungen und stellen weiterhin nicht verifizierte Gerüchte als Tatsachen in ihren Berichten über die Lage in Kiel dar.[147]

Tatsächlich nimmt die Furcht der revolutionären Matrosen vor einem konterrevolutionären Gegenschlag der Offiziere geradezu psychotische Formen an. Jedes noch so wilde Gerücht wird für bare Münze genommen. In der ganzen Stadt schwirren z. B. Meldungen und Berichte umher, dass sich bewaffnete Offiziere in den Wäldern am Kieler Stadtrand und den nahegelegenen Dörfern versammeln würden, um die Stadt mit Gewalt zurückzuerobern. Doch wohin sich die eiligst ausgesandten revolutionären Patrouillen auch auf den Weg machen, sie finden nichts als leere Wälder, Wiesen oder verdutzte Bauern. So berichtet der U-Boot-Matrose Otto Greß, dass ihm am Abend des 5. November zunächst befohlen wurde, den Hauptbahnhof gegen die Angriffe vermeintlicher Reaktionäre zu verteidigen. Es wird wild ins Dunkel geschossen, beim Absuchen des Geländes wird aber kein Gegner gefunden. Anschließend wird er mit einem schwer bewaffneten Sondertrupp und einem auf ein Automobil montierten Maschinengewehr ausgeschickt, um mehrere Dörfer in der Umgebung nach angeblichen konterrevolutionären Offizieren abzusuchen. Insgesamt zwei Tage sind sie unterwegs, durchsuchen die einzelnen Dörfer und Häuser und übernachten in Ställen, ohne auch nur einen einzigen Offizier zu Gesicht zu bekommen.[148]

Obwohl es nicht einen belastbaren Beleg für solche konterrevolutionären Zusammenrottungen gibt, sind sie ein fester Bestandteil fast jeden Narrativs von Revolutionsteilnehmern.

Vielmehr ist sogar das Gegenteil der Fall. Aus Angst vor den revolutionären Matrosen und ihren Übergriffen gegen Offiziere am 4. und 5. November verlassen viele völlig verängstigte Offiziere als Zivilisten getarnt in Kleingruppen ohne Waffen die Stadt und versuchen, sich abseits der größeren Straßen auf dem Land vor den Revolutionären in Sicherheit zu bringen. Diese Offiziere wollen sich keineswegs gegen die Stadt und die Revolutionäre neu formieren, sondern suchen nur möglichst schnell das Weite, weil sie um ihr Leben fürchten. Einer von ihnen ist Leutnant Walter Rogge vom Torpedoboot »G 38«. Auch unter den Offizieren kursieren die wildesten Geschichten. So schenkt Rogge z. B. dem Gerücht Glauben, dass die Offiziere der aus Neumünster gekommenen Truppen bei ihrer Ankunft in Kiel sofort von den Aufständischen erschossen worden seien. Als er hört, dass »Rotgardisten« auch ganz in seiner Nähe die Häuser nach Offizieren absuchen, um sie ins Gefängnis zu sperren, entschließt er sich mit zwei Offizierskameraden zur Flucht aus Kiel. In unauffälligen Zivilklamotten verlassen sie die Wohnung, schlagen sich bei Nacht mit Karte und Kompass über Feldwege zunächst nach Rendsburg und von dort weiter auf die Insel Nordstrand an der Westküste durch.[149] Im Großen Hauptquartier in Spa und im Reichsmarineamt in Berlin schmieden die Generale und Admirale in der Tat kühne Pläne über eine »Rückeroberung« Kiels, aber die verängstigten Offiziere an der Förde setzen sich zur selben Zeit klammheimlich aus der Stadt ab, was wiederum die Furcht der Matrosen vor Gegenschlägen befeuert.[150] So schaukeln sich Furcht und Hysterie gegenseitig hoch.

Was Offizieren, die in Kiel bleiben, widerfahren kann, schildert der Sehestedter Dorfschullehrer Friedrich Iwersen, der sich in jenen Tagen in der Stadt und am Bahnhof aufhält:

> Die Bilder, die sich uns boten, waren nicht schön. Sowie ein Offizier aus der Bahnhofstür kam, griffen die Mariner sich ihn, rissen ihm seine Ehrenzeichen und Achselklappen ab

> und stellten ihn an die Wand, schossen ihn nicht tot, sondern so einen halben Meter über seinen Kopf in die Wand und zogen dann mit ihm ab.[151]

Obwohl seit dem Morgen des 4. November in Kiel mehr Gewalt von Matrosen gegen Offiziere ausgeht als umgekehrt, steigert sich die Angst der Matrosen vor einem konterrevolutionären Gegenschlag per Autosuggestion zu einer regelrechten Hysterie, die zur wahren Ursache der zahlreichen Schießereien am folgenden Tag mit Toten und Verletzten wird. Eine besondere Rolle in diesen Gerüchten nehmen stets die Wandsbeker Husaren ein, die sich vor allem aus dem Adel und der Oberschicht rekrutieren und als besonders königstreue Elitetruppe den revolutionären Matrosen natürlich extrem suspekt sind. Aber auch die so gefürchteten Husaren bleiben nur ein Phantom. In den Gerüchten und Köpfen der revolutionären Matrosen dringen sie in der Nacht vom 4. auf den 5. November sogar bis in die Ortschaft Meimersdorf unmittelbar südlich von Kiel vor, in der Realität verbleiben sie in ihrer Kaserne in Hamburg und machen sich nicht einmal auf den Weg nach Kiel. Da aber auch die »Kieler Zeitung« vom 5. November in ihrer Abendausgabe das Gerücht völlig unkritisch weiterverbreitet, dass die Husaren erst bei Meimersdorf durch den Einsatz von Marinemannschaften mit Maschinengewehren zur Umkehr gezwungen werden konnten, werden sie auch in den nächsten Tagen weiterhin als Bedrohung empfunden.[152] Auch in Hamburg sorgen Gerüchte über einen angeblichen Einsatz der Wandsbeker Husaren zu Hysterie unter den revolutionären Soldaten und panischen Schießereien mit mehreren Leicht- und Schwerverletzten.[153]

Ein namentlich nicht bekannter Marinezahlmeister bringt die durch Hysterie und Gerüchte aufgeladene Stimmung in Kiel am 5. November auf den Punkt:

> Am Nachmittag begann plötzlich die sinnlose Schießerei von neuem. Wie bei Kriegsbeginn die Spionenfurcht so wirkte jetzt das Gerücht, Offiziere schössen aus den Fenstern, durch Massensuggestion verheerend. Wenn irgendeinem der vielen Matrosen (z. T. jungen Rekruten), die nicht mit Waffen umgehen konnten, das Gewehr losging, war der Tumult da. Irgendjemand zeigte auf ein Fenster und schon setzte eine wahnsinnige Schießerei auf das betreffende Haus ein. In den Gärten sprangen die Leute wie wild herum und feuerten. Auch mit Maschinengewehren wurde geschossen und Handgranaten wurden von den Infanteristen, die sie weiß Gott woher hatten, geworfen. Im Hansa-Hotel sollten – so ging das Gerede – die Offiziere ihre letzte Zuflucht gefunden haben und sich dort unter Führung von dem Prinzen Heinrich erbittert verteidigen. Ein kleiner Kreuzer (»Frankfurt«) hatte im Innenhafen festgemacht, die einen sagten, um das Hansa-Hotel zu beschießen, die anderen, um den Bahnhof unter Feuer zu nehmen, wenn Truppen zur Unterstützung des Aufstands geschickt würden. Es sollen auch Truppen im Anmarsch gewesen, aber wieder umgekehrt sein. Ich kann nicht alle Gerüchte aufschreiben, die herumschwirrten.[154]

Im allgemeinen Chaos am Nachmittag verschwinden auch etliche Prostituierte aus dem Städtischen Krankenhaus, wo sie zur Behandlung ihrer Geschlechtskrankheiten festgehalten wurden. Nach ihnen wird umgehend gesucht.[155]

Die Wiederherstellung der Ordnung und Sicherheit auf den Straßen ist die dringlichste Aufgabe des Soldatenrates. Schon während der nächtlichen Sitzung im Stationsgebäude am 4. November gehen wiederholt Nachrichten ein, dass Menschen in das Verpflegungsamt eindringen und sich Lebensmittel aneignen. Daraufhin trifft der Soldatenrat Sicherheitsmaßnahmen, um weitere Ausschreitungen zu verhindern. Die Sicherheitswachen sollen im Einvernehmen mit der Kommandantur getroffen werden. Doch dazu kommt es nicht mehr. Am Morgen des 5. November beauftragt der Soldatenrat den Obermaat Nikolaus Goßrau, der selbst Mitglied des Soldatenrats ist, mit der Organisation des Sicherheitsdienstes im Stadtgebiet, ohne dass die Kommandantur daran beteiligt wird. Goßrau teilt das Stadtgebiet in sechs Bezirke ein, in denen die jeweiligen dort stationierten Marineeinheiten für die Durchführung der Wach- und Patrouillendienste zuständig sind.[156]

Besondere Gefahr geht von den wilden, selbsternannten und bewaffneten Patrouillen von Mannschaftsdienstgraden aus, die vor allem Offiziere und Applikanten (Offiziersanwärter) unter Generalverdacht stellen. Goßrau wird am 5. November selbst Zeuge von deren Übergriffen und kann nur unter Einsatz seines Lebens vor dem Hotel Prinzenhof in der Fährstraße, unweit des Gewerkschaftshauses, 17 unbewaffnete Applikanten aus den Fängen einer wilden Matrosenpatrouille befreien, die die Offiziersanwärter mit geladenen Gewehren, Pistolen und Messern bedroht. Deshalb erteilt er sofort Urlaubssperren für die Mannschaften, lässt die Kasernentore bewachen und alle auf den Straßen im Umlauf befindlichen Waffen einsammeln und verschließen. Nur autorisierte Patrouillen dürfen Waffen tragen und für Sicherheit in den Straßen sorgen.[157] Ab dem Vormittag des 5. November liegt die Sicherheit in der Stadt allein in den Händen des Soldatenrats. Im Kriegstagebuch der Marinestation der Ostsee findet sich dazu lediglich der lapidare Eintrag: »Dienstag 5.11.18. Eine Mitwirkung der Kommandantur beim Sicherheitsdienst erfolgt nicht. Von wo und von wem der Sicherheitsdienst geleitet wurde, war nicht bekannt.«[158] Der Militärgouverneur ist weitgehend entmachtet, über Nacht hat sich die Verantwortung für die öffentliche Sicherheit endgültig zum Soldatenrat verschoben.

Das allgemeine Chaos in den Straßen spielt Noske in die Hände, der erkennt, dass die verunsicherte Bevölkerung in dieser Situation vor allem nach Sicherheit und Schutz verlangt. Auch Tausende Soldaten sind führerlos, ihre Versorgung mit Lebensmitteln muss ebenfalls organisiert werden, um Unruhen oder gar Plünderungen zu verhindern. Für 13 Uhr ist eine große Versammlung auf den Wilhelmplatz einberufen. Vor dieser Versammlung, so wird Noske später behaupten, sei er von Karl Artelt oder dem Gewerkschaftsführer Gustav Garbe aufgefordert worden, die Leitung der Geschäfte des Soldatenrats vorläufig zu übernehmen. Noske sieht seine Chance, sich auf der Versammlung dem Volk als starker Mann zu präsentieren und mit dem Versprechen, für Sicherheit und Ordnung zu sorgen, die revolutionäre Bewegung unter seine Kontrolle bringen zu können. Er will in Kiel für Ruhe und Ordnung sorgen – nicht die Revolution weitertragen. Noske lässt sich zum Wilhelmplatz fahren, wo inzwischen Tausende Matrosen und Arbeiter, zum Teil mit roten Fahnen, zusammengekommen sind. Es regnet stark, daher werden nur kurze Reden von einem Wagen herunter gehalten. Noske betont in seiner Ansprache, dass er selbst an der Entstehung der Bewegung keinen Anteil gehabt habe, dass sie aber von fester Hand geführt werden müsse. Dann berichtet er den Versammelten über die chaotischen Zustände im Gewerkschaftshaus und dass die Kameraden ihn gebeten hätten, »als Vorsitzender des Soldatenrates vorerst ihre Interessen wahrzunehmen«.[159] Er macht der Versammlung den Vorschlag, dass die einzelnen Formationen Vertrauensleute wählen sollen, mit denen er sich dann zusammen an die Arbeit machen wolle. Sein Vorschlag findet nach eigener Einschätzung »brausende Zustimmung«.[160] Karl Artelt ist damit nicht länger Vorsitzender des Soldatenrats, Noske hat ihn ins Abseits gestellt. Die Matrosen vertrauen Noske und wählen ihn zu ihrem neuen Vorsitzenden – seine Absichten durchschauen sie aber nicht. Nun kann Noske der »Meuterei«, die er »persönlich auf das schärfste verurteilt«, ein Ende machen.[161]

Es ist ein geschickter Schachzug des versierten Berufspolitikers Noske, den politisch unerfahrenen Matrosen seinen Griff nach der Macht als selbstlosen Einsatz für ihr Wohl zu verkaufen. Medial geht Noskes Kalkül, sich als Retter in der Not zu präsentieren, voll auf. Nur einen Tag später schreibt die »Volkszeitung« voll des Lobes über Noske als neuen Vorsitzenden des Soldatenrats:

> Nach den ersten stürmischen Tagen großer weithin leuchtender Erfolge steht die Matrosenbewegung und ihr Soldatenrat vor einer Fülle neuer organisatorischer Aufgaben. Wir begrüßen es, dass Abgeordneter Noske seine reichen organisatorischen Fähigkeiten in unermüdlicher, hingebungsvoller Arbeit dem Soldatenrat zur Verfügung gestellt hat. Es ist natürlich klar, dass etwas Gedeihliches und Dauerndes nur dann entstehen kann, wenn eine einheitliche Leitung vorhanden ist.[162]

Mit der Akklamation zum Vorsitzenden des Soldatenrates auf dem Wilhelmplatz schafft Noske es, weniger als 24 Stunden nach seiner Ankunft in Kiel als Zivilist die Macht in der Stadt zu übernehmen.

Vom Wilhelmplatz begibt er sich mit Karl Artelt sofort zum Stationsgebäude in die Lornsenstraße. Er bespricht mit Konteradmiral Küsel und dessen Offizieren die Situation. Noske erkennt, dass er die Wiederherstellung der Ordnung in Kiel vom Stationsgebäude aus wesentlich effektiver angehen kann als vom Gewerkschaftshaus. Nur im Stationsgebäude kann er sich das unabdingbare Fachwissen der Militärs nutzbar machen und sie gleichzeitig effektiv kontrollieren. Deshalb nimmt er sich einige Zimmer im Stationsgebäude, lässt sich dort sein Büro einrichten und fordert die anwesenden Offiziere auf, auf ihren Posten zu bleiben und ihre Arbeit fortzusetzen. Mit dem Verbleib auf ihren Posten akzeptieren die Offiziere der Marinestation Noske als neuen Machthaber in der Stadt und übergeben die Exekutivgewalt kampflos an den Vorsitzenden des Soldatenrates. Während Noske sein Büro bezieht, wird in den Straßen wieder geschossen, auch ganz in der Nähe des Stationsgebäudes. Wie schnell es

Noske gelingt, sich den Respekt der Offiziere zu verschaffen und sie auf seine Seite zu ziehen, zeigt ein Kommentar von Korvettenkapitän Düms, Referent der Abwehrabteilung der Marinestation und damit für die Bekämpfung der Sozialdemokratie zuständig, der in einem Gesprächsprotokoll des Stationskommandos vom 6. November festhält: »Noske soll im allgemeinen sehr verständig sein, man sei ihm großen Dank schuldig.«[163] Eine solche Beurteilung eines sozialdemokratischen Politikers wäre nur wenige Tage vorher noch völlig undenkbar gewesen.

Gegen 16 Uhr treffen etwa 50 bis 60 von den einzelnen Einheiten gewählte oder zu Vertrauensleuten bestimmte Soldaten im Stationsgebäude ein. Noske wird klar, dass er mit einem so großen Soldatenrat nicht effektiv arbeiten kann, und schlägt deshalb vor, einen Soldatenrat mit nur sieben oder neun Mitgliedern zu wählen. Da sich die einzelnen Vertrauensleute gegenseitig nicht kennen, wählt Noske die Mitglieder des neuen Soldatenrats schließlich selbst aus. Danach telefoniert er mit der Reichsregierung in Berlin. Noske erhält die Zusagen, dass die wegen der Meuterei von 1917 in Gefängnissen einsitzenden Matrosen am nächsten Tag sehr wahrscheinlich freigelassen werden und dass die Reichsregierung in Berlin keinen Angriff auf Kiel zur Niederschlagung des Aufstands plane.[164] Die im Verlauf des Tages immer wieder aufgekommenen Gerüchte über sich angeblich im Anmarsch auf Kiel befindliche Heerestruppen erweisen sich zwar allesamt als haltlos, dennoch kommt es wegen angeblich konterrevolutionärer Gewaltaktionen immer wieder zu wilden Schießereien in den Straßen. Häufig sind jedoch unvorsichtige oder übernervöse Matrosen Auslöser der Schießereien. Dass kaisertreue Offiziere aus Verstecken auf Matrosen schießen, wie häufig kolportiert wird, lässt sich nicht belegen.[165] Von einer konzertierten Gegenwehr oder gar dem Versuch einer zentral gesteuerten Konterrevolution durch Offiziere am 5. November kann jedenfalls nicht die Rede sein. Um weiteres Blutvergießen und Unruhen zu verhindern, betrachtet es Noske daher als seine wichtigsten Aufgaben, die Versorgung der Bevölkerung mit Lebensmitteln und Energie sicherzustellen und die zahllosen Bewaffneten von den Straßen zu bringen. Zur Wiederherstellung der öffentlichen Ordnung ordnet er umgehend ein ganzes Bündel von Maßnahmen an, die per Flugblatt in der Stadt bekannt gemacht werden. Sie lauten im Einzelnen:

> Die Verpflegung wird in der bisherigen Weise geregelt.
> Es ist Sicherheit geschaffen worden, dass eine ordnungsmäßige Zahlung der Löhnung erfolgt.
> Den Anordnungen der gewählten Soldatenräte der einzelnen Formationen ist im Interesse unserer Sache Folge zu leisten.
> Der Arbeitsdienst in der Gasanstalt, dem Elektrizitätswerk, beim Einladen der Züge mit Lebensmitteln ist unbedingt weiter [Folge] zu leisten, bis eine anderweitige Regelung getroffen wird.
> Einstimmig ist vom großen Soldatenrat beschlossen worden, dass der militärische Sicherheitsdienst in der Ostsee voll aufrecht erhalten wird.
> Die Ruhe und Ordnung auf den Straßen ist unbedingt zu bewahren.
> Jedes zwecklose Schießen hat zu unterbleiben.
> Der große Soldatenrat fordert, dass jedes unbefugte Waffentragen unterbleibt. Munition ist von den Delegierten zu verwahren.
> Zivilisten haben sofort alle Waffen bei der nächsten militärischen Dienststelle abzugeben.
> Patrouillen sollen nur auf Anordnung des Soldatenrates gehen.
> Alle Anordnungen des Soldatenrates haben die Unterschrift des Vorsitzenden, des Abgeordneten Noske und eines weiteren Mitgliedes des Soldatenrates zu tragen.
> Der Soldatenrat macht es allen Kameraden zur dringenden Pflicht, im eigensten Interesse nur solche gezeichnete Anord-

nungen zu befolgen, diese aber unbedingt und sofort.
Kiel, den 5. November 1918.
gez. Artelt. gez. Noske.[166]

Vor allem durch die Maßnahme, die entwendeten Waffen und Munition einzusammeln und sicher zu verwahren, kehrt in den nächsten Tagen wieder Ruhe auf den Straßen ein. Die Hotels, in denen Offiziere wohnen, lässt Noske bewachen, um Übergriffe zu verhindern. Auch Gouverneur Souchon, sicherlich auf Veranlassung oder Druck Noskes, trägt seinen Teil dazu bei, die Lage zu beruhigen, indem er in einem Flugblatt die Offiziere zur Zurückhaltung auffordert und ihnen den Schusswaffengebrauch verbietet:

> Das Gerücht, Offiziere hätten aus Häusern geschossen, hat weitere Beunruhigung hervorgerufen.
> Ich mache es im Interesse der öffentlichen Sicherheit den Offizieren zur Pflicht, solche Gewaltmaßregeln zu unterlassen.
> Nur gemeinsames Verständnis für das Erfordernis des Augenblicks kann wieder feste Ordnung schaffen.[167]

Während Noske und der Soldatenrat die Wiederherstellung der öffentlichen Ordnung organisieren, rücken die letzten auswärtigen Heerestruppen aus der Stadt ab. Im Gegensatz dazu gehen in der Marineführung die Überlegungen, den Aufstand in Kiel von außen gewaltsam niederzuschlagen, weiter und nehmen konkrete Form an. Am späten Nachmittag fordert die Seekriegsleitung per Telegramm vom Kommando der Hochseestreitkräfte, dass jeder Widerstand in Kiel sofort zu brechen ist und die Rädelsführer strengstens zu bestrafen sind. Mitläufer sollen milde behandelt werden, Massenverhaftungen sollen vermieden werden. Die Führung der Operation wird der preußische Kriegsminister Scheüch übernehmen. Im Rahmen der Operation soll das Altonaer IX. Reserve-Armee-Korps Kiel zu Land absperren, während das Hochseekommando die völlige Absperrung zur See übernehmen soll. Das III. Geschwader darf nach den Plänen der Seekriegsleitung nicht nach Kiel zurückkehren. Entgegen der Behauptung der Seekriegsleitung sind diese Maßnahmen nicht mit der Reichsregierung abgesprochen, geschweige denn von ihr genehmigt worden.[168] Erneut versuchen die Admirale, der politischen Führung des Reiches in den Rücken zu fallen. Ähnlich dem geplanten Flottenvorstoß Ende Oktober scheitern diese Pläne aber daran, dass weder das IX. Reserve-Armee-Korps noch die Hochseestreitkräfte über genügend zuverlässige Truppen bzw. Schiffe zur Abriegelung Kiels verfügen. Allein der Bahnverkehr zwischen Kiel und Neumünster wird bis zum 7. November unterbrochen. Alle anderen Maßnahmen lassen sich nicht umsetzen, zu viele Soldaten und Matrosen gehorchen ihren Offizieren nicht mehr.

Parallel zu den Abriegelungsplänen wird von der Seekriegsleitung im Großen Hauptquartier in Spa unter Einbeziehung des Kaisers zur selben Zeit erwogen, Admiral Souchon als Militärgouverneur abzuberufen und durch den »Löwen von Flandern« Admiral Ludwig von Schröder zu ersetzen, der schon von Oktober 1910 bis Mai 1912 Chef der Marinestation der Ostsee war und als kommandierender Admiral seit November 1914 das Marine-Korps in Flandern führt.[169] Schröder verfügt über Kampferfahrung mit Infanterie, soll schnellstens mit einer Brigade Marineinfanterie nach Kiel verlegt werden und die »Meuterei« niederschlagen. Der Kaiser stimmt aus Spa der Neubesetzung der Spitze der Marinestation der Ostsee zu. Allerdings wird dieser Kommandowechsel vom Reichskanzler strikt abgelehnt, weil er sich in dieser wichtigen Personalie nicht nur von der Seekriegsleitung übergangen fühlt, sondern auch Admiral Schröder wegen dessen bekannter Bereitschaft zur Gewaltanwendung für völlig ungeeignet hält. Die Mehrheit seiner Minister sieht das ähnlich. In Kiel droht ein Blutbad, wenn sich die Militärs in dieser Frage gegen den Regierungschef durchsetzen sollten. Reichskanzler Prinz Max von Baden verbindet die Kommandierung Schröders mit der Vertrauensfrage, sodass die Seekriegsleitung dem Kaiser empfiehlt, die Berufung zurückzuziehen. Am nächsten Tag zieht der Kaiser Schröders Kommandierung nach Kiel zurück.[170]

Die verschiedenen militärischen Planungen gegen die Aufständischen zeigen zum einen, dass die Admirale in der Seekriegsleitung und im Reichsmarineamt in Berlin den inzwischen eingetretenen Primat der Politik nach wie vor nicht anerkennen und sich auch nicht der demokratisch legitimierten Reichsregierung unterordnen wollen. Zum anderen zeigen sie, dass auch die obersten Militärbehörden über keine einheitliche Strategie zur Eindämmung oder Niederschlagung des Matrosen- und Arbeiteraufstands verfügen.

Die Zivilisten in der Reichsregierung lehnen eine Gewaltanwendung ab, auch weil der soeben aus Kiel zurückgekehrte Staatssekretär Haußmann explizit davor warnt, dass sich externe Truppen in Kiel »anstecken« und auf die Seite der Aufständischen schlagen könnten. Ein Eingreifen von außen wäre damit kontraproduktiv. Haußmann empfiehlt deshalb Verhandlungen. Der Staatssekretär des Reichsmarineamtes, Vizeadmiral Ritter von Mann, und der preußische Kriegsminister, Generalleutnant Scheüch, sind komplett anderer Meinung. Als Militärs sind sie nicht bereit, den Forderungen der Aufständischen, z. B. nach Amnestie, nachzugeben. Sie wollen die »Meuterei« sofort niederschlagen, bevor sie sich weiter ausbreiten kann. Der Regierung bleiben nur zwei Optionen: Verhandlungen oder Gewalt. Einig ist sich die Regierung aber darin, dass bei einer Ausweitung der Unruhen die Existenz des bestehenden politischen Systems des Deutschen Reichs auf dem Spiel steht. Eine Entscheidung, wie die Regierung auf die Unruhen in Kiel reagiert, fällt in der abendlichen Kabinettssitzung am 5. November aber nicht. Dennoch ist allein der vorläufige Verzicht auf Gewalt ein Sieg der Zivilisten über die Militärs in der Regierung. Prinz Max von Baden, Philipp Scheidemann und Conrad Haußmann, der seinen Verbleib in der Regierung an den Verzicht auf Gewalt knüpft, wollen die

Revolutionäre Matrosen an Deck der SMS »Zähringen« mit Tafeln »Durch Kampf zum Sieg.« und »Revolution in Kiel 5.11.1918.« Archiv Ernst Schmidt/Fotoarchiv Ruhr Museum

Verhältnisse in Kiel mithilfe der Sozialdemokraten und Gewerkschaften unter Kontrolle bringen.[171] Dadurch wird Noskes Position deutlich gestärkt, alle Hoffnungen der Regierung zur Beruhigung der Lage ruhen jetzt auf ihm. Ein militärisches Eingreifen von außen hätte seine Autorität dagegen zerstört.

Am Abend nach der Kabinettssitzung telefoniert Noske erneut mit der Regierung und warnt Vizekanzler von Payer eindringlich vor dem Einsatz von Gewalt. In Kiel, so Noske, sind über 40 000 bewaffnete Matrosen, Soldaten und Arbeiter auf den Straßen. Jegliches militärische Eingreifen von außen verschlimmere die Situation und würde zwangsläufig in einem Blutbad enden. Außerdem bekräftigt er in einem Gespräch mit dem Staatssekretär des Reichsmarineamtes ultimativ die Kernforderung der Aufständischen nach einer Amnestie und fordert darüber hinaus den Rücktritt des Kaisers zur Entschärfung der Situation.[172]

Unterdessen tragen Kieler Matrosen die Umwälzungen auch in die Nachbarstädte. In Lübeck bildet sich ausgehend von Matrosen

Propaganda-Postkarte »Freiheit zum 5. Nov. 1918«.
Ein Kieler Arbeiter und ein Matrose reichen sich die Hand.

Erinnerungsfoto an den Matrosenaufstand »Hoch lebe die Freiheit 5. Nov. 1918«.
Sammlung Kai Zimmer

des III. Geschwaders, die mit ihren Schiffen vor Travemünde liegen, noch am Abend ein Soldatenrat. Am nächsten Tag gründet sich auch ein Arbeiterrat, ohne dass es dabei zu Widerstand in der bürgerlichen Hansestadt kommt.[173] In Hamburg kommen am Abend des 5. November Soldaten und Arbeiter zu einer Sympathiekundgebung für die Kieler Matrosen zusammen. Am nächsten Morgen besetzen aus Kiel angereiste Matrosen das Gewerkschaftshaus, und es kommt zur Bildung eines Arbeiter- und Soldatenrats.[174]

Am Abend des 5. November spitzt sich die Lage in Kiel noch einmal zu. Auch über dem Schloss, der Residenz von Prinz Heinrich, weht die rote Fahne. Eine vom Soldatenrat geschickte Wache hat tagsüber die alte Schlosswache ersetzt. Der Prinz, der den Umbruch zunächst nicht wahrhaben will, fürchtet nun um seine eigene und die Sicherheit seiner Familie. Gegen Abend besteigt er mit seinen Angehörigen einen Wagen, steckt eine rote Fahne an die Karosserie und setzt sich Richtung Eckernförde ab. An der Levensauer Hochbrücke über den Kaiser-Wilhelm-Kanal wird der Wagen von einer revolutionären Patrouille angehalten. Es fallen Schüsse. Ein Matrose, der auf dem Trittbrett mitfährt, wird tödlich getroffen und fällt vom Wagen. Wer geschossen hat, ist zunächst unklar. Als die Nachricht von der Schießerei beim Soldatenrat im Stationsgebäude eintrifft, machen die Revolutionäre ohne nähere Prüfung des Sachverhalts den Prinzen für die Schüsse verantwortlich und fordern lautstark, ihn sofort zu verfolgen und festzunehmen. Noske zögert die Verfolgung hinaus, und Prinz Heinrich entkommt unbehelligt auf sein Landgut Hemmelmark bei Eckernförde.[175] Der bekannteste Repräsentant der alten Ordnung ist unter dem Schutz der roten Fahne als Revolutionär getarnt aus Kiel geflohen – kein anderes Ereignis symbolisiert den bevorstehenden Zusammenbruch der Hohenzollern-Monarchie besser.

Gegen Mitternacht kommt es zu einem weiteren dramatischen Zwischenfall. Eine revolutionäre Patrouille versucht, den Stadtkommandanten Wilhelm Heine in seiner Wohnung in der Feldstraße 122 festzunehmen. Heine ist unter Admiral Souchon für die Sicherheit in der Stadt zuständig, die Aufständischen machen ihn deshalb für die Schüsse auf den Demonstrationszug und die Toten am Abend des 3. November in der Karlstraße verantwortlich. Die Patrouille klingelt Sturm an seiner Wohnungstür. Heine eilt herbei. Ein Schuss fällt, das Projektil durchschlägt die geschlossene Tür und trifft den Stadtkommandanten. Heine bricht in seinem Hausflur zusammen und verblutet am 6. November gegen 1 Uhr in der Früh. Die Patrouille verschwindet, die Tat bleibt ungesühnt. Im Verlauf des Tages ernennt Admiral Souchon den Kapitän zur See Krah zum neuen Stadtkommandanten.[176]

In der öffentlichen Wahrnehmung und für die Matrosen ist der 5. November der Tag, an dem die neue Bewegung über das alte System gesiegt hat. Viele Soldaten lassen sich später auf gestellten Fotos zur Erinnerung an die Revolution ablichten, häufig mit Kreidetafeln auf denen das Datum 5. November und revolutionäre Parolen wie z. B. »Durch Kampf zum Sieg.« oder »Hoch lebe die Freiheit!« geschrieben sind. Auf dem Rathausturm, über dem Schloss und auf den Kriegsschiffen im Hafen wehen rote Fahnen als Zeichen der politischen Veränderungen.

Mittwoch, 6. November 1918

Trotz der Flucht Prinz Heinrichs und der Ermordung des Stadtkommandanten beruhigt sich die Lage während der Nacht allmählich, und auch die wilden Schießereien hören auf. Noskes Maßnahmen zur Wiederherstellung der öffentlichen Ordnung zeigen Wirkung. Am Morgen des 6. November sind die Straßen wieder sicher. Die Banken und erste Geschäfte öffnen wieder, die Menschen trauen sich langsam auf die Straßen zurück. Die »Volkszeitung« schließt einen Artikel über die wilden Schießereien am Vortag mit den Zeilen: »Unter der energischen Führung des Genossen Noske ist nun endlich Ordnung geschaffen, sodass die Bevölkerung ruhig ihres Weges gehen kann.«[177]

Während sich in Kiel die Situation beruhigt, fallen in Berlin zwei überaus wichtige Entscheidungen. Am Vormittag beschließt das Kabinett einstimmig, der Empfehlung von Staatssekretär Haußmann zu folgen und nicht militärisch gegen die Aufständischen in Kiel vorzugehen sowie ihnen zugleich Straffreiheit zu gewähren. Voraussetzung für den Gewaltverzicht und die Amnestie sei allerdings, dass die Matrosen auf ihre Stationen zurückkehrten und die illegal an sich gebrachten Waffen und Munition zurückgäben.[178] Staatssekretär Scheidemann informiert Gustav Noske telefonisch über das Einlenken der Reichsregierung. Damit ist die Hauptforderung der aufständischen Matrosen erfüllt und auch die Gefahr eines Blutbades in Kiel mit möglicherweise Tausenden von getöteten Soldaten und Zivilisten gebannt. Zu dieser Kabinettsentscheidung haben sicherlich die beiden eindringlichen Telefonate Noskes am Vorabend beigetragen, aber auch die Tatsache, dass der Aufstand inzwischen

Soldatenrat SMS »Elsass«. Die Matrosen tragen Mützenbänder mit dem Schriftzug »SMS Moltke«. Sammlung Klaus Kuhl

von Kiel auf weitere Garnisonsstädte in Norddeutschland übergegriffen hat. Am 6. November entstehen Arbeiter- und Soldatenräte in Rendsburg, Neumünster, Flensburg, Tondern und Sonderburg. Auch über Schleswig-Holstein hinaus breiten sich die Umwälzungen entlang der Bahnstrecken rasend schnell aus. Revolutionäre Räte bilden sich in Hamburg, Bremen, Bremerhaven, Wilhelmshaven, Cuxhaven, Wismar, Schwerin, Rostock und Berlin. Bis zum 8. November werden auch das Ruhrgebiet, das Rheinland, Frankfurt, Stuttgart, München, Hannover, Braunschweig und das mitteldeutsche Industrierevier um Magdeburg, Leipzig, Chemnitz und Dresden von der revolutionären Bewegung erfasst.

In vielen dieser Städte spielen Matrosen aus Kiel eine wichtige Rolle in den revolutionären Umstürzen. Viele Matrosen haben sich bereits in den Wirren des 3. und 4. November eigenmächtig aus Kiel auf den Nachhauseweg gemacht. Lothar Popp und Karl Artelt werden sie später als Gesandte des Soldatenrats für die Revolution reklamieren.[179] Ob dem tatsächlich so war, lässt sich nicht mehr überprüfen. Unstrittig ist jedoch, dass in der öffentlichen Wahrnehmung die Matrosen in ihren charakteristischen blauen Jacken Hand in Hand mit der Ausbreitung der revolutionären Bewegung gehen. Per Schiff oder Seeflieger tragen sie den Umsturz am 6. November in die Hafenstädte Wismar und Rostock, im Binnenland verbreiten sie die Umwälzungen per Eisenbahn. In Bremen befreien die Matrosen am 6. November wegen Befehlsverweigerung inhaftierte Kameraden aus dem dortigen Gefängnis, in Braunschweig besetzen sie am 7. November den Bahnhof und die Kasernen und bringen die dortigen Soldaten sowie die Polizei auf ihre Seite. Auch in Hannover, Celle und Köln initiieren Matrosen am selben Tag die Revolution und befreien die wegen politischer Vergehen dort inhaftierten Kameraden. In vielen Garnisonsstädten laufen die Truppen zu den Revolutionären über, Stadt für Stadt übernehmen die neu gebildeten Soldatenräte und die in ihrem Gefolge gebildeten Arbeiterräte gemeinsam die Macht und setzen die bisherigen Amtsträger ab. Die Vorbildrolle Kiels innerhalb dieser Umsturzbewegung wird auch dadurch deutlich, dass einige Soldatenräte den Kieler Soldatenrat ohne Zwang als eine Art übergeordnete Autorität anerkennen und sich in den ersten Tagen nach ihrer Gründung bei ihm Rat holen. Damit hat der Kieler Soldatenrat allerdings auch schon seinen Wirkungshöhepunkt erreicht, denn nach dem 7. November gehen von ihm keine entscheidenden Impulse mehr aus und das Zentrum der Revolution verschiebt sich innerhalb von zwei Tagen nach Berlin. Lediglich für die Soldatenräte in Schleswig-Holstein ist der Kieler Soldatenrat in Verfahrensfragen noch der erste Ansprechpartner. Auch macht sich schon bald bemerkbar, dass die Mitglieder des Arbeiterrats über wesentlich mehr politische Erfahrung und klarere Vorstellungen verfügen, wie sie die Rathäuser, die Betriebe und die Organisation der Arbeit verändern wollen.

Zur Ausbreitung der Revolution tragen ab dem 6. November auch die Zeitungen bei, die jetzt offen über die politischen Umwälzungen in Kiel und Norddeutschland berichten. Spätestens mit der Ausrufung des republikanischen »Freistaat Bayern« am 7. November durch den USPD-Politiker Kurt Eisner in München ist klar, dass die revolutionäre Umsturzbewegung alle Landesteile bis auf den agrarisch geprägten Nordosten erfasst hat. Dennoch hält das Reichsmarineamt in Berlin noch bis zum 7. November an seinen Plänen zur Abriegelung Kiels fest, auch wenn diese sich vor der politischen und militärischen Realität längst als undurchführbar erwiesen haben. Die alte Obrigkeit kann die sich flächenbrandmäßig ausbreitenden Unruhen nicht mehr unter Kontrolle bringen, sie will sich aber auch nicht ihre Niederlage eingestehen. Am Lehrter Bahnhof in Berlin werden alle aus der Kieler Gegend kommenden Reisenden zwecks Internierung in Haft genommen, um so zu verhindern, dass die unruhige Berliner Bevölkerung über die revolutionären Ereignisse in Kiel erfährt.[180]

Zurück nach Kiel. Das Gespenst eines militärischen Eingreifens von außen ist vertrieben, und die »Volkszeitung« verkündet, dass »die Regierung die bündigsten Erklärungen abgegeben [hat], dass gegen Kiel nichts Gewaltsames unternommen werden würde.«[181] Gegen Mittag tritt Noske im Saal des Stationsgebäudes vor die Vertrauensleute der verschiedenen militärischen Einheiten, die sich dort versammelt haben. Er erläutert ihnen die politische Situation im Reich, ohne zu wissen, dass die revolutionäre Bewegung bereits auf ganz Norddeutschland übergegriffen hat. Um »sobald wie möglich wieder zu einem ordnungsmäßigen Zustand zurückzugelangen«, versichert er den Matrosen, dass die politischen Reformen erfüllt werden und die Reichsregierung über eine Amnestie mit sich reden lasse.[182] Dabei weist er Karl Artelt, der anderer Meinung ist, in seine Schranken. Diesen Appell an die Wiederherstellung der Ruhe und Ordnung sollen die Vertrauensleute in ihre Einheiten tragen. Offensichtlich ist Noske zu diesem Zeitpunkt noch nicht über das Einlenken der Reichsregierung informiert, anderenfalls hätte er diesen Erfolg gewiss sogleich den Vertrauensleuten mitgeteilt, um seiner Forderung nach Rückkehr zur Normalität Nachdruck zu verleihen.

Wie wenig die Vertrauensleute der Matrosen aber in der Lage sind, die Bewegung zu steuern, zeigt sich nur wenige Stunden später, als gegen 16 Uhr an die 1000 Marinesoldaten im Konzert- und Ballhaus »Schlosshof« in der Holtenauer Straße 162–170 (heute Metro-Kino) zusammenkommen, um über das weitere Vorgehen zu beraten. Eigentlich sollen nur die Vertrauensleute der verschiedenen Marineeinheiten und Schiffe an der Versammlung teilnehmen, da aber keinerlei Einlasskontrollen stattfinden, wird jedermann Zutritt gewährt. Noske gibt den Versammelten einen ausführlichen Situationsbericht, er ruft sie zum Abbruch der Bewegung auf und empfiehlt, das Amnestieangebot der Regierung anzunehmen. Zu einer ernsthaften Aussprache darüber kommt es aber nicht, denn für die Matrosen und Arbeiter ist dieses Angebot keine Option. Alle reden und schreien wild durcheinander und schneiden sich gegenseitig das Wort ab. Noske ermahnt die Anwesenden immer wieder zur Disziplin, aber das Chaos geht weiter. Nach drei Stunden beginnt sich die Veranstaltung von alleine aufzulösen. Ergebnisse gibt es keine, man will sich am nächsten Nachmittag wieder treffen. Allerdings bekommt Noske auf dieser Versammlung, laut »Volkszeitung« auf eigenes Zutun, Lothar Popp als gleichberechtigten Vorsitzenden des Soldatenrats zur Seite gestellt. Das sieht zunächst wie eine Einschränkung von Noskes Befugnissen aus, die in seinen Erinnerungen an Kiel auch keine Erwähnung findet.[183] Tatsächlich hat Noske sich Popp aber an seine Seite geholt, weil er bereits den nächsten Schritt plant – den Griff nach dem Gouverneursposten, und das geht nicht ohne die Unterstützung der Räte und Lothar Popp.

Man könnte Noske vorwerfen, die Veranstaltung absichtlich schlechtzureden, um seinen Griff nach der Macht im Nachhinein zu rechtfertigen, aber auch der Obermaat Goßrau, der als Sicherheitsbeauftragter des Soldatenrats an der Veranstaltung teilnimmt, bestätigt ihren desaströsen Verlauf und beschreibt sie als Zeitverschwendung und »vollständig zwecklos«.[184] Ein etwas positiveres Bild der Versammlung zeichnet die »Volkszeitung«. Sie betont die politische Vielfalt der Matrosenbewegung und hält fest, dass beschlossen wurde, keine weitere Munition auszugeben, und dass der notwendige militärische Sicherheitsdienst »unter der Leitung der alten Offiziere, aber unter Kontrolle von Erwählten der Soldaten erfolgen solle.«[185] Insgesamt gesehen zeigt sich aber wieder einmal, dass die unerfahrenen Soldaten über kein schlüssiges politisches Programm verfügen und die ihnen zugefallene Macht nicht für strukturierte Veränderungen zu nutzen wissen. Weil die zahllosen Soldatenvertreter keine einheitliche Position finden können, gefährden sie auch die Zugeständnisse, die die Reichsregierung in Berlin inzwischen an Noske gemacht hat. Der ergebnislose Verlauf der Versammlungen der Vertrauensleute in den »Reichshallen« am Vortag und im »Schlosshof« am Nachmittag dürfte Noske darin bestärkt haben, dass nur er selbst in der Lage sei, in Kiel wieder für Ruhe und Ordnung zu sorgen. Der Schlüssel dazu ist der Posten des Militärgouverneurs, der noch immer mit einer großen Machtfülle und der exekutiven Gewalt ausgestattet ist. In diesem Amt könnte er die Unruhen in Kiel eindämmen und damit zugleich, wie von der Reichsregierung signalisiert, das Tor für politische Reformen im Reich öffnen. Am Abend trifft sich Noske mit Parteiführern der MSPD und USPD, dabei erfährt er gerüchteweise, dass sich die Unruhen auf weitere Städte ausgebreitet haben sollen.[186]

Donnerstag, 7. November 1918

Während sich die Lage in Kiel weiter normalisiert und die Straßenbahn am Morgen den Betrieb wieder aufnimmt, bestätigen die eingehenden Meldungen und Presseberichte die Gerüchte, dass sich die revolutionäre Bewegung auf ganz Deutschland ausgebreitet hat. Damit ist Noskes Mission, die Unruhen auf Kiel zu begrenzen, zwar gescheitert, den Revolutionären aber eröffnet die rasche Ausbreitung der Umwälzungen völlig neue Perspektiven. Der Kieler Arbeiterrat setzt sich in bewusster Anspielung auf die Revolution 1848 als provisorische Regierung für Schleswig-Holstein ein, mit dem Ziel eine freie, soziale Volksrepublik zu bilden. Dazu will er mit den bestehenden Behörden und der Beamtenschaft zusammenarbeiten, sofern diese sich dem neuen Kurs unterstellen. Jedem Widerstand, so die Verfasser, sind sie bereit, »mit der uns zur Verfügung stehenden öffentlichen Gewalt entgegenzutreten«.[187] Unterzeichnet ist der Aufruf gemeinschaftlich vom Arbeiter- und Soldatenrat. Noske gelingt es allerdings, die Ausrufung einer »Republik Schleswig-Holstein« durch den Arbeiterrat zu verhindern, denn sein Ziel ist noch immer die Rückkehr zu geordneten Verhältnissen. So kommt es nur dazu, dass der Kieler Arbeiterrat Beigeordnete nach Schleswig schickt, die den dortigen Regierungspräsidenten im Sinne des Arbeiterrats kontrollieren und steuern sollen. Der revolutionäre Umsturz bleibt aus. An diesem Morgen wird in kleiner Runde hinter verschlossenen Türen im Stationsgebäude auch der Plan gefasst, Noske als Gouverneur einzusetzen. Inwieweit der Vorschlag ursprünglich von ihm selbst ausging, lässt sich nicht mehr klären, aber nun erklärt er sich gerne damit einverstanden. Noske will Gouverneur werden – der Arbeiterrat stimmt seinen Ambitionen zu.[188]

Gegen 15 Uhr kommt es zu einer Versammlung von etwa 800 Vertrauensleuten aller Truppenteile und Schiffe.[189] Noske berichtet zunächst über die Ausbreitung der Umwälzungen und die Bildung weiterer Arbeiter- und Soldatenräte in Norddeutschland. Anschließend übergibt er das Wort an Lothar Popp. Dieser schlägt wie zuvor besprochen Noske zur Wahl als neuen Gouverneur vor und begründet die Absetzung Admiral Souchons mit der Notwendigkeit, dass der Verwaltungsapparat endlich in Bewegung kommen müsse. Noskes Wahl erfolgt einstimmig. Im Gegenzug wird Popp neuer Vorsitzender des Soldatenrats. Außerdem wird beschlossen, dass die Anordnungen des Militärgouverneurs vom Soldatenrat gegengezeichnet werden müssen. Karl Artelt geht bei der Postenvergabe zunächst leer aus, er wird aber anschließend von den Obleuten in den fünfköpfigen »Obersten Soldatenrat« gewählt, so wie sich der Soldatenrat bei der Marinestation der Ostsee ab sofort selbst bezeichnet. Für Popp, der Noske eigentlich kritisch gegenüber steht, mag dies wie ein Sieg erscheinen. Als Vorsitzender des Soldatenrats glaubt er, Noske nun kontrollieren zu können, verkennt dabei aber, dass der Militärgouverneur im Gegensatz zum Soldatenrat über einen eingespielten militärischen Verwaltungsapparat verfügt, dem sowohl die Offiziere als auch die zivilen Beamten in der Stadtverwaltung gehorchen.

Während der Soldatenrat weiterhin ziellos diskutiert, begibt sich Noske sofort in die Marinestation und lässt Admiral Souchon sowie Stabschef Küsel mit seinen Offizieren zu einer Besprechung zusammenrufen. Nach einem kurzen Vortrag über die Lage im Reich teilt Noske Souchon dessen Absetzung mit. Gleichzeitig fordert er die übrigen Offiziere auf, im Interesse des Landes und dem Wohlergehen der Kieler Bürger mit ihm als neuem Gouverneur zusammenzuarbeiten. Ohne Widerstand räumt Souchon seinen Posten und sein Büro, Küsel und die anderen Offiziere unterstellen sich Noske.[190]

Man kann den Eindruck gewinnen, dass es für Souchon nach den demütigenden Ereignissen der letzten Tage fast wie eine Erlösung ist, aus der Verantwortung entlassen zu werden. Mit Noske ist nun ein gemäßigter Sozialdemokrat der mächtigste Mann in der Stadt, Chef von ungefähr 50 000 Militärangehörigen und zugleich weisungsbefugt gegenüber der zivilen Verwaltung. Noske ist am Ziel und will seinen neuen Posten mit der Machtfülle ausüben, wie sie der Militärgouverneur bis zum Ausbruch der Unruhen gehabt hat. Sofort informiert er die Reichsregierung in Berlin und lässt sich seine neue Machtposition bestätigen. Mit seiner Übernahme als Militärgouverneur beginnt zugleich eine Verschiebung der Macht zurück vom revolutionären Soldatenrat zu einer etablierten, fest in der preußischen Militärverfassung verankerten Institution.

In Berlin trägt derweil eine Delegation der Vertrauensleute des III. Geschwaders, das bis auf die SMS »König« immer noch vor Travemünde auf Reede liegt, im Reichsmarineamt Staatssekretär Ritter von Mann ihre Forderungen vor. Mit dabei ist auch Staatssekretär Haußmann, der die Verhältnisse in Kiel aus eigener Anschauung kennt. Die Matrosen verlangen einen sofortigen Friedensschluss, die Einschränkung der Strafgewalt der Ersten Offiziere, die Abordnung eines Vertrauensmanns neben den Geschwaderchef, freies Versammlungsrecht für die Mannschaften, Freigabe aller Zeitungen und gleiche Verpflegung für Offiziere und Mannschaften. Ritter von Mann erläutert den Vertrauensleuten, dass die »Meuterei« in der Marine eine sehr ernste Gefahr für Deutschland darstelle und dass als Konsequenz der Bolschewismus von Russland auf Deutschland übergreifen könne. Einerseits wiederholt Mann die Zusage des Reichskanzlers, dass die Aufständischen straffrei ausgingen, wenn sie die Revolte abbrechen würden, andererseits droht er ihnen, dass nach dem Waffenstillstand genügend Truppen bereit stehen würden, militärisch gegen die Aufständischen in Kiel vorzugehen. Letztlich können die Vertrauensleute dem Chef des Reichsmarineamtes einige kleine Zugeständnisse abringen. So können die Mannschaften zukünftig ihre Beschwerden über eine Vertrauenskommission dem Ersten Offizier oder dem Vertrauensmann des Admirals vortragen. Ebenso darf die Vertrauenskommission empfehlen, welche politischen Zeitungen an Bord gelesen werden dürfen, und es wird den Matrosen eine Erleichterung der Grußpflicht zugesagt. Diese Ergebnisse werden per Telegramm den Schiffsbesatzungen des III. Geschwaders mitgeteilt.[191]

Zurück nach Kiel. Noch am Abend arbeitet Noske zusammen mit dem Obersten Soldatenrat den ersten Gouvernements-Tagesbefehl aus.[192] Darin verkündet er zunächst seine Legitimation durch die einstimmige Wahl der Vertrauensleute sämtlicher revolutionären militärischen Formationen und seine enge Zusammenarbeit mit dem »Obersten Soldatenrat des Befehlsbereichs der Ostseestation«. Schon der erste Tagesbefehl Noskes macht seine Prioritäten klar. Der erste Punkt behandelt die Organisation des Sicherungsdienstes in der Stadt, der zweite die Gehaltszahlung, Verpflegung und Bekleidung der Soldaten. Die weiteren Punkte betreffen den militärischen Dienstbetrieb. Abgesehen vom Wach-, Verwaltungs- und Sanitätsdienst findet kein militärischer Dienst statt. Allen nicht im Sicherheitsdienst befindlichen Soldaten ist das Waffentragen verboten. Die Rückkehr zu Sicherheit und Ordnung hat oberste Priorität für Noske. Gleichzeitig ermächtigt er die Dienststellen, im Einvernehmen mit den Vertrauensleuten selbständig Garnisonsurlaub in weitestgehendem Maße zu erteilen. Dieser Punkt erscheint auf den ersten Blick unbedeutend, in der Praxis führt er aber dazu, dass zahlreiche Matrosen eigenmächtig mit oder ohne Urlaubsschein Kiel verlassen und in ihre Heimat zurückkehren. Damit nimmt Noske Druck aus dem Pulverfass Kiel und leitet schon vier Tage vor dem Eintritt des Waffenstillstands die Auflösung der militärischen Formationen in Kiel ein, was auch zu einer Schwächung des Soldatenrats führt, denn unter den Vertrauensmännern der Matrosen setzt damit ebenfalls eine starke personelle Fluktuation ein. Der Soldatenrat stimmt den Urlaubsregelungen zu und entzieht sich so selbst das Personal. Gleichzeitig lässt Noske ein Flugblatt verbreiten, das noch von seinem Vorgänger Souchon geschrieben wurde, in dem die Offiziere und militärischen Beamten dazu aufgerufen werden, die neuen Verhältnisse zu akzeptieren und sich zur Aufrechterhaltung des laufenden Betriebs und der Sicherheit zur Verfügung zu stellen.[193] Durch dieses Angebot eröffnet Noske den abgesetzten Offizieren eine Rückkehroption und verhindert so deren Radikalisierung gegen das neue System und mögliche militärische Gegenaktionen.

Am Abend treffen noch die Reichstagsabgeordneten Hugo Haase von der USPD und Hermann Müller-Franken von der

MSPD in Kiel ein. Sie bleiben allerdings nur eine Nacht und reisen schon am nächsten Tag wieder nach Berlin ab. Auf die Ereignisse in Kiel haben sie keinen Einfluss. Erstaunt stellt Hermann Müller-Franken, der gerade per Eisenbahn aus dem unruhigen Hamburg in Kiel eingetroffen ist, fest, wie schnell sich die Situation in Kiel wieder beruhigt hat:

> In Kiel war bereits seit Sonntag Revolution. Die Lebensverhältnisse hatten sich bereits konsolidiert. Die sinnlosen nächtlichen Schießereien hatten aufgehört. Von den Patrouillen abgesehen, die zehn bis zwölf Mann stark durch die Straßen zogen, trugen die Matrosen und Soldaten außerhalb des Dienstes keine Waffen. Die Straßen waren gut beleuchtet. Die Kinos spielten. Soldaten und Arbeiter, Männlein und Weiblein zogen vergnügt durch die Straßen in der frohen Erwartung, dass der furchtbare Weltkrieg nun endlich zu Ende gehen würde. Alle hatten sich der neuen Ordnung gefügt. So bot an jenem Abend infolge der Disziplin der Kieler Soldaten, Arbeiter und Matrosen die Stadt Kiel ein Feiertagsbild, wie es im Frieden nicht schöner gedacht werden konnte.[194]

Müller-Frankens Eindruck seines Kieler Aufenthaltes ist, dass die Revolution gesichert ist und in ganz Deutschland ihren Weg nehmen wird. In Berlin stellen die Mehrheitssozialdemokraten Reichskanzler Max von Baden derweil ein Ultimatum. Der Kaiser müsse bis zum Mittag des 8. November abdanken, anderenfalls träten sie aus der Regierung aus. Nur durch die Abdankung des Kaisers glauben sie, eine Revolution nach russischem Vorbild noch verhindern zu können. Gleichzeitig fürchtet die Berliner MSPD-Parteiführung den rapiden Kontrollverlust über die Arbeiter. Je länger Wilhelm II. am Thron festhält, desto mehr laufen die Arbeitermassen zur radikaleren USPD über und desto größer wird die Gefahr einer unkontrollierbaren Revolution.

In Kiel ist die Situation anders. Für die Journalisten sind die Machtverschiebungen innerhalb der hiesigen revolutionären Bewegung schon deutlich zu erkennen. So kommentiert die gemäßigt konservative »Kieler Zeitung« bereits am 7. November erstaunlich präzise über den Ursprung und die weitere politische Entwicklung der Bewegung:

> Die Bewegung war, im Grunde genommen, militärischer Art mit sehr unklaren Zielen. Wenn auch heute noch nicht Klarheit darüber geschaffen worden ist, was im Einzelnen erstrebt wird und welche Wege gegangen werden sollen, so zeigt sich doch mehr und mehr, dass die Sozialdemokratie, und zwar die sozialdemokratische Mehrheit, in der Bewegung an Macht und Einfluss gewinnt. Auch die Gruppe der Unabhängigen ist eifrig am Werke, für ihre Ziele zu werben, indessen mit minder großem Erfolg. Die sozialdemokratische Mehrheit hat Führer mit klaren Zielen und Organisatoren von keineswegs gering zu schätzenden Fähigkeiten, und mehr und mehr werden diese Kräfte aus dem Kreise der politischen Arbeiterbewegung sowie der gewerkschaftlichen Betätigung für diese Bewegung nutzbar gemacht.[195]

Freitag, 8. November 1918

In einer Besprechung mit den Inspekteuren und dem Direktor der Kaiserlichen Werft stellt Noske sich als neuer Gouverneur vor. Dabei bittet er die Offiziere ausdrücklich um deren Unterstützung mit der Begründung, dass er nur so die volle Ordnung wiederherstellen könne. Gleichzeitig fordert er sie auf, sich dem Soldatenrat zu unterstellen.[196]

Derweil wird die Mitsprache der Matrosen und Arbeiter in den Entscheidungsprozessen auf allen Ebenen neu geregelt. In der Marinestation bekommt jedes Referat vom Obersten Soldatenrat

Mannschaftsfoto SMS »Vineta«. 8.11.1918. Sammlung Wolfgang D. Kuessner

einen Vertrauensmann, meistens einen Feldwebel aus den Registrationen, zugeordnet, um so den Geschäftsbetrieb aufrechterhalten und gleichzeitig überwachen zu können.

Auch auf der Kaiserlichen Werft reden die Arbeiter und Soldaten jetzt in der Führung der Geschäfte mit. Am Abend des 8. November kommt es zur ersten Besprechung des Oberwerftdirektors mit dem neu gegründeten Werftausschuss, der sich aus drei Arbeitern, einem Angestellten und einem Beamten zusammensetzt und vom großen Arbeiterrat eingesetzt wird. Der Oberwerftdirektor behält die Leitung der Werft, alle Ein- und Ausgänge sind aber dem ihm zur Seite gestellten Werftausschuss zur Kenntnis vorzulegen. Gleichzeitig wird der Achtstundentag auf der Werft eingeführt. Den höheren Beamten wird es freigestellt, weiterhin für die Werft zu arbeiten oder sich beurlauben zu lassen. Es wird vereinbart, dass die Arbeit auf der Werft am 12. November wieder aufgenommen wird. Der militärische Sicherheitsdienst, die Posten und Patrouillen auf der Werft bleiben in den Händen der Sicherheitswache des Soldatenrats, der durch strenge Kontrollen ebenfalls sicherstellt, dass kein Marineeigentum aus der Werft geschmuggelt wird.[197]

Auch das königliche Polizeipräsidium nimmt seine Arbeit wieder in vollem Umfang auf, jetzt aber unter der Kontrolle der Mitglieder des Arbeiterrates Friedrich Brodthuhn (MSPD) und Wilhelm Schweizer (USPD). Die Bevölkerung wird darauf hingewiesen, dass allen Anordnungen und Verfügungen des Polizeipräsidiums und seiner Organe unbedingt Folge zu leisten ist.[198]

Gegen 18.30 Uhr treffen sich zum ersten Mal Vertreter des Stationskommandos und des Obersten Soldatenrats zu einer Sitzung, um das Verhältnis von Offizieren zu Mannschaften im innermilitärischen Dienstbetrieb, wie in den »14 Punkten« gefordert, neu zu regeln. Eine Einigung kommt allerdings noch nicht zustande, man will sich am nächsten Tag erneut treffen. Den Zustand an Bord der Schiffe zeigt ein Mannschaftsfoto vom

8. November an Bord des Großen Kreuzers SMS »Vineta«, der als Wohnschiff für U-Boot-Besatzungen in Kiel lag.

In Berlin scheitern derweil alle Bemühungen des Reichskanzlers, den Kaiser zum Thronverzicht zu bewegen. Die MSPD-Führung verlängert daraufhin ihr Ultimatum zur Abdankung um einen Tag.[199]

Sonnabend, 9. November 1918

Um 10 Uhr werden die Beratungen vom Vorabend zwischen dem Stationskommando und dem Obersten Soldatenrat wieder aufgenommen. Diesmal erzielen die Verhandlungsführer Konteradmiral Küsel auf der einen Seite und Lothar Popp und Karl Artelt auf der anderen Seite eine Einigung. Der Vereinbarung ist der Aufruf an alle Soldaten vorangestellt, dass die Kaiserfrage erledigt sei und Offiziere und Mannschaften ihres Eides auf die Krone entbunden seien – nicht aber des Eides auf ihr Vaterland. Es folgt ein emotionaler Aufruf an die Einigkeit und Disziplin der Soldaten, dann kommen die einzelnen Punkte der Übereinkunft: Es können nur diejenigen Offiziere im Dienst verbleiben, die die Maßnahmen des Soldatenrats anerkennen und das Vertrauen ihrer Mannschaften genießen. Alle anderen Offiziere müssen den Dienst quittieren. Die verbleibenden Offiziere müssen schriftlich versichern, sich der neuen Volksbewegung nicht in den Weg zu stellen. Außerdem werden Erleichterungen im Dienstbetrieb beschlossen. Die Offiziere sind nur noch im, nicht außer Dienst Vorgesetzte, und der Dienst wird im Einvernehmen mit dem Soldatenrat festgesetzt. Ebenso wird vereinbart, dass kein gegenseitiges Vorgesetztenverhältnis zwischen Offizieren und dem Soldatenrat besteht. Im Gegenzug dürfen Offiziere ihre Uniformen und alle Abzeichen weiter tragen und sind auch außer Dienst vor Belästigungen zu schützen.[200] Mit dieser Vereinbarung hat der Oberste Soldatenrat zwar einige der

Postkarte »Revolution. Dem Mutigen gehört die Welt!«. Sammlung Klaus Schoppe

»14 Punkte« gegenüber den Offizieren durchsetzen können, aber die Kommandogewalt der Offiziere im Dienst bleibt als Kern der militärischen Hierarchie unangetastet. Die erzielte Mitsprache des Soldatenrats bei der Gestaltung der Dienstpläne kann die Beibehaltung des Vorgesetztenverhältnisses und die etablierten Befehlsstrukturen auch nicht aufwiegen. Dem im Aufruf getätigten Appell »Wer Vernunft hat unter den Offizieren, wird unserer Sache zur Seite stehen und das alte Kastenheer selbst zertrümmern helfen.« kann mit diesen halbherzigen Maßnahmen jedenfalls kaum Nachdruck verliehen werden.[201] Radikalere Schritte um die Macht des Offizierskorps zu brechen, wie z. B. die freie Wahl der Offiziere durch die Mannschaften, kamen den Kieler Matrosenführern offensichtlich nicht in den Sinn.

Während in Kiel Offiziere und Mannschaften den militärischen Dienst auf eine neue Grundlage stellen, überschlagen sich in Berlin die Ereignisse. Am Morgen beginnt in den meisten Großbetrieben ein Generalstreik, Teile des Militärs solidarisieren sich mit den Streikenden. Im Regierungsviertel gehen bewaffnete Arbeiter und Soldaten mit roten Fahnen auf die Straßen. Um 9 Uhr treten die Sozialdemokraten aus der Regierung aus. Reichskanzler Max von Baden verkündet gegen Mittag eigenmächtig den Thronverzicht des Kaisers, der selbst preußischer König bleiben will, und übergibt die Regierungsgeschäfte an den MSPD-Vorsitzenden Friedrich Ebert. Der Kaiser im belgischen Spa ist damit vor vollendete Tatsachen gestellt worden, er hat keinen Einfluss mehr auf die Geschehnisse, und eine Rückkehr nach Berlin ist nicht mehr möglich.

Bevor ihr die politische Entwicklung aus den Händen gleitet, beschließt die MSPD-Führung, das Heft des Handelns jetzt selbst in die Hand zu nehmen und sich an die Spitze der Bewegung zu stellen. Reformen statt Revolution lautet ihr Motto. Nur so kann sie die politischen Umwälzungen noch in die von ihr gewollte Richtung steuern und den Ausbruch von Anarchie verhindern, denn es gibt Gerüchte, dass Karl Liebknecht eine Räterepublik nach sowjetischem Vorbild ausrufen wolle. Gegen 14 Uhr verkündet Philipp Scheidemann von einem Balkon des Reichstags die Republik. Die wohl bekanntesten Sätze seiner kurzen Rede lauten: »Das deutsche Volk hat auf der ganzen Linie gesiegt. Das alte Morsche ist zusammengebrochen, der Militarismus ist erledigt! Die Hohenzollern haben abgedankt! Es lebe die deutsche Republik!« Friedrich Ebert ist über Scheidemanns eigenmächtiges Vorpreschen entrüstet, denn er will eine vom Volk frei gewählte verfassungsgebende Nationalversammlung die Entscheidung über die zukünftige Staatsform Deutschlands treffen lassen. Zwei Stunden später ruft Karl Liebknecht vom Balkon des Berliner Stadtschlosses die »sozialistische Republik« aus.

In Kiel erscheint gegen 12 Uhr mittags eine aus sieben Männern bestehende Abordnung des Kieler Arbeiterrates in der Dienstvilla des Oberpräsidenten im Schwanenweg 24 (vormals Villa des Medizinprofessors Heinrich I. Quincke). Ihr Sprecher, der unbesoldete MSPD-Stadtrat Wilhelm Poller, verkündet, dass der Kieler Arbeiterrat sich als provisorische Regierung der Provinz Schleswig-Holstein etabliert habe, dass die Macht in seinen Händen liege und er bestrebt sei, überall Ruhe und Ordnung aufrechtzuerhalten, wozu er die Mitwirkung der Behörden bräuchte. Deshalb wird der MSPD-Bezirksparteisekretär Heinrich Kürbis mit sofortiger Wirkung dem Oberpräsidenten als Beigeordneter zugeteilt. In einem von Gustav Garbe unterzeichneten Schreiben sind die Befugnisse des neuen Beigeordneten aufgezählt:

> Seine Aufgabe ist, an den Kollegialsitzungen des Provinzialrates, ohne Stimmrecht aber mit einem Vetorecht, teilzunehmen, von dem Schriftwechsel mit den Behörden Kenntnis zu nehmen, Personalfragen zu regeln, die Initiative für neue Verordnungen und die Aufhebung alter zu ergreifen und eine Neuregelung der Organisation des Provinziallandtages wie des Provinzialausschusses im Rahmen der Staats- und Reichsgesetze anzubahnen. Außerdem steht ihm die

Überwachung des Geschäftsganges aller vom Oberpräsidium abhängigen Stellen zu.[202]

Oberpräsident von Moltke erklärt sich unter Rechtsverwahrung bereit, auf dem Boden der Staats- und Reichsgesetze und solange es ihm sein Gewissen gestattet, unter Hinzuziehung des Beigeordneten Kürbis einstweilen weiterzuarbeiten. Gleichzeitig weist er den Regierungspräsidenten in Schleswig, den Kieler Polizeipräsidenten, die Landräte, die Oberbürgermeister in der Provinz und die ihm unterstellten Behörden an, ihren Geschäftsbetrieb nach den gleichen Richtlinien fortzuführen. Die Anweisung ist bereits von Heinrich Kürbis gegengezeichnet.[203]

Derweil machen Gerüchte die Runde, dass ein Seeangriff der Briten auf die Stadt bevorstehe. Die Mitglieder des Obersten Soldatenrats kommen eilig zusammen und streiten sich, ob sie die Stadt im Falle eines Angriffs verteidigen oder kampflos übergeben wollen. Eine gemeinsame Position können sie nicht finden. Am Ende der Beratungen verschicken sie lediglich ein Funktelegramm mit dem Aufruf, dass sich die Proletarier aller Länder vereinigen sollen, um weiteres Blutvergießen zu verhindern.[204] Wieder einmal zeigt sich, dass der Soldatenrat keine einheitliche Position hat und viel zu sehr mit sich selbst beschäftigt ist. Am späten Nachmittag sind zuerst große schwarze Rauchwolken über der Kieler Bucht zu sehen, danach tauchen am Horizont die Silhouetten von mehreren riesigen Schlachtschiffen in Gefechtsformation (Kiellinie) auf. Bewahrheiten sich etwa die Gerüchte, greifen die Briten tatsächlich Kiel an?

Als sich die Schlachtschiffe der Förde nähern, macht sich Erleichterung breit. Es sind die vier Linienschiffe des III. Geschwaders, die aus der Lübecker Bucht zurückkehren. Bereits beim Einlaufen in den Kieler Hafen kommt ein Vertreter des Obersten Soldatenrats an Bord der »Kronprinz Wilhelm« und berichtet über den Stand der Dinge. Während seiner Ansprache werden die an Bord verbliebenen Offiziere unter Deck eingeschlossen.

Postkarte »Das deutsche Klima ist zu rauh, da weht ein Kieler Zug!«. Revolutionäre Kieler Matrosen drängen den Kaiser ins Exil nach Holland. Sammlung Klaus Schoppe

Nach dem Festmachen werden die Mannschaften beurlaubt und verlassen die Schiffe. Auch die meisten Offiziere und Beamten legen zivile Kleidung an und gehen von Bord.[205]

Sonntag, 10. November 1918

Während der Kaiser sich am Morgen aus dem Großen Hauptquartier in Spa per Eisenbahn ins Exil nach Holland begibt, werden in Kiel fünf zivile Opfer der Schießereien vom 3. November in der Karlstraße und vom 5. November in der Innenstadt zu Grabe getragen. Weit über 10000 Marineangehörige und Zivilisten begleiten die Särge in einem langen Trauerzug mit roten Fahnen von der Innenstadt zum Eichhoffriedhof. Weil die Beerdigung in den Zeitungen angekündigt ist, haben die Kieler Berufsfotografen ihre Kameras entlang der Wegstrecke und auf dem Friedhof aufgebaut.

Die Grabreden halten der Vorsitzende des Kieler Arbeiterrats Gustav Garbe und der Vorsitzende des Soldatenrats Lothar Popp.

»Bestattung der Opfer der Revolution. Kiel, den 10. November 1918.«

Letzterer gelobt an den Gräbern »... alles einzusetzen, um den völligen Sieg des Rechts und der Freiheit zu erringen, damit eine Welt entstehe, in der es nie wieder vorkomme, dass ein Mensch dem andern mit der Waffe entgegentrete.«[206] Anschließend legen Vertreter beider sozialistischer Parteien, der Gewerkschaften und vieler Marineformationen Kränze nieder.

Die getöteten Militärangehörigen werden einen Tag später (11. November 1918) vormittags auf dem Nordfriedhof bestattet. Auf den Kriegsschiffen im Hafen werden die Flaggen auf Halbmast gesetzt. Knallrote Bekanntmachungen rufen die Mannschaften zur massenhaften Teilnahme auf. Die Matrosen wollen ein weithin sichtbares Zeichen setzen. »Die Bestattung muss sich zu einer Riesenfeier gestalten.«[207]

In Berlin konstituiert sich am frühen Nachmittag des 10. November der Rat der Volksbeauftragten als neue provisorische Regierung, dem mit Friedrich Ebert, Philipp Scheidemann und Otto Landsberg drei Politiker von der MSPD sowie Hugo Haase, Wilhelm Dittmann und Emil Barth von der USPD angehören.

Versammlung auf dem Kieler Wilhelmplatz. 10.11.1918

Ebert und Haase teilen sich den Vorsitz, in der Regierungspraxis wird aber Ebert zur entscheidenden Figur. Gegen ihren Willen sind die Mehrheitssozialdemokraten nun zu Revolutionären geworden. Sie wollen umfassende Reformen, können die revolutionäre Bewegung aber nicht allein den Unabhängigen Sozialdemokraten überlassen und so die Kontrolle über die Arbeiterschaft verlieren. Parallel zur Bildung des Rats der Volksbeauftragten kommen die Berliner Arbeiter- und Soldatenräte im Zirkus Busch zusammen und wählen ein 14-köpfiges Aktionskomitee, das paritätisch aus Vertretern der MSPD und USPD besetzt ist und am 11. November als Vollzugsrat des Arbeiter- und Soldatenrats Groß-Berlin zusammentritt. Es beginnt eine Zeit, in der der Rat der Volksbeauftragten und die Arbeiter- und Soldatenräte vor Ort parallel die Regierungsgewalt ausüben.

6. Was war passiert?
Bilanz der Kieler Ereignisse

Zieht man an dieser Stelle eine Zwischenbilanz, so lässt sich feststellen, dass es sich bei der »Meuterei« Ende Oktober 1918 zunächst um spontane, aber massenhafte Befehlsverweigerungen der Matrosen gegen einen Auslaufbefehl der Seekriegsleitung handelte, der den Waffenstillstandsbestrebungen der demokratisch legitimierten Reichsregierung diametral entgegenlief. Daher gab es weder eine einheitliche, zentrale Führung der aufständischen Matrosen auf den großen Schiffen vor Wilhelmshaven, noch suchten sie von sich aus den Kontakt zu den Politikern der beiden sozialdemokratischen Parteien. Sie wollten auch keine Obrigkeiten stürzen und keine andere Gesellschaftsordnung einführen, sondern zunächst lediglich nicht zu einer völlig sinnlosen finalen Seeschlacht mit der Royal Navy auslaufen. So blieb der Aufstand der Matrosen auf die Schiffe beschränkt und griff nicht auf die Wilhelmshavener Zivilbevölkerung über.

Erst durch die Rückverlegung des III. Geschwaders nach Kiel und die Kontaktaufnahme der Matrosen zu den dortigen sozialdemokratischen Politikern und Gewerkschaftern erfasste der Aufstand auch breite Schichten der Zivilbevölkerung. Das verbindende Element zwischen den aufständischen Matrosen und den kriegsmüden Arbeitern waren die lokalen Funktionäre der

USPD und ihre Vertrauensleute auf den Schiffen, die auf diesen Augenblick seit Jahren gewartet hatten, ohne ihn jedoch aktiv herbeiführen zu können. Die sozialdemokratischen Kieler Politiker und Arbeiterführer hatten die Absicht, die alten Obrigkeiten zu entmachten und eine andere Gesellschaftsordnung einzuführen, denn in der Arbeiterschaft bestand eine klare Ablehnung des bestehenden Systems. Außerdem wollten sowohl die Matrosen als auch die Arbeiter einen schnellen Friedensschluss. In Kiel waren der Wille und das Potenzial für politische Umwälzungen vorhanden, nur wie die neue Ordnung aussehen sollte, davon hatten zumindest die Matrosen keine genauen Vorstellungen.

Allerdings waren sich auch die beiden sozialdemokratischen Parteien und das Kieler Gewerkschaftskartell als wichtigste zivile Träger der Umwälzung in der Frühphase über eine einheitliche Vorgehensweise nicht einig. In den ersten Tagen des Aufstands bis zum 5. November waren lokale USPD-Funktionäre wie Karl Artelt und Lothar Popp, die abgesehen von der Organisation von Streiks und Demonstrationen noch nie dauerhaft politische Ämter übernommen hatten, die treibenden Kräfte und wurden deshalb auch auf den öffentlichen Protestversammlungen zunächst viel stärker wahrgenommen. Sie stellten die radikaleren Forderungen und wollten die sofortige Revolution, während z. B. der MSPD-Politiker und Vorsitzende des Kieler Gewerkschaftskartells Gustav Garbe noch zögerte und zur Ruhe aufrief. Nach der faktischen Entmachtung von Admiral Souchon am 4. November waren es dann aber die in der praktischen Politik erfahreneren Politiker der MSPD, die zügig alle wichtigen Posten vom Vorsitz des Kieler Arbeiterrates über den Militärgouverneur bis hin zu den Beigeordneten beim Oberbürgermeister, beim Schleswiger Regierungspräsidenten, beim Oberpräsidenten in Kiel, beim Polizeipräsidenten oder beim Landeshauptmann besetzten. MSPD-Kommunalpolitiker übernahmen ab dem 5. November die größte Verantwortung und leisteten die Arbeit der politischen Umgestaltung, während Lothar Popp und Karl Artelt von der USPD als Vorsitzende des Soldatenrates vor allem Propaganda für die Revolution betrieben. Davon unberührt bleibt deren großes Verdienst, den Schulterschluss von Matrosen und Arbeitern initiiert und damit den Sturz der alten Ordnung in Kiel herbeigeführt zu haben. Mit Noskes Wechsel vom Vorsitz des Soldatenrats auf den Gouverneursposten am 7. November verschob sich allerdings auch das politische und militärische Machtzentrum vom Obersten Soldatenrat zum Militärgouverneur.

Zum schnellen Zusammenbruch des alten Systems in Kiel trug auch bei, dass die Stimmung innerhalb der Marine im Herbst 1918 einen Tiefpunkt erreicht hatte und dass es auf den großen Linienschiffen nur noch wenig Gefühl von Zusammenhalt oder gar Kameradschaft gab, wie auch die zahlreichen Übergriffe gegen Offiziere am 4. und 5. November zeigen. Die Seeoffiziere hatten mit ihrem selbstherrlichen Verhalten ganz erheblich zu dieser Situation beigetragen. Der Deckoffizier Paul Becker brachte es in einem Brief vom 10. November 1918 über die Ereignisse der letzten Tage in Kiel auf den Punkt:

> Was hat nun zu all solch unseligen Taten geführt? In unserer Marine tragen wohl lediglich die Seeoffiziere die Schuld an dieser ganzen Schicksalswendung. Hochmut kommt vor dem Fall. Ihre Selbstüberhebung, Nichtachtung, Herrsch- und Verschwendungssucht und Unfehlbarkeit hat der Marine […] ein frühzeitiges Grab gegraben. Das System vor und hinter dem Mast hat jämmerlich Schiffbruch gelitten. Hoffentlich kommen diese Menschen nun endlich zur Vernunft, tragen der augenblicklichen Lage Rechnung und versuchen ebenfalls noch zu retten was zu retten ist.[208]

Ganz entscheidend zum Erfolg des Aufstands trug aber die organisierte Arbeiterschaft bei. Nur die rasche Solidarisierung der Arbeiter mit den Matrosen in Kiel machte es den Militärs in der Marinestation der Ostsee und im Reichsmarineamt in Berlin unmöglich, die Massenproteste gewaltsam zu unterdrücken. Als Anführer der Matrosen erhöhte Karl Artelt im Schulterschluss mit den streikenden Arbeitern den Druck auf Admiral Souchon stetig, bis dieser am 4. November schließlich nachgab. Anschließend entmachteten die Aufständischen den Militärgouverneur endgültig und gründeten in den verschiedenen Militäreinheiten und Betrieben Soldaten- und Arbeiterräte. Ohne die tatkräftige Unterstützung der Arbeiter hätten die Matrosen die Militärs nicht entmachten können. Laut Admiral Küsel fasste der erste Vorsitzende des Kieler Arbeiterrats und spätere Gouverneur Gustav Garbe vor dem Soldatenrat die Bedeutung der Arbeiter für den Erfolg des Aufstands rückblickend mit folgenden Worten zusammen: »Es wird immer gefaselt davon, wer die Revolution in Kiel gemacht hat. Das will ich nur sagen, wenn die Arbeiter nicht hinter den Matrosen gestanden hätten, dann wäre die Revolution in ein oder zwei Tagen zu Ende gewesen.«[209]

Souchons Weigerung am 4. November, erneut mit militärischer Gewalt gegen aufständische Matrosen und unbewaffnete Zivilisten vorzugehen, bewahrte Kiel nach den tödlichen Schüssen vom 3. November vor einem weiteren Blutbad. Souchon hatte erkannt, dass er den Aufstand nicht mehr militärisch niederschlagen konnte und dass jede weitere Gewaltanwendung unvorhersehbare Folgen gehabt hätte. Im über die Verhältnisse in Kiel schlecht informierten Reichsmarineamt in Berlin brauchte diese Erkenntnis noch zwei Tage länger, allerdings fehlten auch dort längst die notwendigen Truppen für einen erfolgreichen Angriff auf Kiel.

Als Gustav Noske am Abend des 4. November in Kiel eintraf, hatten die Aufständischen bereits die Macht in der Stadt übernommen. Für Noske, der Artelt in weniger als 24 Stunden von der Spitze des Soldatenrats verdrängte, hatten die Wiederherstellung geordneter Zustände und die Eindämmung der Unruhen auf Kiel oberste Priorität. Sein energisches Durchgreifen führte schnell zu einer Beruhigung der Situation, sodass der Umsturz in Kiel mit ungefähr 25 Toten und 50 Verletzten erstaunlich unblutig verlief, gemessen an den Tausenden von Soldaten und Zivilisten, die in den bürgerkriegsähnlichen Unruhen der kommenden Wochen und Monate in Berlin oder München ihr Leben lassen sollten.

Am 3. November ging die Gewaltanwendung in Kiel eindeutig von den Militärs aus, die Toten und Verletzten des 5. November sind dagegen mehr der allgemeinen Nervosität, Hysterie und Panik unter den Matrosen geschuldet als einem gezielten Rachefeldzug gegen ihre ehemaligen Vorgesetzten. In Kiel gab es während des Umsturzes weder Lynchjustiz noch Revolutionstribunale. Es wurden mehr politische Gefangene aus den Gefängnissen befreit, als Personen verhaftet und hineingesteckt. Abgesehen von vereinzelten Ausnahmen blieb es bei symbolischen Erniedrigungen der gestürzten Machthaber, wie dem Abreißen von Rangabzeichen und Kokarden oder der Abnahme von Offizierssäbeln. Auch im revolutionären Hamburg kam es zu solchen Demütigungen von Offizieren.[210]

Vor dem Hintergrund, dass von den Revolutionären in Kiel vergleichsweise wenig Gewalt ausging, fällt die von der Reichsregierung Ebert/Scheidemann/Noske später tolerierte exzessive Gewaltanwendung gegen revolutionäre Arbeiter und Soldaten umso schwerer ins Gewicht – mit dem Matrosen- und Arbeiteraufstand in Kiel und der Novemberrevolution lässt sie sich jedenfalls nicht begründen oder gar rechtfertigen. Nach dem relativ unblutigen Sieg der Aufständischen über die Militärs am 4. November 1918 ließen sich die Umwälzungen nicht mehr aufhalten. Matrosen trugen die Bewegung von der Kieler Peripherie in den folgenden Tagen in viele Städte Nord- und Westdeutschlands. Aber schon bald wurden sie nicht mehr gebraucht. Zum neuen Zentrum der revolutionären Bewegung wurde jetzt die Reichshauptstadt Berlin. Dabei ist auch zu fragen, wie es dazu kommen konnte, dass die Soldaten, die den Frieden wollten und der Hölle der Schützengräben lebend entkommen waren, nur wenige Wochen später in der Reichshauptstadt mit äußerster

Brutalität über ihre ehemaligen Kameraden herfielen und einen bürgerkriegsähnlichen Bruderkrieg begannen, der viele Hundert das Leben kosten sollte.

7. Die politische Entwicklung in Berlin
November 1918 bis Januar 1919

An dieser Stelle ist es sinnvoll, einen kurzen Blick auf die weitere politische und wirtschaftliche Entwicklung in Berlin und im Deutschen Reich zu werfen, vor der auch die weiteren Ereignisse in Kiel betrachtet werden müssen.[211] Am 11. November endete der Erste Weltkrieg mit dem Waffenstillstand von Compiègne. Zwei Wochen nach den ersten Befehlsverweigerungen vor Wilhelmshaven und elf Tage nach dem Beginn des Aufstands in Kiel verstummten die Waffen an der Westfront. Die deutschen Truppen mussten sich umgehend aus den besetzten Gebieten hinter den Rhein zurückziehen, die deutschen Kriegsschiffe und Flugzeuge mussten den siegreichen Entente-Mächten ausgeliefert werden. Die neue Reichsregierung stand vor gewaltigen Herausforderungen. Während die Briten weiterhin die Nordsee blockierten, mussten die Versorgung der Bevölkerung mit Lebensmitteln sichergestellt, die Kriegswirtschaft auf eine Friedenswirtschaft umgestellt und Millionen von Soldaten demobilisiert und wieder in die zivile Arbeitswelt eingegliedert werden. Vor diesem schwierigen Hintergrund setzte in Berlin das Ringen um die politische Zukunft Deutschlands ein.

Die neue Regierung der Volksbeauftragten stellte sich die Aufgabe, »das sozialistische Programm zu verwirklichen«, und verkündete bereits kurz nach der Übernahme der Regierungsgewalt ein ambitioniertes Reformprogramm. Der Belagerungszustand wurde sofort aufgehoben, ebenso wurden alle Beschränkungen des Vereins- und Versammlungsrechts beseitigt. Die Pressezensur wurde abgeschafft und die freie Meinungsäußerung in Wort und Schrift eingeführt. Eine Amnestie für politische Straftaten sollte gewährt werden. Die diskriminierenden Gesindeordnungen und Ausnahmegesetze gegen die Landarbeiter wurden außer Kraft gesetzt, und die zu Beginn des Krieges aufgehobenen Arbeiterschutzbestimmungen wurden wieder eingeführt. Darüber hinaus sollte der Achtstundentag spätestens zum 1. Januar 1919 eingeführt werden.[212] Das war ein hoffnungsvoller Start. Bei dieser Erneuerung bürgerlicher Grundrechte und der Verbesserung der Lebensverhältnisse der Industriearbeiterschaft und der Landarbeiter waren sich MSPD und USPD noch einig, aber über die zukünftige Staatsform Deutschlands gingen die Vorstellungen der beiden sozialistischen Parteien weit auseinander.

Während die MSPD und der größere und gemäßigte Teil der USPD eine Nationalversammlung wählen wollten, die über die zukünftige Staatsform Deutschlands entscheiden sollte, bestanden der linke Flügel der USPD und die Spartakisten auf der Errichtung eines Rätesystems. Allerdings hatte es der gemäßigte Flügel der in dieser Frage zutiefst gespaltenen USPD mit der Einberufung einer Nationalversammlung nicht so eilig wie die MSPD, denn er wollte zuvor noch mittels der Räte umfangreiche wirtschaftliche und soziale Veränderungen durchführen, damit die kapitalistischen Machtstrukturen gebrochen würden und aus ihrer Sicht freie Wahlen zu einer Nationalversammlung stattfinden könnten. Darauf mochte sich die MSPD allerdings nicht einlassen. Die Frage der Staatsform beherrschte in den nächsten Wochen die politische Diskussion in Berlin und die Führer der Mehrheitssozialdemokraten schürten in der Öffentlichkeit gezielt die Angst vor einer bolschewistischen Revolution nach russischem Vorbild und einem Abdriften Deutschlands in Anarchie, Chaos und Bürgerkrieg, um auf diese Weise mehr Zustimmung für ihre Absichten einer Nationalversammlung zu bekommen. Mit dieser antibolschewistischen Stimmungsmache suchte die MSPD auch den Schulterschluss mit dem Bürgertum und den konservativen Kräften wie dem Offizierskorps. In die antibolschewistische Propaganda mischten sich auch erste antisemitische Töne, die die Juden für die Niederlage im Krieg verantwortlich machten. Auf der Gegenseite erhöhten der linke Flügel der USPD und die radikalen Spartakisten um Karl Liebknecht und Rosa Luxemburg ihren Druck auf den Rat der Volksbeauftragten, denn ihnen war bewusst, dass mit der Wahl einer Nationalversammlung eine deutliche Absage an ein Rätesystem verbunden war. So schaukelten sich beide Lager im November und Dezember 1918 gegenseitig bis an den Rand eines Bürgerkrieges hoch. Entscheidende Bedeutung sollte dabei das Bündnis zwischen der MSPD-Führung und dem Militär bekommen. Bereits am 10. November sicherte General Wilhelm Groener, der als Erster Generalquartiermeister und Nachfolger Ludendorffs den Rückzug des Heeres leitete, Friedrich Ebert die Unterstützung der Heeresleitung im Kampf gegen den Bolschewismus zu. Damit waren die Fronten für die kommende Auseinandersetzung mit der radikalen Linken abgesteckt. Als Gegenleistung für die Unterstützung des Militärs tasteten Ebert und die MSPD-Führung die Befehlsgewalt der Offiziere nicht an, obwohl diese in der ganz überwiegenden Zahl antirepublikanisch eingestellt waren. Die in den meisten militärischen Einheiten gebildeten Soldatenräte bekamen keine Befehlsgewalt über die Soldaten und waren von den Offizieren lediglich in wirtschaftlichen und sozialen Fragen zu konsultieren. Die Befehlsstruktur des Heeres blieb unverändert. Dieses Bündnis zwischen der MSPD-Führung und den Generalen sollte sich im Nachhinein als eine Hypothek erweisen, die die Demokratie der Weimarer Republik schwer belastete, denn das Heer begann sich schnell als eine innenpolitische Ordnungsmacht zu etablieren, die sich von der demokratisch legitimierten Reichsregierung nur schwer kontrollieren ließ. Auch in der zivilen Verwaltung und der Justiz blieben die alten Eliten aus der Kaiserzeit weitgehend in ihren Ämtern. Den von den lokalen Arbeiter- und Soldatenräten zur Kontrolle in die Verwaltungen entsandten Beigeordneten fehlte häufig die notwendige Sachkenntnis oder sie wurden von den alten Führungseliten ignoriert und übergangen, sodass die Demokratisierung des Staatsapparates nur sehr schleppend in Gang kam.

Ebenso blieben die wirtschaftlichen Reformen der neuen Regierung deutlich hinter den Erwartungen zurück. Eine Bodenreform z. B. gab es nicht. Die Aufhebung der alten Gesindeordnungen im Januar 1919 leitete aber eine erste Verbesserung der Stellung der Landarbeiter ein. Auch in den Schlüsselindustrien kam es nicht zur Vergesellschaftung der Produktionsmittel, obwohl dies seit langem eine Kernforderung der Sozialdemokratie war. Die Großindustriellen behielten ihre wirtschaftlich überaus einflussreiche Stellung. Die Versorgung der Bevölkerung mit Lebensmitteln und das Wiederanspringen der Friedenswirtschaft hatten für die Reichsregierung oberste Priorität und ließ sie vor gravierenden staatlichen Eingriffen in die Landwirtschaft und Industrie zurückschrecken. Verbesserungen für die Arbeiter wurden vor allem von den Gewerkschaften erkämpft. Im sogenannten Stinnes-Legien-Abkommen vom 15. November 1918 erzielten 21 gewerbliche und industrielle Arbeitgeberverbände mit 7 Gewerkschaften eine Kollektivvereinbarung darüber, dass die Arbeitgeberverbände die Gewerkschaften als Vertreter der Arbeiterschaft anerkennen, die Arbeitsbedingungen in Tarifverträgen zwischen den Arbeitgebern und den Gewerkschaften geregelt werden und die Arbeiter in allen Betrieben mit mehr als 50 Beschäftigten Ausschüsse bilden können, aus denen später die Betriebsräte hervorgehen. Ebenso wurde der Achtstundentag bei vollem Lohnausgleich festgelegt. Mit dieser sozialpolitischen Einigung und der Tarifautonomie werteten die Arbeitgeber die Gewerkschaften zu Verhandlungspartnern auf und kamen den

Arbeitern in puncto Mitsprache entgegen. Dies geschah sicherlich nicht ohne den Hintergedanken, so gravierendere staatliche Eingriffe in die Wirtschaftsverhältnisse zu ihren Lasten vermeiden zu können. An den Eigentumsverhältnissen in den Unternehmen änderte sich durch das Abkommen nichts. Insgesamt gesehen gelang es den beiden wirtschaftlich bedeutendsten Trägern des alten Kaiserreichs, den Großgrundbesitzern und den Großindustriellen, ziemlich unbeschädigt über die Revolutionszeit zu kommen. Obwohl die revolutionäre sozialistische Regierung dazu die Möglichkeit hatte und etwa die Hälfte der Erwerbstätigen der Arbeiterklasse angehörte und eine deutliche wirtschaftliche Verbesserung ihrer Lebensverhältnisse erwartete, blieb die soziale Revolution aus.[213] Die Regierung Ebert/Scheidemann setzte aus nachvollziehbaren Motiven andere Prioritäten und suchte wegen der extrem schwierigen innen- und außenpolitischen Verhältnisse nicht noch zusätzlich die Konfrontation mit den Industriellen, was das Land weiter destabilisiert hätte. Der spätere Versuch der Nationalversammlung, über den Artikel 165 (Räteartikel) der Weimarer Verfassung die Stellung der Arbeiter in der Wirtschaft zu stärken, blieb abgesehen vom Betriebsrätegesetz aus dem Februar 1920 erfolglos.

Zurück zur politischen Entwicklung in Berlin, wo die Spannungen zwischen den Vertretern der MSPD und der USPD im Rat der Volksbeauftragten wuchsen. Ein wesentlicher Streitpunkt war der enge Schulterschluss zwischen der MSPD-Führung und der Militärführung. Als bewaffnete Soldaten am 6. Dezember 1918 den Berliner Vollzugsrat vorübergehend verhafteten, kam es zwischen Gardetruppen und linken Demonstranten zu heftigen Kämpfen, in deren Verlauf 16 Menschen getötet und 12 schwer verwundet wurden. Die USPD erwartete von Friedrich Ebert im Rat der Volksbeauftragten und im Vollzugsrat, dass er das Militär für diesen ungerechtfertigten Übergriff auf Politiker umgehend in die Schranken weisen würde. Ebert ging jedoch nicht gegen das Militär vor. Ganz im Gegenteil, am 10. Dezember erlaubte er den Gardetruppen gegen den heftigen Protest der USPD-Vertreter im Vollzugsrat den Einmarsch nach Berlin und zollte den heimkehrenden Soldaten vor dem Brandenburger Tor seinen Respekt. Mit der Unterstützung der Gardetruppen im Rücken verschob sich die Machtverteilung im Rat der Volksbeauftragten und im Vollzugsrat zugunsten der MSPD. Friedrich Ebert wusste, dass er sich auf die Heeresleitung stützen konnte, sollte es zum offenen Bruch und bewaffneten Konflikt mit der USPD, den Spartakisten oder linken Revolutionären kommen, und trieb seine Pläne für die schnelle Wahl einer Nationalversammlung voran.

Die Entscheidung über die politische Zukunft Deutschlands fiel auf dem sogenannten Reichsrätekongress (Reichskongress der Arbeiter- und Soldatenräte).[214] Vom 16. bis zum 21. Dezember 1918 kamen im preußischen Abgeordnetenhaus 514 von den Arbeiter- und Soldatenräten in ganz Deutschland gewählte Delegierte zusammen. Mit 300 Delegierten war die MSPD deutlich die stärkste Kraft, die USPD stellte 100 Delegierte, die Deutsche Demokratische Partei (DDP) 26. Keine Angaben zu ihrer politischen Parteizugehörigkeit machten 26 Arbeiterräte und 49 Soldatenräte. Dem revolutionären Spartakusbund gehörten nicht mal ein Dutzend Delegierte an. Angesichts dieser Kräfteverteilung war das Ergebnis von vornherein klar. Der Antrag, das Rätesystem zur Grundlage der Verfassung zu machen und die legislative und exekutive Macht auf die Arbeiter- und Soldatenräte zu übertragen, wurde in namentlicher Abstimmung mit 344 gegen 98 Stimmen abgelehnt.[215] Stattdessen entschied sich die große Mehrheit der Delegierten für die Wahl einer verfassungsgebenden Nationalversammlung und bestimmte den 19. Januar 1919 zum Wahltermin. Damit war auch klar, dass die Räte als politische Organe nur ein Provisorium waren und mit dem Zusammentritt der Nationalversammlung ausgedient haben würden. Über wie wenig Rückhalt die Spartakisten unter den Delegierten verfügten, wurde schon gleich zu Beginn des Kongresses deutlich. Der Antrag, Karl Liebknecht und Rosa Luxemburg wegen ihrer

Verdienste um die Revolution als Gäste mit beratender Stimme auf den Kongress einzuladen, wurde schlichtweg abgelehnt.[216]

Allerdings machte sich unter den Delegierten auch deutlicher Unmut über die viel zu zögerlichen Wirtschaftsreformen breit, und die Mehrheit stimmte für die Vergesellschaftung von Schlüsselindustrien wie dem Bergbau. Auch der enge Schulterschluss Eberts mit der Militärführung stieß bei vielen Delegierten auf Ablehnung. Daher wurde mit überwältigender Mehrheit beschlossen, dass der Rat der Volksbeauftragten die oberste Kommandogewalt über das Heer übernimmt und dabei vom Vollzugsrat kontrolliert wird. Ebenso sollten die radikalen »Sieben Punkte« des Hamburger Soldatenrats vom 9. Dezember für das Heer übernommen werden, die Rangabzeichen abgeschafft und das außerdienstliche Tragen von Waffen verboten werden.[217] Mannschaften sollten in Zukunft ihre Offiziere frei wählen können, und das stehende Heer sollte aufgelöst und durch eine Volkswehr ersetzt werden. Gegen diese Beschlüsse legte die Heeresleitung umgehend bei Ebert aufs Schärfste Protest ein. An die Umsetzung der »Sieben Punkte« hielt sich Ebert in der Folgezeit nicht und knickte stattdessen vor der Heeresleitung ein. Für das Feldheer und die neuen Freikorps wurden die Beschlüsse ausgesetzt. Im Gesetz zur vorläufigen Bildung einer Reichswehr vom 6. März 1919 spielten die Reformbeschlüsse des Reichsrätekongresses keine Rolle mehr, und die Hamburger »Sieben Punkte« wurden in der Praxis abgeschafft. Zusammenfassend lässt sich festhalten, dass der Reichsrätekongress in der Frage der zukünftigen Staatsform ganz klar Friedrich Eberts Vorstellung einer parlamentarischen Demokratie folgte, ihm aber wegen der ausgebliebenen wirtschaftlichen Strukturreformen und seiner Nähe zur Heeresleitung eine deutliche Absage erteilte. Das überaus deutliche Votum für die Wahl einer Nationalversammlung zeigt aber auch, dass die von der MSPD-Führung so hartnäckig propagierte Gefahr einer bolschewistischen Machtübernahme in der Realität nicht bestand und lediglich ein politisches Phantom war.

Trotzdem schürte die MSPD-Führung weiterhin bewusst die Angst vor den Räten und erweckte den Eindruck, dass der Reichsrätekongress der Beginn einer bolschewistischen Revolution sein könnte. Die MSPD-Führung wollte die Räte wieder abschaffen, sobald die Nationalversammlung zusammengekommen war. Die Räte betrachteten sich dagegen als die Garanten der im November errungenen Freiheit und wollten ihre Macht nicht ohne Weiteres abgeben. Die MSPD-Führung war in ihrem starren Denken gefangen, dass es zwischen »demokratischer Ordnung« und »bolschewistischer Anarchie« keinen Raum für Kompromisse oder Zwischenlösungen gab. Folglich galt es für sie, die Räte möglichst schnell wieder abzuschaffen.

Der vom Reichsrätekongress gewählte neue Zentralrat wurde nun zum Streitpunkt. Der linke Flügel der USPD beantragte, dass alle Gesetze vor ihrer Verkündung seiner Zustimmung bedürften. Ebert lehnte diese Einschränkung seiner Regierungsgewalt ab und drohte mit Rücktritt. Seine Drohung zeigte Wirkung, der Antrag der USPD wurde zurückgewiesen. Daraufhin boykottierte die USPD die Wahlen zum Zentralrat und überließ dieses Gremium allein den Vertretern der MSPD.[218] Der Zentralrat stellte sich am 2. Januar 1919 ganz klar hinter die Reichsregierung Ebert, erkannte sie als höchste Kommandogewalt über das Militär an und rief alle Soldaten eindringlich dazu auf, die Regierung bei der Durchführung der Nationalwahlen am 19. Januar zu unterstützen.[219] Derweil zog sich die USPD aufgrund ihrer inneren Zerstrittenheit weiter von der Macht zurück. Auch im Rat der Volksbeauftragten war der Bruch mit der MSPD jetzt nur noch eine Frage der Zeit, denn die USPD-Vertreter fanden kaum noch Gemeinsamkeiten mit ihren ehemaligen Weggefährten.

Am 29. Dezember traten die drei USPD-Vertreter schließlich aus dem Rat der Volksbeauftragten aus. Anlass war der Streit um den Umgang mit der sogenannten Volksmarinedivision in Berlin. Der Berliner Stadtkommandant Otto Wels (MSPD) und Friedrich Ebert wollten diese ca. 1700 Mann starke, revolutionär eingestellte

Truppe aus dem Stadtschloss und dem Marstall ausquartieren und auf 600 Mann reduzieren. Als Druckmittel behielten sie den Wehrsold der Matrosen ein. Im Gegenzug besetzten bewaffnete Matrosen der Volksmarinedivision am 23. Dezember vorübergehend die Reichskanzlei und setzten den Rat der Volksbeauftragten fest. Ebenso zogen Matrosen zur Stadtkommandantur und nahmen Otto Wels gefangen. Gerüchte von der Misshandlung Wels durch die Matrosen machten die Runde. Daraufhin gaben die drei MSPD-Vertreter im Rat der Volksbeauftragten ohne Rücksprache mit den Vertretern der USPD dem preußischen Kriegsminister Scheüch den Befehl zum Einschreiten. Unklar bleibt, ob Otto Wels lediglich aus der Hand der Volksmarinedivision befreit werden sollte oder ob die revoltierende Volksmarinedivision bei dieser Gelegenheit auch ganz aus ihrem Quartier vertrieben und aufgelöst werden sollte. Am 24. Dezember ließ die Heeresleitung die Gardetruppen das Schloss mit Artillerie beschießen. Die Volksmarinedivision erhielt ihrerseits Unterstützung durch bewaffnete Arbeiter und die Sicherheitswehr des Berliner Polizeipräsidenten Emil Eichhorn, der der USPD angehörte. Der Angriff der Gardetruppen auf das Berliner Stadtschloss scheiterte kläglich. Als Ebert gegen Mittag einen Waffenstillstand anordnete und Verhandlungen mit der Volksmarinedivision aufnahm, waren 56 Gardesoldaten und 11 Matrosen in den Kämpfen getötet worden. Für die radikalen Linken waren die MSPD-Vertreter im Rat der Volksbeauftragten die alleinigen Schuldigen für das Blutvergießen. Die USPD-Vertreter im Rat der Volksbeauftragten sahen sich in der Frage des Militäreinsatzes von Ebert übergangen und traten am 29. Dezember aus der gemeinsamen Regierung aus.[220] Die Gemeinsamkeiten der beiden Koalitionspartner waren endgültig aufgebraucht, seit Längerem überwogen schon die Differenzen in der Regierungsarbeit. Allerdings hatte sich die Führung der MSPD mit ihrem eigenmächtigen militärischen Vorgehen gegen die Volksmarinedivision mangels eigener loyaler Truppen nun endgültig in die fatale Abhängigkeit der Heeresleitung begeben.

Über den Jahreswechsel 1918/19 gründete sich die Kommunistische Partei Deutschlands (KPD) als linksradikale Alternative, um der steckengebliebenen Revolution doch noch zum Durchbruch zu verhelfen. Als der preußische Innenminister Paul Hirsch (MSPD) am 4. Januar 1919 den von der USPD gestellten Berliner Polizeipräsidenten Eichhorn entließ, weil er in den Weihnachtsunruhen die Volksmarinedivision unterstützt hatte, brachen erneut schwere Unruhen aus. Radikale Arbeiter, die Berliner USPD, die Revolutionären Obleute und die neu gegründete KPD verbündeten sich und riefen für den 5. Januar zu Protesten gegen die Regierung Ebert auf. Auf der Gegenseite bekam die Regierung Ebert nicht nur Unterstützung von der Heeresleitung, sondern auch von den sogenannten Freikorps, mit deren Aufbau sie schon ab dem 3. Januar begonnen hatte. Diese konterrevolutionären Freiwilligenverbände, die außerhalb der militärischen Befehlsgewalt der Armee operierten, setzten sich vor allem aus von der Front heimgekehrten Soldaten, Studenten und auch Schülern zusammen und waren von strengem Antibolschewismus und starker Gewaltbereitschaft geprägt.

Am 5. Januar eskalierte die Situation weiter. Linke Demonstranten besetzten das Berliner Zeitungsviertel, und ein vom linken Flügel der USPD, der KPD und den Revolutionären Obleuten gemeinsam gebildeter »Revolutionsausschuss« rief für den folgenden Tag zum Generalstreik bis zum Sturz der Regierung Ebert auf und erklärte den Rat der Volksbeauftragten für abgesetzt. Daraufhin mobilisierte auch die Regierung ihre Anhänger, sodass sich beide Lager am 6. Januar in den Straßen Berlins offen gegenüberstanden. Aber der Umsturz blieb aus, weil sich auch die zum revolutionären Lager zählenden Truppenteile wie die Volksmarinedivision nicht zu einer Unterstützung der revolutionären Volksmassen entschließen konnten und nicht eingriffen. Stattdessen bereitete die Regierung Ebert nun den Gegenschlag vor und fand in Gustav Noske einen zielstrebigen Vollstrecker. Noske war am 26. Dezember 1918 auf Anforderung Eberts aus

Kiel in die Reichshauptstadt zurückgekehrt und am 29. Dezember als Volksbeauftragter für Heer und Marine in die Regierung eingetreten. Auch wenn er sich nicht in dieses Amt gedrängt hatte, wusste er, dass man von ihm nicht weniger als die Wiederherstellung der Ruhe und Ordnung auf den Straßen Berlins erwartete, eine Rolle, die er später mit den Worten »Einer muss der Bluthund werden, ich scheue die Verantwortung nicht!« kommentierte.[221] Zur Erfüllung dieser Aufgabe schreckte er auch vor dem Einsatz der reaktionären Freikorps nicht zurück. Die Regierung Ebert hatte sich am 7./8. Januar 1919 festgelegt, gewaltsam gegen die Aufständischen im Zeitungsviertel vorzugehen. Die Vermittlungsversuche der USPD-Führung scheiterten an der mangelnden Verhandlungsbereitschaft der Regierung. Die Zeichen standen auf Sturm.

In der Nacht vom 10. auf den 11. Januar begann der Angriff der schwerbewaffneten Regierungstruppen und Freikorps auf die Aufständischen. Im Zeitungsviertel kam es zu heftigen Straßen- und Barrikadenkämpfen. Am 11. Januar nahmen regierungstreue Truppen nach schweren Kämpfen unter Einsatz von Artillerie, Maschinengewehren und Flammenwerfern das von den Aufständischen besetzte Verlagsgebäude des »Vorwärts« ein, Dutzende Menschen wurden dabei getötet. Die Besetzer wussten, dass sie diesen ungleichen Kampf nicht gewinnen konnten, und versuchten zuvor noch, einen Abzug auszuhandeln. Die von ihnen dazu ausgeschickten Parlamentäre wurden aber von Regierungssoldaten gefangengenommen und widerrechtlich erschossen. Am 12. Januar waren die Aufständischen besiegt, das Zeitungsviertel war wieder fest in der Hand der Regierung. Der schlecht vorbereitete Aufstand der linken Revolutionäre und Spartakisten war zusammengebrochen. 156 Aufständische waren in den Kämpfen getötet oder kurzerhand erschossen worden, obwohl sie sich bereits den Regierungstruppen bzw. Freikorps ergeben hatten. Der Gewaltexzess der Sieger löste nicht nur bei der radikalen Linken Entsetzen aus.[222]

Die Freikorps und die Offiziere, die nur begrenzt der Regierung gehorchten und mitunter eigenmächtig handelten, sannen auf Rache und begannen sofort eine gnadenlose öffentliche Hetzjagd auf Rosa Luxemburg und Karl Liebknecht, die sie als vermeintliche Verantwortliche für den Aufstand ausgemacht hatten. Nach tagelanger Flucht durch Berlin wurden die beiden Anführer des Spartakusbundes am 15. Januar in einer Privatwohnung im Bezirk Wilmersdorf von Angehörigen der dortigen Bürgerwehr aufgespürt und Hauptmann Waldemar Pabst von der Garde-Kavallerie-Schützendivision im Hotel Eden am Zoologischen Garten übergeben, wo die Soldaten ihr Quartier bezogen hatten. Über den Befehl Noskes, die beiden Gefangenen unverzüglich in das Untersuchungsgefängnis Moabit zu bringen, setzte sich Hauptmann Pabst hinweg. Stattdessen wurden Luxemburg und Liebknecht zunächst von Pabst und seinen Offizieren im Hotel verhört und dabei schwer misshandelt. Pabst interpretierte Noskes zusätzliche Anweisung, dass die Gefangenen während der Überstellung nach Moabit auf keinen Fall entkommen oder befreit werden dürften, als einen Freibrief für deren Ermordung. Danach wurde Liebknecht in den Tiergarten gefahren und bei einem fingierten Fluchtversuch erschossen. Rosa Luxemburg wurde ebenfalls ermordet, ihre Leiche anschließend in den Landwehrkanal geworfen. Den tödlichen Schuss auf Luxemburg feuerte der junge Leutnant z. S. Hermann Wilhelm Souchon ab, ein Neffe des ehemaligen Kieler Militärgouverneurs Admiral Wilhelm Souchon.[223]

Die später gegen die Mörder angestrengten Prozesse waren eine juristische Farce und endeten im Mai 1919 mit Freisprüchen für die Angeklagten. Die Morde an den Kommunistenführern blieben ungesühnt und führten zu einem unüberbrückbaren Zerwürfnis zwischen den Kommunisten und den Mehrheitssozialdemokraten, deren Regierungschef Ebert die politische Verantwortung für das Blutvergießen im Zeitungsviertel und die anschließenden Mordtaten trug. Eine schwere persönliche Schuld lud auch Gustav Noske auf sich, der den faustischen Pakt mit den Freikorps geschlossen und der enthemmten Soldateska in ihrer Mordlust freien Lauf gelassen hatte.

Trotz der Unruhen in Berlin fand die Wahl zur Deutschen Nationalversammlung wie geplant am 19. Januar statt. Großer Sieger wurde die MSPD mit 37,9 Prozent der Stimmen, gefolgt vom bürgerlich-katholischem Zentrum mit 19,7 Prozent und der linksliberalen Deutschen Demokratischen Partei (DDP) mit 18,5 Prozent. Diese drei Parteien bildeten auch die sogenannte Weimarer Koalition, die zur Stütze der jungen Republik wurde. Die USPD kam nur auf 7,6 Prozent, die Kommunistische Partei boykottierte die Wahl. Dieses Wahlergebnis war eine klare Absage an die linksradikalen Parteien und das von ihnen verfolgte Modell einer Räterepublik, dennoch wollten die Räte die errungene Macht nicht kampflos abgeben und im Amt bleiben, bis die neue Staatsverfassung ausgearbeitet sei. Am 6. Februar 1919 kam die Nationalversammlung zu ihrer ersten Sitzung im beschaulichen Weimar in Thüringen zusammen, weil den Politikern die politische Situation in Berlin zu unruhig war. Am 11. Februar wurde der bisherige Regierungschef Friedrich Ebert zum vorläufigen Reichspräsidenten gewählt, zwei Tage später wurde Philipp Scheidemann zum Regierungschef ernannt. Anschließend begannen die langwierigen Beratungen über die zukünftige Staatsverfassung, die am 31. Juli 1919 von den Abgeordneten verabschiedet wurde und mit ihrer Verkündung am 14. August in Kraft trat. So kam es noch bis in den Sommer 1919 zu einem politischen Neben- und Gegeneinander von Reichsregierung und den lokalen Räten.

Die Spannungen zwischen der Reichsregierung und den lokalen Räten zeigten sich auch in Kiel, wo seit dem 7. November 1918 mit Gustav Noske ein treuer Mitstreiter des Berliner Regierungschefs Friedrich Ebert den überaus wichtigen und mächtigen Posten des Militärgouverneurs der Marinestation übernommen hatte.

8. Gustav Noske und der Soldatenrat

Die weitere Entwicklung bis 1919

Eigentlich wollte Gustav Noske nur kurze Zeit in Kiel bleiben, um im Auftrag der Reichsregierung ein Blutvergießen zu verhindern und den Matrosenaufstand einzudämmen. Dass er beinahe zwei Monate an der Förde bleiben würde, ahnte er wohl selbst nicht. Dafür avancierte er innerhalb von nur drei Tagen nach seiner Ankunft zur wichtigsten und mächtigsten politischen Figur in Kiel und nahm wie kein zweiter Einfluss auf die weitere Entwicklung in der Stadt.[224] Kaum im Amt musste er sich vor allem um zwei zentrale Aufgaben kümmern, zum einen die Vorbereitung der in Kiel beheimateten Kriegsschiffe für die Auslieferung an Großbritannien und zum anderen die Demobilmachung von Zehntausenden Marinesoldaten. Beides hatte auch massive Auswirkungen auf die politischen Kräfteverhältnisse an der Förde und die Arbeit des Kieler Obersten Soldatenrats (OSR).

Zunächst zur Demobilmachung: Vom 15. November bis zum 29. November 1918 verließen auf Betreiben Noskes und der Eisenbahndirektion Altona täglich zwischen 3000 und 4500 Marineangehörige Kiel mit Sonderzügen nach Hamburg und Berlin, um von dort in ihre Heimatorte zurückzukehren.[225] Weitere Marineangehörige wurden per Schiff von Kiel aus in ihre Heimatstädte entlang der Ostseeküste gebracht. War Noske, als er am

7. November 1918 das Amt des Militärgouverneurs übernommen hatte, nach eigener Aussage noch Herr über etwa 80 000 Soldaten, so waren im Januar 1919 nur noch etwa 20 000 Militärangehörige in Kiel stationiert. Bereits zu Weihnachten 1918 waren über 80 Prozent der in Kiel stationierten Matrosen wieder bei ihren Familien in der Heimat.[226]

Der massenhafte Abzug der Matrosen blieb natürlich nicht ohne gravierende Auswirkungen auf die Arbeit des OSR und die der Soldatenräte auf den einzelnen Schiffen und in den Einheiten an Land.[227] Mit der Entlassung der Matrosen wurde dem OSR, dem bisherigen Motor des Umsturzes, schlichtweg die Machtbasis entzogen. Obwohl er nach der Übereinkunft vom 7. November 1918 nach wie vor allen Anordnungen Noskes zustimmen musste, verlor er massiv an Autorität gegenüber dem Militärgouverneur. Außerdem waren unter den Entlassenen auch viele Vertrauensleute, sodass es zu ständigen personellen Wechseln in den Soldatenräten kam, die eine effektive und nachhaltige Arbeit unmöglich machten. Nicht zuletzt führte die schnelle Entlassung der Wehrpflichtigen aus dem Militärdienst auch dazu, dass die verbliebenen Berufssoldaten, d. h. die Seeoffiziere, Deckoffiziere und Unteroffiziere, wieder rasch an Einfluss im Militär und in den Soldatenräten gewannen, was von den aufständischen Matrosen der ersten Stunde so gar nicht gewollt sein konnte. Aber noch ein weiterer Umstand stärkte die Stellung der Offiziere und Deckoffiziere und schwächte die Soldatenräte.

Gemäß den alliierten Waffenstillstandsbedingungen musste die Überführung der Linienschiffe, Kreuzer, Torpedo- und U-Boote innerhalb von sieben Tagen nach dem Waffenstillstand beginnen. Alle Schiffe mussten in kampfunfähigem Zustand übergeben werden, das heißt zuvor mussten sämtliche Munitionsvorräte, Torpedos, Minen bis hin zu den Geschütz- und Torpedorohrverschlüssen von Bord gebracht werden. Diese Aufgabe war nicht ohne die technische Expertise der See- und Deckoffiziere zu bewerkstelligen. Deshalb kehrten viele Offiziere, die am

Desarmierung der U-Boote. Im Torpedobootshafen (später Blücherbrücke).
Im Hintergrund rechts der Signalturm. Dezember 1918

4. November von den revoltierenden Matrosen abgesetzt worden waren oder danach ihre Posten resigniert verlassen hatten, schon nach wenigen Tagen auf ihre Schiffe zurück. Dadurch wurde die rechtliche Stellung der zurückgekehrten Offiziere zu den Mannschaften aber vor allem den Soldatenräten zu einem großen Streitpunkt innerhalb der Reichsmarine und in Kiel.

Die Rückkehr der Offiziere auf die Schiffe schwächte natürlich die dortigen Soldatenräte, aber für einen geregelten Dienstbetrieb waren die Offiziere nötig, wenn auch nicht mehr in so großer Zahl wie im Krieg. Außerdem kehrten die Offiziere mit ausdrücklicher Billigung des Rats der Volksbeauftragten, der die Reichsregierung übernommen hatte, in ihre alten Machtpositionen zurück, und das alte Vorgesetztenverhältnis und die alten Befehlsstrukturen traten wieder in Kraft:

> Die Regierung hat an den Staatssekretär des Reichs-Marine-Amts folgendes Telegramm übersandt: Wir bitten für die gesamte Marine anzuordnen, dass die militärische Disziplin,

> Ruhe und straffe Ordnung in der Marine unter allen Umständen aufrechtzuerhalten sind, dass daher den Befehlen der militärischen Vorgesetzten bis zur erfolgten Entlassung unbedingt zu gehorchen ist und dass eine Entlassung von Marineangehörigen aus der Marine nur auf Befehl der militärischen Vorgesetzten zu erfolgen hat. Die Vorgesetzten haben ihre Waffen und Rangabzeichen beizubehalten. Wo sich Soldatenräte oder Vertrauenskommissionen gebildet haben, haben sie die Offiziere in ihrer Tätigkeit zur Aufrechterhaltung von Zucht und Ordnung rückhaltlos zu unterstützen.[228]

Diese allgemeinen Vorgaben der Reichsregierung, die Gustav Noske im Stations-Tagesbefehl vom 14. November 1918 verkündete, standen in Teilen in Widerspruch zu den Richtlinien, die die Vertreter des OSR und die Offiziere der Marinestation der Ostsee am 9. November gemeinsam für Kiel beschlossen und einen Tag später im Stations-Tagesbefehl bekanntgegeben hatten.[229] Während nach dem Willen der Reichsregierung die Soldatenräte die Offiziere bei der Aufrechterhaltung der militärischen Disziplin rückhaltlos unterstützen sollten, gab es gemäß der Kieler Vereinbarung kein Vorgesetztenverhältnis der Offiziere zu den Soldatenräten. Um diese Widersprüche aufzulösen, erließ Noske am 17. November im Gouvernements- und Stations-Tagesbefehl Nr. 10 »Richtlinien für die Zusammenarbeit zwischen Offizieren und Soldatenräten«, die die Bestimmungen vom 10. November ersetzten. Folgende Richtlinien wurden für den Umgang zwischen Offizieren und den Soldatenräten beschlossen:
Ziffer 1: Der Soldatenrat bildet die prüfende und entscheidende Instanz, er trägt die volle Verantwortung für alle getroffenen Maßnahmen.
Ziffer 2: Die Offiziere stehen dem Soldatenrat als verantwortliche Berater zu Seite.
Ziffer 3: Es kommen dafür nur Offiziere in Frage, die das Vertrauen ihrer bisherigen Untergebenen nicht verloren haben. Die

Offiziere bekennen schriftlich, dass sie nicht gegen die neue Volksbewegung arbeiten. Offiziere, die diese Voraussetzungen nicht erfüllen, werden der Station zur Verfügung gestellt.
Ziffer 4: Ein Vorgesetztenverhältnis zwischen Offizieren und dem Soldatenrat besteht nicht.
Ziffer 5: Für das seemännische Personal schlägt der Erste Offizier dem Soldatenrat die Regelung des Dienstes vor, für das Maschinen-Personal der Leitende Ingenieur, für das Sanitätspersonal der Schiffsarzt. Die getroffenen Anordnungen werden durch gemeinsamen Vollzug gültig. Das seemännische Personal ist allein dem Ersten Offizier unterstellt, das Maschinen-Personal dem Leitenden Ingenieur. Bei Schwierigkeiten in der Umsetzung der getroffenen Anordnungen ist der Soldatenrat sofort in Kenntnis zu setzen.
Ziffer 6 und 7: Die Disziplinarstrafgewalt wird vom Kommandanten und dem Soldatenrat gemeinsam ausgeübt.
Ziffer 8: Der Schriftverkehr wird vom Schriftoffizier erledigt und bedarf zum Vollzug der Zustimmung eines Mitglieds des Soldatenrats.
Ziffer 9: Oberste Befehlshaber sind der Militärgouverneur und der Oberste Soldatenrat.[230]

Für den OSR zeichnete Lothar Popp diese Richtlinien gegen, die im Wesentlichen die Bestimmungen vom 10. November bestätigten und dem OSR somit eine stärkere Stellung gaben, als es von der Reichsregierung vorgesehen war.

Noske wusste, dass er den militärischen Dienstbetrieb vorerst nur gemeinsam mit den Offizieren und den Soldatenräten aufrechthalten konnte und zwischen den beiden Gegenpolen vermitteln musste. Aus einer undatierten Aufstellung, die vermutlich Ende November oder Anfang Dezember 1918 angefertigt worden ist, geht hervor, dass im Bereich des Befehlshabers der Seestreitkräfte der Ostsee ca. 73 Prozent der Offiziere ununterbrochen in ihren Stellungen verblieben, ca. 18 Prozent von ihren Besatzungen abgelehnt wurden und nur ca. 9 Prozent ihre

Posten freiwillig geräumt haben.[231] Diese Zahlen zeigen, dass es Noske ganz überwiegend gelungen ist, die sich am 4. November 1918 noch völlig unversöhnlich gegenüberstehenden Lager in der Marine schnell wieder zueinander zu führen, ohne dass eine der beiden Seiten dabei ihr Gesicht verloren hat. Den Offizieren wurden einige ihrer Standesprivilegien genommen, ihre auf langjähriger Ausbildung und überlegener Sachkenntnis beruhende Befehlsgewalt über die Mannschaften bekamen sie jedoch innerhalb weniger Tage zurück. Außerdem war es Noskes Verhandlungsgeschick mit dem OSR zu verdanken, dass diejenigen Offiziere, die von den Mannschaften abgelehnt worden waren, den Dienst nicht wie zuerst gefordert ohne Anspruch auf Versorgung quittieren mussten, sondern der Marinestation zur Verfügung gestellt wurden. So konnte Noske verhindern, dass sich ein Heer arbeitsloser, unbezahlter und unzufriedener Offiziere bildete, das eine Gefahr für die neue Ordnung darstellte.

Mit der Wiedereinsetzung eines Großteils der alten kaiserlichen Offiziere wurde allerdings die Chance zu einer Neuaufstellung und Demokratisierung des Offizierskorps in der Marine vertan. Der OSR konnte seine kurzzeitige Machtstellung nicht dazu nutzen, die Weichen auf eine Neuausrichtung des Offizierskorps zu stellen. Hier zeigte sich wieder die fundamentale Schwäche, dass die revolutionären Matrosen keinerlei konkrete Vorstellungen hatten, wie z. B. die innere Führung der zukünftigen deutschen Marine aussehen sollte. Andererseits ließen die knallharten Waffenstillstandsbedingungen der Alliierten und die umgehende Auslieferung der deutschen Flotte dem OSR keinen Spielraum für eine grundlegende innere Umgestaltung der Marine. Würde die deutsche Flotte nicht wie vorgesehen innerhalb von einer Woche an Großbritannien ausgeliefert werden, drohte eine Besetzung Deutschlands durch feindliche Truppen. Dieses Risiko war auch dem OSR zu hoch. Eine Zusammenarbeit mit den alten Offizieren war also vonnöten, zumal die Briten die deutschen Soldatenräte nicht als Verhandlungspartner akzeptierten.[232]

Aber Noskes »Rückholaktion« der kaiserlichen Offiziere hatte auch deutliche Schattenseiten. Er hatte sie zwar wieder in ihre alten Positionen einsetzen können, eine wirkliche Identifikation der Offiziere mit den neuen politischen Verhältnissen gelang aber vielfach nicht. Beim rechtsgerichteten Kapp-Lüttwitz-Putsch 1920 zeigte sich gerade in Kiel, dass viele dieser Offiziere zwar in die neue Reichsmarine übernommen worden waren, aber keineswegs in die neue Republik integriert waren.

Neben der rechtlichen Stellung der Offiziere zu den Soldatenräten, die Noske für beide Seiten relativ schnell pragmatisch und zufriedenstellend regeln konnte, gab es aber noch ein anderes großes Konfliktfeld mit dem OSR. In Hinsicht auf die Gewährleistung der öffentlichen Ordnung und inneren Sicherheit bestand dringender Handlungsbedarf. Allerdings hatten Noske und der OSR diesbezüglich sehr unterschiedliche Vorstellungen. Während der OSR eine »revolutionäre Sicherheitstruppe« aufbauen wollte, die ihm unterstand, versuchte Noske als Militärgouverneur, eine »rote« Sicherheitstruppe zu verhindern. Dass eine Sicherheitstruppe benötigt wurde, daran bestand kein Zweifel. Aber aus welchen Personenkreisen sollte sie zusammengesetzt sein, und wer sollte die Befehlsgewalt über sie bekommen? Aus Sicht des OSR sollte diese Truppe die Revolution nicht nur im Falle von Angriffen radikaler Linker wie der Spartakisten, sondern auch reaktionärer Militärs schützen. Noske brauchte seinerseits dringend eine Sicherheitstruppe für die Aufrechterhaltung des täglichen militärischen Dienstbetriebs, denn viele Einheiten konnten die ihnen übertragenen Wach- und Patrouillendienste aufgrund der schnellen Demobilmachung und der Entlassung Tausender Mannschaftsdienstgrade nicht mehr leisten.[233] Militärische Einrichtungen, Waffen und Ausrüstung mussten geschützt werden, denn das Verschwinden von Militäreigentum und Diebstähle hatten durch die Auflösung der Einheiten dramatische Ausmaße angenommen. In manchen Einheiten an Land und auf den Schiffen herrschte regelrechte Selbstbedienung, überall wurde gestohlenes Militärmaterial auf dem Schwarzmarkt zu Geld gemacht. Aber auch die Lagerung, Verteilung und Ausgabe von Lebensmitteln an die nach wie vor hungernde Bevölkerung bedurfte des Schutzes durch bewaffnete Soldaten, um Plünderungen oder Tumulte zu verhindern.

Noske strebte seinerseits eine straff organisierte militärische Sicherheitstruppe aus Deckoffizieren und Unteroffizieren an, zu deren Interessenvertretern er besonders gute Kontakte pflegte und auf die er sich auch politisch verlassen konnte. Ein Teil dieser Truppe sollte stets einsatzbereit sein. Nachdem er sich wochenlang gegen den Aufbau einer »roten« Truppe gewehrt hatte, setzte sich am Ende aber doch der OSR mit seiner Vorstellung durch.[234] Nach Prüfung verschiedener Optionen wurden die Aufgaben und Zusammensetzung der Sicherheitstruppe im Gouvernements- und Stations-Tagesbefehl vom 26. Dezember 1918 bekannt gegeben:

> I. Die Truppe hat die Aufgabe, die Revolution und ihre Errungenschaften zu sichern und zu verteidigen, sämtliche Maßnahmen des Gouverneurs und des Obersten Soldatenrates zur unbedingten Aufrechterhaltung der Ruhe, Ordnung und Sicherheit des nationalen und persönlichen Eigentums durchzuführen. Die Regelung betr. Wachdienst untersteht nach wie vor der Kommandantur.
>
> II. In diese Truppe können aufgenommen werden aktive und inaktive Kameraden, welche noch nicht entlassen sind und die auf dem Boden der sozialen Volksrepublik stehen – für den Dienst mit der Waffe brauchbar sind und sich mit nachfolgenden Bedingungen durch Namensunterschrift einverstanden erklären.[235]

Die Truppe sollte aus knapp 1800 Mann bestehen, eingeteilt in 6 Kompanien. Ihre Führer sollte sie sich im Einverständnis mit dem Gouverneur, dem OSR und den Obleuten selbst wählen.

Offizieren und Seeoffizieren verweigerte der OSR seine Zustimmung zum Eintritt in die Sicherheitstruppe. Deckoffiziere und Feldwebel wollte der OSR ursprünglich auch nicht zulassen, ihre Aufnahme wurde aber in einem gesonderten Befehl gestattet, der auch von Karl Artelt als Vorsitzendem des OSR unterzeichnet ist.[236] Insgesamt gesehen hatte sich der OSR gegen Noske durchgesetzt, wobei die Anwerbung von Deckoffizieren, zu denen Noske besonders gute Kontakte pflegte, als ein Entgegenkommen an ihn gewertet werden kann.

Diese politische Truppe wurde allerdings sehr überhastet innerhalb von nur wenigen Tagen aufgestellt.[237] Sie war bereits am 1. Januar 1919 einsatzbereit, hatte aber erhebliche Organisationsmängel. Vor allem das Fehlen von See- oder Truppenoffizieren zeigte sich schon beim ersten ernsten Einsatz der Sicherheitstruppe Anfang Februar 1919, als Spartakisten einen gewaltsamen Umsturz versuchten und der in Bedrängnis geratene Gouverneur Garbe zu deren Bekämpfung auf die Hilfe externer Offiziere und rechter Bürgerwehren zurückgreifen musste. Als bewaffnete Macht des OSR und des Gouverneurs sowie als ordnungspolitischer Faktor spielte die Sicherheitstruppe aber während des politisch aufgeheizten Wahlkampfs im Januar 1919 eine wichtige Rolle bei der Stabilisierung der öffentlichen Ordnung, worauf später noch eingegangen wird.

Dass die »revolutionäre Sicherheitstruppe« Noskes Interessen zuwider lief und er dem OSR misstraute, wird auch darin deutlich, dass er sich mit der »Eisernen Brigade«[238], einem Kampfverband, der ausschließlich aus Deckoffizieren und Unteroffizieren bestand, eine ihm loyal ergebene Truppe aufbaute, die er kurz nach seinem Eintritt in die Reichsregierung Ende Dezember 1918 von Kiel nach Berlin nachzog, um sie dort als eigene Schutztruppe der Regierung gegen die linksradikalen Spartakisten einzusetzen. Die Deckoffiziere standen mehrheitlich politisch der MSPD nahe und boten so Sicherheit vor linken oder rechten Umtrieben. Die »Eiserne Brigade« kam in Kiel zwar nicht zum Einsatz und soll deshalb hier nicht weiter behandelt werden, sie machte aber deutlich, auf welche Kräfte innerhalb der Marine sich Noske stützte. Die Deckoffiziere waren diejenigen, die in den Wochen nach dem Umsturz, dem temporären Abgang der Seeoffiziere und der Entlassung der Mannschaften ganz entscheidend für Ruhe und Ordnung in Kiel gesorgt und durch Patrouillen die öffentliche Sicherheit gewährleistet hatten. Im Gegensatz zu den sehr standesbewussten Seeoffizieren waren die rangniedrigeren Deckoffiziere auch für die Matrosen akzeptabel, was sich auch in ihrer verstärkten Wahl in den OSR widerspiegelt.

Mit dem Weggang Noskes nach Berlin musste die Position des Kieler Militärgouverneurs neu besetzt werden, und der OSR versuchte noch einmal, seinen Einfluss geltend zu machen. Das Reichsmarineamt in Berlin wollte die Stelle jetzt wieder mit einem Offizier besetzen und hatte Konteradmiral Hugo Meurer aus Wilhelmshaven als Nachfolger vorgesehen. Seine Ernennung ohne Rücksprache mit dem OSR und dem Kieler Arbeiterrat am 2. Januar 1919 stieß auf massive Proteste der Kieler Matrosen und Arbeiter. Sie wählten stattdessen den Vorsitzenden des Kieler Arbeiterrates Gustav Garbe zum neuen Gouverneur, setzten sich gegen das Reichsmarineamt durch und bekamen ihren Kandidaten auch von der Reichsregierung bestätigt. Garbe wiederum betonte, dass er sich bei der Übernahme des Amtes »auch voll und ganz auf die Macht der Organisationen und auf die des Soldatenrats« stützte.[239] Es war das letzte Mal, dass sich die basisdemokratischen Räte in Kiel gegen das Reichsmarineamt durchsetzen konnten.[240]

Mitte November 1918 stand der OSR auf dem Höhepunkt seiner Macht und seines Ansehens. Die Matrosen in Kiel hatten den Startschuss zur Revolution gegeben, in Kiel waren die ersten Soldatenräte in Deutschland gebildet worden. Für die Arbeiter- und Soldatenräte, die in den folgenden Tagen in vielen anderen Städten gegründet wurden, waren die Kieler Matrosen Vorbilder. Sie übernahmen nicht nur deren »14 Kieler Punkte«[241], sondern schickten auch zahlreiche Grußschreiben und Anfragen nach

Kiel, in denen sie um konkrete Handlungsanweisungen baten oder von den Kieler Kameraden über deren weiteres Vorgehen auf dem Laufenden gehalten werden wollten. Grüße und Anfragen aus Hadersleben, Lübeck, Augsburg, Hannover, Leipzig und Frankfurt a. M., die Mitte November beim OSR eingingen, zeigen, dass die Kieler für viele andere Arbeiter- und Soldatenräte der erste Ansprechpartner waren, obwohl die wichtigen politischen Entscheidungen längst in Berlin getroffen wurden und vom Kieler OSR keine wesentlichen Impulse mehr für die Entwicklung in Deutschland ausgingen.[242]

Über die tägliche Arbeit des OSR in jener Zeit ist wenig bekannt. Lothar Popp sagte über sich, dass er als Vorsitzender »keine Verwaltungsarbeit übernommen hätte, sondern nur von Schiff zu Schiff gefahren sei und Ansprachen gehalten habe.«[243] Die praktische Verwaltungsarbeit des OSR hat zu seiner Zeit anscheinend das »Büro des Generalobmanns« gemacht, an das sich die Mitglieder der untergeordneten Soldatenräte aus den einzelnen Einheiten mit ihren Anliegen wenden konnten. Über die genaue Tätigkeit des Generalobmanns und seiner Mitarbeiter ist nichts überliefert. Die Kontrolle über den Geschäftsbetrieb der Marinestation übte der OSR seit dem 8. November über Beigeordnete aus, denen alle Schreiben im Entwurf vorzulegen waren. Noske wies seine zeichnungsbefugten Referenten und leitenden Beamten im Gouvernement, im Stationskommando und in der Intendantur am 13. November noch einmal explizit an, dass alle Schreiben in militärischen Angelegenheiten und Verwaltungsangelegenheiten vorher im Entwurf dem Vertrauensmann des OSR beim Chef des Stabes vorzulegen sind.[244]

Während Popps Amtszeit forderte der OSR den Oberbürgermeister von Kiel auf, neben der schwarz-weiß-roten Fahne auf dem Rathaus stets auch die rote Fahne zu hissen.[245] Die Stadtkollegien berieten darüber auf ihrer Sitzung am 3. Dezember 1918, das Ergebnis wurde aber nicht festgehalten. Ansonsten scheint es zwischen dem OSR und der Rathausspitze keine institutionelle

Zusammenarbeit gegeben zu haben, was sich damit begründen ließe, dass der OSR nur für militärische Fragen und die Sicherheit in der Stadt zuständig war, während alle anderen zivilen Aufgaben in den Zuständigkeitsbereich des Arbeiterrates fielen. Kurz vor dem Ende von Popps Vorsitz wurde der OSR am 3. Dezember noch um neun Mitglieder erweitert.[246] In Popps und in die Amtszeit seines Nachfolgers Artelt fielen auch heftige Streitigkeiten des Kieler OSR mit dem »Hauptausschuss der gesamten Soldatenräte der Marine« in Wilhelmshaven. Hierbei ging es neben Kompetenzstreitigkeiten vor allem um den von Wilhelmshaven erhobenen Vorwurf, dass der Kieler Oberste Soldatenrat zentrale Anordnungen nicht beachten würde, den notwendigen Schriftwechsel nicht mit der erforderlichen Sorgfalt behandeln und erledigen würde und deshalb schleunigst bestrebt sein sollte »solche unhaltbaren Zustände gänzlich auszumerzen und diesbezgl. Anordnungen zur sicheren Gewährleistung der Durchführung dem Hauptausschuss überlassen.«[247] Die wiederholten Beschwerden aus Wilhelmshaven und deren scharfer Tonfall lassen vermuten, dass es in der alltäglichen Verwaltungsarbeit des Kieler OSR zu dieser Zeit wohl einige Defizite gegeben hat.

So wie Gustav Noske (MSPD) am 5. November 1918 Karl Artelt (USPD) handstreichartig von der Spitze des Soldatenrates verdrängt hatte, scheint er als Militärgouverneur in den Wochen danach auch Lothar Popp (USPD) als neuem Vorsitzenden des OSR schnell die Grenzen seiner Möglichkeiten aufgezeigt zu haben. Noske war bereit, den Räten eine gewisse Kontrollfunktion zuzugestehen, aber eine aktive politische Betätigung oder gar der Umbau des politischen Systems in Richtung einer Räterepublik kamen für ihn überhaupt nicht in Frage. Sein ausgeprägtes Bedürfnis nach Stabilität und Ordnung musste deshalb zu andauernden Konflikten mit dem OSR führen, der sich nicht nur als politischer Motor und Verteidiger der Errungenschaften der Revolution für die lange unterdrückten Matrosen sah, sondern auch die erreichten Erleichterungen im Dienst weiter ausbauen wollte.

Lothar Popp und der OSR wollten die alten militärischen Befehlsstrukturen brechen, die Rückkehr der konservativen Offiziere in ihre alten Machtpositionen verhindern und die Marine stattdessen einer basisdemokratischen Kontrolle unterwerfen, schafften es aber wegen der oben geschilderten widrigen Umstände nicht, sich in diesen zentralen Punkten gegen Noske durchzusetzen. Der wiederum setzte längst auf die Deckoffiziere als seine Hausmacht, später auch auf die Offiziere im Allgemeinen und wollte die Macht des OSR und der lokalen Räte zurückdrängen. So blieb das Verhältnis zwischen Gustav Noske und Lothar Popp stets gespannt und von gegenseitigem Misstrauen geprägt. Aus anfänglichen Partnern gegen das alte kaiserliche Establishment waren innerhalb weniger Wochen politische Gegner geworden.

Deshalb wundert es nicht, dass Lothar Popp bereits nach wenigen Wochen am 10. Dezember 1918 den Vorsitz des OSR desillusioniert abgab.[248] Er blieb aber noch beratendes Mitglied des OSR und widmete sich fortan der Herausgabe der USPD-Zeitung »Republik«, die sehr bald heftig Stimmung gegen den von der Reichsregierung Ebert/Scheidemann und Noske eingeschlagenen politischen Kurs machte.

Popps Nachfolger wurde sein Vorvorgänger und Mitstreiter Karl Artelt. Auch über dessen Tätigkeit ist wenig bekannt. Artelt führte den OSR bis zu seinem Rücktritt am 5. Januar 1919. Warum er den Vorsitz nach nicht einmal vier Wochen niederlegte, bleibt unklar. Die 1956 genannte Begründung, dass er im Januar 1919 auf einer Vertrauensmännerversammlung eine Kampfabstimmung gegen Noske verloren habe, überzeugt nicht, weil Noske zu diesem Zeitpunkt bereits Kiel verlassen hatte und in Berlin in den Rat der Volksbeauftragten eingetreten war.[249] Vermutlich war auch Artelt während seiner Zeit als Vorsitzender bewusst geworden, dass die Soldatenräte aufgrund der vom Reichsrätekongress im Dezember 1918 mit großer Mehrheit beschlossenen Nationalwahl politische Auslaufmodelle waren und in der zukünftigen Gestaltung Deutschlands keine Rolle mehr spielen würden. Diese Sichtweise wird auch durch eine Einschätzung Noskes gestützt, der ihn als »einen persönlich anständigen Mann« bezeichnete, »der jedoch rasch an Einfluss verlor, als er versuchte, spartakistische Ideen zu propagieren.«[250]

Artelts schwindender Einfluss im OSR hing auch damit zusammen, dass dieser zunehmend unter den Einfluss der politisch gemäßigten Deckoffiziere geriet. Die bittere Erkenntnis, dass er mit seinen politischen Vorstellungen im OSR die Revolution und die Umgestaltung der Verhältnisse in Kiel nicht mehr voranbringen konnte, erklärt vielleicht seinen Schritt, dass er nach seinem Rücktritt am 5. Januar 1919 und der Gründung des »Roten Soldatenbundes« am 16. Januar dessen Vorsitz übernahm. Wahrscheinlich erhoffte er sich an der Spitze dieses radikalen Soldatenbundes, der politisch weit links vom OSR stand, mehr Gestaltungsspielraum und die Möglichkeit, der Revolution in Kiel doch noch einmal neuen Schwung geben zu können. Als der Rote Soldatenbund Anfang Februar 1919 im Zusammenspiel mit dem linken Flügel der USPD und den Spartakisten in Kiel versuchte, die Macht gewaltsam an sich zu reißen, findet Karl Artelt in der Berichterstattung über diese Ereignisse allerdings keine Erwähnung mehr. Er hatte zu diesem Zeitpunkt Kiel bereits verlassen und war nach Magdeburg zurückgekehrt, wo er im Februar 1919 zu den Gründern der KPD gehörte, was bei seiner dezidiert revolutionären politischen Haltung ein konsequenter Schritt war.

Eine Momentaufnahme über die Arbeit eines lokalen Soldatenrates liegt aus dem Dezember 1918 vom Marinefliegerhorst in Holtenau vor. Sicherlich nicht ganz unvoreingenommen notierte ein namentlich nicht genannter Offizier in sein Tagebuch:

> Ein Soldatenrat war inzwischen eingesetzt. Neben dem Kommandeur, Kapitän zur See Mehnert, stand der Obermatrose Koch als Kommandeur. Neben dem Stationsleiter, Oberleutnant zur See Dehn, stand ein Matrose. Arbeit war durch den Ausbau der Motoren aus den Maschinen kaum noch

vorhanden, und die wenige noch auszuführende Arbeit konnte nie zu Ende verrichtet werden, da der Soldatenrat immer dazwischen funkte. Dafür trat aber eine erhebliche Solderhöhung ein. Nur wenn ein Prahm mit Koks gelöscht werden sollte, waren meistens an erster Stelle die da, die sich sonst vor aller Arbeit drückten, weil in diesem Fall eine Zulage gezahlt wurde.[251]

Nach Artelts Rücktritt übernahm zunächst ein Herr Hartig, über den nichts Näheres bekannt ist, übergangsweise den Vorsitz des OSR. Am 16. Januar wurde der Signalmeister und Deckoffizier Franz Riefstahl (MSPD), der laut Lothar Popp dem Soldatenrat bereits seit dem 7. November 1918 angehörte, neuer Vorsitzender und Hartig sein Stellvertreter. Bis zur vermutlichen Auflösung des »Büros des Generalobmanns« am 3. Dezember 1918 hatte er dort gearbeitet und muss deshalb mit den Geschäftsabläufen des OSR vertraut gewesen sein.[252] Die Wahl Riefstahls zum Vorsitzenden zeigt den stark gewachsenen Einfluss der Deckoffiziere, die sich bis zur Aufstellung der revolutionären Sicherungstruppe Ende Dezember 1918 als wichtigste Stütze des Militärgouverneurs und verlässlicher Garant bei der Aufrechterhaltung der öffentlichen Ordnung erwiesen hatten. Auch im OSR ist das revolutionäre Element im Januar 1919 von den stabilisierenden Kräften abgelöst worden. Gehörten mit Artelt und Popp die Vorsitzenden noch der USPD an, so wurde jetzt auch der OSR von einem MSPD-Mitglied geführt.

Unter dem Vorsitz Riefstahls kam es zu einer Neuorganisation des OSR. Er wurde auf zwölf Mitglieder verkleinert, von denen jedes ein fest umrissenes Arbeitsgebiet zugeteilt bekam.[253] Riefstahl selbst übernahm die Pressearbeit und die Vertretung des OSR nach außen. Sein Stellvertreter Hartig übernahm die Befehlskontrolle. Allerdings wurde diese Neuorganisation schnell durch die am 19. Januar 1919 gemeinsam vom Kriegsministerium, der Reichsregierung und vom Zentralrat verabschiedete

»vorläufige Regelung der Kommandogewalt und der Stellung der Soldatenräte im Friedensheer« durchkreuzt. Sie stellte die Kommandogewalt der Offiziere wieder her und schränkte damit die Befugnisse der Soldatenräte massiv ein.[254] Die Proteste des Kieler OSR, der noch immer mehr Befugnisse als andere Soldatenräte besaß, gegen diese Stärkung des Offizierskorps und der Protest der Reichskonferenz der Soldatenräte Deutschlands, die die Verordnung am 6. Februar 1919 für ungültig erklärte, blieben wirkungslos. Die revolutionären Matrosen waren fort, dem OSR war mit der Demobilisierung seine Machtbasis entzogen worden. Am 25. Februar 1919 kam es zur Neuwahl des Soldatenrats bei gleichzeitiger Verkleinerung auf 9 Mitglieder.[255] Seit dieser Neuwahl sind erstmals auch Sitzungsprotokolle des OSR überliefert. Zu dieser Zeit gingen vom OSR allerdings keine erfolgreichen Initiativen für einen demokratischen Umbau der Marine mehr aus und der OSR befasste sich, wie durch die Berliner Verordnung vom 19. Januar gewollt, hauptsächlich mit sozialen Fragen. Seine anfängliche Rolle als die treibende Kraft der Umwälzungen hatte der OSR längst an den in der politischen Arbeit wesentlich effektiver agierenden Arbeiterrat bzw. auf der Straße an die USPD und deren linke Abspaltungen (Spartakisten, Kommunisten) verloren. Am 10. März fügte sich auch der Kieler OSR, erkannte die Berliner Verordnung an und setzte sie ab dem 12. März auch in Kiel um.[256] Der Soldatenrat verkleinerte sich auf 6 Personen, nannte sich ab sofort »Stationssoldatenrat«, passte seine Geschäftsordnung der Berliner Verordnung an und entmachtete sich damit praktisch selbst. Die Offiziere waren endgültig in ihre alten Positionen zurückgekehrt und hatten wieder die alleinige Kommandogewalt übernommen. Jegliche weiteren Reformen oder gar Demokratisierung der Marinestation waren damit unmöglich geworden. Zu einer Radikalisierung des Soldatenrates, wie es in vielen anderen Städten im März und April 1919 der Fall war, kam es in Kiel aber nicht.

Parallel zur Entmachtung des OSR bot sich mit der Aufhebung des Belagerungszustands Ende Februar 1919 auch die Chance, die Marinestation der Ostsee wieder unter die Führung eines Admirals zu stellen. Die Funktion des Militärgouverneurs wurde abgeschafft und Konteradmiral Hugo Meurer vom Reichsmarineamt ohne Rücksprache mit dem Obersten Soldatenrat in Kiel zum Stationschef ernannt. Gustav Garbe wurden damit schlagartig alle militärischen Befugnisse entzogen, er wurde als »Zivilgouverneur« zu einem machtlosen Papiertiger degradiert.[257] Die Proteste des Kieler Obersten Soldatenrats bei Reichswehrminister Noske, bei der Einsetzung Meurers vom Reichsmarineamt übergangen worden zu sein, wurden von Noske zurückgewiesen. Der Kompromissvorschlag des Reichsmarineamts, dass Garbe im Gouvernement weiterhin für »alle politischen und Arbeiterfragen beibehalten werden« sollte, änderte allerdings nichts an der Tatsache, dass der Oberste Soldatenrat sein im November 1918 erkämpftes und im Januar 1919 verteidigtes faktisches, aber nicht de jure verankertes Mitspracherecht bei der Besetzung des Stationschefs verloren hatte und dass jetzt wieder ein Offizier das alleinige Sagen in allen militärischen Fragen in der Marinestation hatte.[258] Am 14. März 1919 verfügte Noske, dass der Stationschef in allen militärischen Angelegenheiten selbstständig entscheiden konnte. Nur beim Einsatz von Truppen zur Aufrechterhaltung der Ordnung im Gouvernementsbereich musste er das Einverständnis des Zivilgouverneurs einholen. Darüber hinaus war die Abschaffung der Funktion eines »Zivilgouverneurs« nur noch eine Frage der Zeit, denn er war in der neuen Staatsverfassung nicht vorgesehen. Sie erfolgte am 4. Juni 1919 mit dem Gesetz über die Bildung einer vorläufigen Reichsmarine. Damit waren sieben Monate nach Ausbruch des Matrosen- und Arbeiteraufstands die Zivilisten aus der Marinestation der Ostsee herausgedrängt worden. Nur einen Tag später ordnete Meurer auch die Auflösung der Soldatenräte in seinem Befehlsbereich an. Die Errungenschaften der Revolution, die Führung der Marinestation durch einen Zivilisten und deren Kontrolle durch einen basisdemokratischen Soldatenrat, waren mit tatkräftiger Unterstützung Noskes Schritt für Schritt aufgehoben worden.[259]

Das Ende der Soldatenräte in Kiel war unspektakulär. Am 5. Juni 1919 befahl Konteradmiral Meurer die Auflösung aller Soldatenräte in seinem Befehlsbereich bis zum 7. Juni, weil in der neu aufgestellten »vorläufigen Reichsmarine« keine Soldatenräte vorgesehen waren.[260] Die bisherigen Vertrauensleute und Soldatenratsmitglieder konnten bis zur Neuwahl der Vertrauensleute ihren Dienst vorläufig ehrenamtlich versehen, sofern sie die dazu von der »vorläufigen Reichsmarine« und die von der Marinestation der Ostsee erlassenen speziellen Ausführungsbestimmungen als für sich verbindlich betrachteten. Für Soldatenräte gab es in der neuen Marine keinen Platz mehr, und die Vertrauensleute mussten sich wieder den Vorgaben der Marinestation unterwerfen.

Eine Vertrauensmännerversammlung am 6. Juni bestätigte zwar den Stationssoldatenrat und protestierte heftig gegen die Auflösung der Soldatenräte, erreichte aber nichts. Die noch vorhandenen Soldatenräte in Kiel leisteten keinen Widerstand. Am 6. Juni teilte der Soldatenrat der I. Torpedo-Division der Marinestation mit, dass er sich aufgelöst habe. Am Tag darauf meldete auch der Hafenkapitän die Auflösung seines Soldatenrats und dass der Dienststempel eingezogen worden sei. Die Bahnhofskommandantur teilte handschriftlich mit, dass ihr Soldatenrat schon seit längerer Zeit aufgelöst sei.[261] Damit gab es in Kiel, wo sich am 4. November 1918 der erste Soldatenrat in Deutschland gebildet hatte und der in den folgenden Tagen zur treibenden Kraft des politischen Umbruchs in Deutschland geworden war, keine Soldatenräte mehr. Die »Volkszeitung« machte am 6. Juni mit der Schlagzeile »Das Begräbnis der Soldatenrechte« auf, nicht zu Unrecht, denn die Fürsprecher für die Rechte der Matrosen waren abgeschafft worden. Proteste gegen die Auflösung der Soldatenräte gab es auf den Kieler Straßen keine. Dass am 5. Juni 1919 in München der kommunistische Politiker und Führer der zweiten Münchener Räterepublik (13. April bis 3. Mai 1919) Eugen Leviné trotz erheblicher Proteste hingerichtet wurde, ist nur ein zeitlicher Zufall. Er zeigt aber deutlich, dass die Revolution und die Macht der Räte überall in Deutschland am Ende waren. Die Regierung in Berlin war nicht länger gewillt, die Räte als konkurrierende Machtorgane zu dulden, und Gustav Noske ließ der Militärführung und den reaktionären Freikorps freie Hand, die Macht der Räte in den Teilstaaten mit Gewalt zu brechen.

Zusammenfassend lässt sich sagen, dass vor allem das Fehlen eines klaren politischen Programms, die hohe personelle Fluktuation an der Spitze, innere Zerstrittenheit und die politische Unerfahrenheit des OSR zu seinem schnellen Niedergang geführt haben. Schon während der Tage des Umbruchs an der Förde hatte der OSR keine klaren politischen Vorstellungen für die Zeit danach und wusste mit der ihm in die Hände gefallenen Macht wenig anzufangen. Spätestens mit der Ernennung Noskes zum Volksbeauftragten für Heer und Marine und der Stärkung der Zentralinstanzen in der Reichshauptstadt wehte dem Kieler OSR auch aus Berlin ein scharfer Wind entgegen. Dähnhardt resümierte 1978, dass der Kieler OSR nach der Ernennung Garbes zum Militärgouverneur Anfang Januar 1919 keinen entscheidenden Einfluss mehr auf die politische und militärische Entwicklung im Bereich der Marinestation der Ostsee hatte.[262]

Zum Abschluss dieses Kapitels über die Militärgouverneure und den Kieler Obersten Soldatenrat sei noch ein kurzer Blick auf die innere Sicherheit in der Stadt geworfen, für deren Aufrechterhaltung beide gemeinsam verantwortlich waren und die im unruhigen Wahljahr 1919 zunehmend in den Fokus des öffentlichen Interesses rückte. Im Gegensatz zu vielen anderen Städten kam es in Kiel während Noskes Zeit als Militärgouverneur nicht zur Bildung rechtsgerichteter Bürgerwehren. Dähnhardt wertete diesen Umstand als einen deutlichen Beleg dafür, dass Noske auch dem Bürgertum ein Gefühl von Sicherheit und Ordnung vermitteln konnte und es deshalb offensichtlich kein Bedürfnis für diese Art von Wehren gab.[263] Nach Noskes Abgang nach Berlin Ende Dezember 1918 nahmen im Vorfeld der Wahlen zur verfassungsgebenden Nationalversammlung im Januar 1919 auch in Kiel die politischen Spannungen zu. Unter dem Eindruck der blutigen Spartakusunruhen in Berlin im Januar 1919 kam es dann auch in Kiel auf bürgerlich-konservativer Seite zur Bildung von verschiedenen Bürgerwehren, die hier kurz erwähnt werden sollen, weil sie 1919 in das politische Geschehen eingriffen.

Eine dieser Bürgerwehren war die Kieler »Studentenwehr«, deren Ziel es war, den revolutionären linken Gruppen entgegenzutreten. Am 20. Januar 1919 trafen sich über 250 Studenten im Auditorium Maximum der Universität im Schlossgarten. Viele von ihnen waren Kriegsfreiwillige und hatten auch nach der Rückkehr aus dem Feld ihre Uniformen und Waffen behalten. Sie vereinte nicht nur die Abneigung gegen den Bolschewismus, sondern es spielte sicherlich auch eine Rolle, dass sie nach der Revolution um ihre privilegierte gesellschaftliche Stellung bangen mussten. Etwa 50 Studenten, die Hälfte von ihnen Offiziere, gründeten eine Studentenwehr, um für Ruhe und Ordnung zu sorgen und im Falle von linken Aufstandsversuchen einschreiten zu können. Zum Hauptmann wählten sie den Theologiestudenten Wilhelm Hesse. Im Bedarfsfall hatte er die Wehr zusammenzurufen und zu führen. Dieser Fall sollte nur wenige Tage nach ihrer Gründung eintreten, als Spartakisten Anfang Februar 1919 versuchten, die Macht in Kiel an sich zu reißen.[264] Eine andere Bürgerwehr war der Anfang Februar 1919 gegründete »Kieler Ordnungsbund«, dessen Führung der Architekt Ernst Prinz übernahm. Dieser Zusammenschluss bürgerlich-konservativer Kräfte wurde von Kieler Geschäftsleuten und Firmen gefördert und auch finanziell unterstützt.[265] Mit der zunehmenden politischen Radikalisierung der Linken rüstete auch das bürgerlich-konservative Lager in Kiel für die kommenden Auseinandersetzungen auf.

9. Der Arbeiterrat in Kiel

Die weitere Entwicklung bis Herbst 1919

Im Zuge des Umsturzes wurden überall in Deutschland Arbeiter- und Soldatenräte gebildet, die im November 1918 in den meisten Städten die Macht übernahmen.[266] Am 10. November 1918 übernahm in Berlin der mit jeweils drei Politikern der MSPD und der USPD paritätisch besetzte »Rat der Volksbeauftragten« die Regierungsgeschäfte in Deutschland. Auf Initiative des Berliner Vollzugsrates der Arbeiter- und Soldatenräte wurde vom 16. bis zum 21. Dezember 1918 ein Reichsrätekongress nach Berlin einberufen, auf dem die klare Entscheidung für Wahlen zu einer verfassungsgebenden Nationalversammlung und gegen den Aufbau einer Räterepublik fiel. Obwohl die zentralen Räte und die lokalen Räte durch diese wichtige Richtungsentscheidung absehbar wieder abgeschafft würden, existierten sie noch mehrere Monate weiter, bis die neue Staatsverfassung im August 1919 in Kraft trat. Das galt auch für Kiel, wo die Soldatenräte bis in den Juni 1919 und der Arbeiterrat noch bis Ende September/Anfang Oktober 1919 fortbestanden. Wie hat sich in dieser Zeit der Arbeiterrat entwickelt, welche politischen Positionen vertrat er und wie sah seine Arbeit aus?

Vorab ist noch ein kurzer Blick auf die Quellenlage zum Arbeiterrat notwendig, der sich am 7. November 1918 zugleich als »provisorische Regierung« für Schleswig-Holstein selbst eingesetzt hatte. Wie beim Obersten Soldatenrat sind auch die Quellen zum Kieler Arbeiterrat bescheiden. Es sind keine Sitzungsprotokolle oder ähnliche Aufzeichnungen überliefert, und die Informationen über seine Tätigkeit müssen vor allem aus den beiden sozialdemokratischen Zeitungen (»Volkszeitung« (MSPD) und »Republik« (USPD)) sowie »Der Volksrat«, dem zentralen Organ der schleswig-holsteinischen Arbeiter- und Soldatenräte, gewonnen werden.[267] Die bürgerlichen Zeitungen haben sich für die Tätigkeit der Räte vergleichsweise wenig interessiert. Auch aus den Protokollen der Kieler Stadtkollegien geht nur sehr wenig über die Arbeit des Arbeiterrates hervor, obwohl die MSPD-Mitglieder im Kieler Arbeiterrat über enge Verbindungen zu ihren Parteifreunden in der Stadtverordnetenversammlung verfügten. In den Protokollen der Stadtkollegien finden sich einzig die Hinweise, dass die Stadtkollegien den Arbeiterrat finanziell unterstützten, worauf später noch einzugehen sein wird. Eigene Anträge an die Stadtkollegien hat der Arbeiterrat nicht gestellt und scheint sich stattdessen auf seine Kontrollfunktion mittels des Beigeordneten beim Oberbürgermeister beschränkt zu haben.

In den frühen Morgenstunden des 5. November 1918 wurde im Gewerkschaftshaus als zweites revolutionäres Organ neben dem Soldatenrat der etwa 30 Personen starke Kieler Arbeiterrat gebildet, der sich aus dem Vorstand des Gewerkschaftskartells, den Obleuten der Kieler Großbetriebe und je 7 Politikern von der MSPD und der USPD zusammensetzte.[268] Zum Vorsitzenden wurde der erfahrene MSPD-Politiker und Vorsitzende des Kieler Gewerkschaftskartells Gustav Garbe gewählt, der diesen Posten bis zu seiner Ernennung zum Militärgouverneur am 11. Januar 1919 bekleidete. Im Gegensatz zum Soldatenrat zeichnete sich der Arbeiterrat von Anfang an durch eine große personelle Kontinuität aus, wie sich aus den Abrechnungen für Verdienstausfall und Sitzungsgelder der Mitglieder ersehen lässt.[269] Diese Kontinuität wurde bis zu den Neuwahlen des Arbeiterrates am 16. März 1919 im Wesentlichen erhalten, auch wenn der MSPD-Ortsverein

Groß-Kiel ab Mitte Dezember 1918 versuchte, über Neuwahlen die USPD-Vertreter aus dem Rat herauszudrängen.[270] Außerdem war durch die erfahrenen sozialdemokratischen Politiker ein hohes Maß an kommunalpolitischem Sachverstand vorhanden. Gemäß der Absprache mit dem Soldatenrat kümmerte sich der Arbeiterrat um die zivilen Angelegenheiten in der Stadt, inklusive des schwierigen Feldes der Lebensmittelversorgung. Dazu wurden dem städtischen Lebensmittelamt die Genossen Fiebig und Richter beigeordnet. Hierbei erwies es sich als großer Vorteil, dass die Arbeiter bereits seit den Hungerprotesten im März 1917 mit 15 Personen innerhalb der städtischen Lebensmittelkommission vertreten waren und die Schwierigkeiten der Versorgung der Zivilbevölkerung mit Lebensmitteln aus erster Hand kannten.

Nur wenige Stunden nach seiner Gründung schickte der Arbeiterrat mit dem langjährigen MSPD-Stadtverordneten Eduard Adler seinen ersten Beigeordneten zur Kontrolle der zivilen Verwaltung in das Kieler Rathaus. Weitere Beigeordnete folgten in den nächsten Tagen, insbesondere nachdem sich der Kieler Arbeiterrat am 7. November zur provisorischen Regierung für die Provinz Schleswig-Holstein erklärt hatte. Allerdings wurde dem Kieler Arbeiterrat schnell bewusst, dass er nicht über das nötige fachlich ausgebildete Personal verfügte, die Regierungsgeschäfte selbst zu führen. Wie zuvor in Kiel strebte der Arbeiterrat deshalb auch auf Provinzebene nicht an, die überwiegend konservativ geprägten Beamten abzusetzen und die Verwaltungs- oder Regierungsgeschäfte selbst zu übernehmen, sondern die eingespielten Verwaltungsbeamten ihre Arbeit weiter verrichten zu lassen und sie mittels der Beigeordneten zu kontrollieren und gegebenenfalls zu steuern. Der Kieler Stadtverordnete Eduard Adler und Paul Greß wurden Beigeordnete beim Oberbürgermeister und beim Regierungspräsidenten in Schleswig, Heinrich Kürbis wurde Beigeordneter beim Oberpräsidenten, der Gewerkschaftssekretär Albert Billian beim Landeshauptmann, das MSPD-Arbeiterratsmitglied Friedrich Brodthuhn beim Polizeipräsidenten und der Genosse Brandt beim Post- und Telegrafenamt. Somit waren alle entscheidenden Beigeordnetenstellen, abgesehen vom USPD-Mitglied Wilhelm Schweizer als einer von zwei Beigeordneten beim Polizeipräsidenten, in den Händen der MSPD.[271] In den Behörden und in der Verwaltung stießen diese MSPD-Politiker auf keine nennenswerten Widerstände, weil sie keine extremen Forderungen er- und niemanden seines Amtes enthoben. Auf der anderen Seite konnten die Beamten in Schleswig-Holstein die Zusammenarbeit mit den neuen Beigeordneten nicht verweigern, denn sie waren am 8. November 1918 vom preußischen Innenministerium angewiesen worden, ihre Geschäfte einstweilen weiterzuführen, »soweit dies zur Aufrechterhaltung der öffentlichen Ordnung, insbesondere der Volksernährung, nötig ist.«[272] In der Wahrnehmung ihrer neuen Aufgaben kam den von Kiel ausgesandten Beigeordneten auch entgegen, dass kein anderer Arbeiterrat in Schleswig-Holstein die eigenmächtige Aktion des Kieler Arbeiterrates, sich zur provisorischen Regierung zu ernennen und ausschließlich Beigeordnete aus dem Kieler Arbeiterrat in die Provinzialregierung und deren untergeordnete Behörden zu schicken, hinterfragte. Die Vorherrschaft des Kieler Arbeiterrates wurde von keinem anderen Arbeiter- und Soldatenrat in Schleswig-Holstein in Frage gestellt, was für die Provinzialverwaltung den Eindruck erwecken musste, dass alle schleswig-holsteinischen Arbeiter- und Soldatenräte hinter dem Kieler Arbeiterrat ständen.

Wie die tägliche Arbeit eines Beigeordneten aussah, zeigt ein Bericht des Kieler Oberpräsidenten vom 11. Januar 1919 an das preußische Finanz- und das Innenministerium in Berlin, in dem er die Tätigkeit des Kieler MSPD-Bezirksparteisekretärs Heinrich Kürbis als Beigeordneter beschrieb:

– Der Beigeordnete des Oberpräsidiums übt eine Kontrolle der Amtsführung aus, insbesondere durch Einsichtnahme der Eingänge und der ausgehenden Schreiben und durch

Erörterung einzelner Angelegenheiten, vornehmlich die Volksernährung betreffend. Er vermittelt auch im Verkehr mit Arbeiter- und Soldatenräten.
- Es ist nur *ein* Beigeordneter eingesetzt mit einem Stellvertreter für Verhinderungsfälle.
- Der Beigeordnete ist wochentags etwa 6 Stunden auf der Behörde anwesend. [...]
- Die pünktliche Erledigung der Geschäfte wird durch die Tätigkeit des Beigeordneten nicht weiter behindert.[273]

So scheinen die Beigeordneten eher geräuschlos im Hintergrund die Kontrolle über die wichtigsten Landesbehörden übernommen zu haben, bevor sie nach der Änderung des Wahlrechts selbst die entscheidenden Machtpositionen in der Landesverwaltung besetzen konnten. Auch auf kommunaler Ebene haben die Beigeordneten den Gang der Verwaltung nicht gestört, wie der Kieler Oberbürgermeister Lindemann dem Geschäftsführer des Deutschen Städtetages am 9. Mai 1919 mitteilte. Demnach stammte der Beigeordnete trotz mehrerer Wechsel stets aus dem Kreis der Stadtverordneten, und es haben sich aus seiner Kontrollfunktion keinerlei Schwierigkeiten für die Verwaltung ergeben.[274]

Während seiner gesamten Existenz war der Kieler Arbeiterrat dank der fachlichen Dominanz der MSPD-Politiker in seinen Forderungen gemäßigt und unterstützte den politischen Kurs des Rats der Volksbeauftragten bzw. seines Vertreters in Kiel Gustav Noske und später der Regierung Ebert/Scheidemann. Auch wenn Noske den Plan, in Schleswig-Holstein die Republik auszurufen, vorerst vereitelt hatte, wurde die Absicht, die Regierung der Provinz zu einem späteren Zeitpunkt selbst zu übernehmen, deswegen nicht fallen gelassen. Zuvor wollte die Kieler MSPD aber den Einfluss der USPD im Kieler Arbeiterrat zurückdrängen. Schon im Vorfeld ihrer Hauptversammlung machte die MSPD über die »Volkszeitung« Stimmung gegen die paritätische Zusammensetzung des Arbeiterrates.[275] Auf der Hauptversammlung des MSPD-

Ortsvereins Groß-Kiel am 11. Dezember 1918 stellten die ca. 1500 anwesenden Mitglieder fest, dass die Zusammensetzung des Kieler Arbeiterrates »nicht den demokratischen Grundsätzen entspricht« und beschlossen deshalb:

> Es wird durchaus anerkannt, dass bei Ausbruch der Revolution in Kiel derartig rasch gehandelt werden musste wie geschehen und deshalb eine andere Zusammensetzung des Arbeiterrats kaum denkbar war. Inzwischen hat sich aber so manches geändert, was dazu drängt, dass eine gründliche Umgestaltung des Arbeiterrats notwendig ist, wenn er seinen schwierigen politischen Aufgaben, insbesondere als provisorische Provinzialregierung, auch für die Zukunft gewachsen sein soll.
> Die Versammlung fordert deshalb, dass auch Kiel dem guten Beispiel anderer Städte[276] folgend, unverzüglich zu einer Neuwahl des Arbeiterrats auf demokratischer Grundlage schreitet, durch die bewiesen wird, dass die Mehrheit der Arbeiterschaft hinter ihm steht.
> Bei der Neuwahl muss das von der provisorischen Reichsregierung herausgegebene allgemeine Wahlrecht angewandt werden. Die Zahl der Mitglieder muss 30–36 betragen.
> Den hiesigen Einkommensverhältnissen entsprechend, dürfte zu empfehlen sein, dass alle Hand- und Kopfarbeiter und Arbeiterinnen, deren Jahresverdienst 6000 Mk [Mark] nicht übersteigt, zur Wahl zugelassen werden. […]
> Die Versammlung spricht die zuversichtliche Erwartung aus, dass der Kieler Arbeiterrat sich unverzüglich mit diesen Vorschlägen eingehend beschäftigt und sich für Neuwahlen zum Arbeiterrat ausspricht.
> Diese Leitsätze werden mit großer Mehrheit angenommen.[277]

Diese Beschlüsse waren in mehrfacher Hinsicht brisant. Sie zeigten zum einen, dass die Kieler MSPD immer noch die Absicht hatte, über den Kieler Arbeiterrat die Regierungsgeschäfte in Schleswig-Holstein selbst zu übernehmen, und zum anderen, dass sie dafür eine veränderte Zusammensetzung des Arbeiterrates unter ihrer Kontrolle für zwingend notwendig erachtete. Mittels Neuwahlen nach dem allgemeinen Wahlrecht (was den Unabhängigen Sozialdemokraten kaum gefallen haben dürfte) wollte sie so die bisher im Arbeiterrat paritätisch vertretene USPD wenn auch nicht ganz hinausdrängen, aber doch zumindest deutlich schwächen. Unter dem Deckmantel einer neuen demokratischen Legitimation für den Kieler Arbeiterrat wollte die Kieler MSPD so die alleinige Kontrolle über den Arbeiterrat und eine mögliche spätere Provinzialregierung übernehmen. Dieser Machtkampf im Kieler Arbeiterrat spiegelte auch die Machtkämpfe im Rat der Volksbeauftragten in Berlin wider, wo die MSPD ihren Kurs in Richtung einer Nationalwahl, der von der großen Mehrheit der Arbeiterschaft unterstützt wurde, gegen die USPD-Vertreter durchsetzen musste, deren linker Flügel weiterhin auf die Schaffung einer Räterepublik abzielte und deshalb versuchte, die Nationalwahl hinauszuzögern bzw. zu verhindern.

Vor allem sollten diese Beschlüsse und der bereits im Vorfeld über die »Volkszeitung« aufgebaute mediale Druck die Konferenz der Arbeiter- und Soldatenräte Schleswig-Holsteins am 12. Dezember 1918 in Neumünster beeinflussen. Tatsächlich beschloss diese dann auch auf Antrag von Heinrich Kürbis (MSPD) gegen den heftigen Widerstand der USPD: »Der Arbeiterrat wird innerhalb der Arbeiterklasse nach dem Prinzip der Verhältniswahl gewählt.«[278] Damit war der Weg für eine Machtübernahme der MSPD im Kieler Arbeiterrat frei. Ein weiteres, aus Sicht der MSPD höchst erfreuliches Ergebnis war, dass die Konferenz keinen einzigen USPD-Vertreter als Delegierten aus Schleswig-Holstein auf den am 16. Dezember in Berlin beginnenden Reichsrätekongress schickte.

Allerdings erfolgte die Neuwahl des Kieler Arbeiterrates erst am 16. März 1919 im Zuge der vom »Zentralrat der Deutschen

Sozialistischen Republik« angeordneten Neuwahlen für die Einberufung des II. Reichsrätekongresses. Dieser kam vom 8. bis zum 14. April 1919 in Berlin zusammen und beratschlagte vor allem über die Stellung der Arbeiterräte in den Betrieben, ohne aber nennenswerten Einfluss auf die weitere politische Entwicklung in Deutschland zu haben.[279] Zum Zeitpunkt der Neuwahlen im März 1919 hatten die Räte angesichts des Zusammentritts der Nationalversammlung in Weimar bereits massiv an Bedeutung eingebüßt, sodass die Kieler MSPD ihren Rückenwind aus dem Dezember 1918 nicht mehr richtig nutzen konnte. So konnte die USPD ihren Einfluss im Kieler Arbeiterrat noch bis in den März 1919 bewahren, obwohl die beiden Wahlen im Januar 1919 bereits deutlich gezeigt hatten, dass die USPD in Schleswig-Holstein deutlich weniger als 10 Prozent der wahlberechtigten Bevölkerung vertrat.

Die Neuwahlen zum Kieler Arbeiterrat am 16. März 1919 stießen sowohl in der Öffentlichkeit als auch bei den Wählerinnen und Wählern nur noch auf ein vergleichsweise geringes Interesse. Die MSPD suchte die Schuld einerseits bei den Betrieben, die den Wahlberechtigten häufig zu spät oder gar keine Wahlausweise ausgestellt hätten, und bei den in der Woche vor der Wahl erfolgten Massenentlassungen, die dazu geführt hätten, dass viele Wahlberechtigte noch nicht über die Erwerbslosenfürsorge erfasst worden wären.[280] Wahrscheinlicher ist aber, dass den Kieler Arbeiterinnen und Arbeitern inzwischen klar geworden war, dass die Arbeiterräte in ihrer jetzigen Form angesichts der politischen Weichenstellungen in Weimar keine Zukunft hatten. Diese Einschätzung teilte auch die Kieler USPD, deren Zeitung »Republik« zwei Tage vor der Neuwahl dazu aufrief, keine Stimme den MSPD-Kandidaten zu geben, weil diese »Gegner der Arbeiterräte« seien und »die Räte der Arbeiter zu ihrer heutigen Bedeutungslosigkeit gebracht« hätten.[281] Lediglich die Angestellten und die Beamten waren laut »Volkszeitung« in größerer Zahl zur Wahl erschienen. Ungeachtet dieser widrigen Umstände und der daraus resultierenden schwachen Wahlbeteiligung war das

Wahlergebnis eindeutig. Die MSPD errang unter ihrem Spitzenkandidaten Jacobs 12 160 Stimmen, die USPD unter ihrem Frontmann Theil nur 3310. Im neuen Arbeiterrat stellten die MSPD 15 Vertreter, die Beamten 6, die Angestellten und die USPD jeweils 4 und die Christen (Zentrumspartei) einen Vertreter.[282] Die KPD war nicht zur Wahl angetreten und hatte im Vorfeld zur »Stimmenthaltung«, sprich zum Boykott aufgerufen. Damit hatte die Kieler MSPD zwar ihr Ziel erreicht, die USPD deutlich zurückzudrängen, andererseits hatte sie es aufgrund der schwachen Wahlbeteiligung der Arbeiterschaft verfehlt, die absolute Mehrheit zu erringen und den Arbeiterrat so unter ihre alleinige Kontrolle zu bringen. Insgesamt hatten nur 23 673 Wahlberechtigte ihre Stimme abgegeben, was ein geringer Anteil der Kieler Beschäftigten war. Für die kommenden Auseinandersetzungen mit den staatlichen Institutionen über die politische Zukunft der Arbeiterräte war das eine sehr schwache Legitimation.

Schon im Vorfeld der Neuwahlen hatte es eine gravierende Änderung bezüglich der Stellung des Kieler Arbeiterrates gegeben, die den Bedeutungsverlust der Räte geradezu symptomatisch zeigt. Gemäß den Beschlüssen der Konferenz der Arbeiter- und Soldatenräte am 12. Dezember 1918 in Neumünster sollte der Kieler Arbeiterrat seine Funktion als »provisorische Regierung« für Schleswig-Holstein an einen sogenannten Volksrat abtreten.[283] Dessen Einrichtung dauerte wegen der fehlenden Zustimmung Friedrich Eberts aber noch bis zum 4. Februar 1919. Dieser »Volksrat« trat dann als »provisorische Regierung« allerdings so gut wie gar nicht in Erscheinung und scheint es auch gar nicht ernsthaft versucht zu haben, die Regierungsgewalt in Schleswig-Holstein an sich zu ziehen. Die größte Neuerung des »Volksrates« war, dass er sich aus den Vertretern verschiedener Arbeiter- und Soldatenräte zusammensetzte und so zumindest ganz Schleswig-Holstein und nicht mehr nur Kiel repräsentierte. Die konkrete Tätigkeit des »Volksrates« blieb aber weitgehend im Dunklen, wie eine Gesprächsnotiz des Schleswiger

Regierungspräsidenten vom 14. März 1919 belegt. Weil ihm »von dessen Tätigkeit amtlich nichts bekannt geworden ist«, ließ sich der Regierungspräsident von seinem Beigeordneten Eduard Adler die Aufgaben des »Volksrates« erklären. Adler führte aus:

> Der Volksrat besteht [...] aus den nachstehend aufgeführten Personen:
> Hil[l]brecht – Kiel
> Jünger – Eckernförde
> Richter – Neumünster
> Clas[s]en – Kiel
> Kellermann – Itzehoe
> Schlüter – Flensburg
> Rannow – Kiel (Militärperson)
> Der Volksrat ist eine kollegiale Behörde, welche die Beigeordneten beim Oberpräsidium, Regierungspräsidium, der Landesverwaltung und der Gewerbeinspektion sowie der Ernährungskommissar bevollmächtigt und kontrolliert. Er hat etatmäßig zwei ständig beschäftigte Mitglieder, von denen eins, Hillbrecht, bereits ernannt ist, das andere N.N. noch ernannt werden soll.
> Der Volksrat beschließt die Richtlinien für die Arbeit der von ihm eingesetzten Beigeordneten, entscheidet in allen wichtigen Fällen nach dem Vortrag der Beigeordneten etc. und nimmt entscheidend Stellung zu allen politischen Fragen. Er sucht direkt und durch die Beigeordneten Fühlung mit den Ministern und der Reichsleitung und ist endlich die maßgebende Spitze für die Organisation der Arbeiter- und Soldatenräte. Er hält auch Fühlung mit den obersten Räten der Marine und des IX. A.K. [...] Er hält auch Fühlung mit dem Bauernrat.
> Der Volksrat trat als »provisorische Regierung« am 4. Februar 1919 an die Stelle des bis dahin ihre Funktion wahrnehmenden Arbeiterrats Kiel, entsprechend den Beschlüssen der

Konferenz der Arbeiter- und Soldatenräte in Neumünster am 12. Dezember 1918.[284]

Weiter heißt es, dass die Mitglieder des »Volksrates« keine Tätigkeit bei Behörden ausübten und sich mit der Organisationstätigkeit beschäftigten, die bis Anfang Februar die Beigeordneten Adler und Greß ausübten und danach auf den Volksrat übergegangen sei.[285] Auch wenn der Volksrat nun als »provisorische Regierung« für Schleswig-Holstein fungierte, scheint er auf die politischen Verhältnisse in der Provinz nur sehr wenig Einfluss gehabt zu haben. Laut einem Bericht von Paul Hillbrecht, der sowohl im Kieler Arbeiterrat als auch im Volksrat saß, auf der Konferenz der schleswig-holsteinischen Arbeiter-, Soldaten- und Bauernräte am 30. März 1919 in Neumünster hat sich der Volksrat seit seiner Gründung vor allem um das Ernährungswesen und Bekleidungsfragen gekümmert. So seien die Fett-, Eier- und Kartoffelstelle zum Wirtschaftsamt zusammengelegt worden, und große Bekleidungsbestände wurden mithilfe der Reichsstellen in Berlin erfasst.[286] Nähere Einzelheiten über die weiteren wirtschaftlichen oder politischen Aktivitäten des Volksrates wurden nicht gegeben. Allerdings sprach sich Hillbrecht in seiner Rede noch vehement gegen das »wilde Werben unberufener Werber« und die Aufstellung von Freikorps außerhalb der Kontrolle der Arbeiter- und Soldatenräte aus.[287]

Am 1. April 1919 verfasste der Volksrat deshalb noch ein »Regulativ betreffend Gründung und Leitung von Einwohnerwehren, Landesschutzabteilungen usw. in der Provinz Schleswig-Holstein«.[288] Es legte fest, dass neue Einwohnerwehren unter der Kontrolle der örtlichen Arbeiter- und Soldatenräte bzw. Bauernräte ständen. Es war ein letzter Versuch des Volksrates, lokale bewaffnete Einheiten zum Schutz der Revolution aufzustellen, obwohl das Ende der Räte als politische Organe bereits besiegelt war. In der Praxis fand das Regulativ allerdings kaum Beachtung, wie das Beispiel Kiel zeigt, wo seit dem Februar 1919 verschiedene konservative Bürgerwehren entstanden waren und Reichswehrminister Gustav Noske in aller Öffentlichkeit das reaktionäre »Freikorps Loewenfeld« aufbauen ließ.[289] Interessant an diesem Regulativ ist auch, dass es von fünf der sechs bereits für den Februar 1919 genannten Mitgliedern des Volksrates sowie von Eduard Adler und Paul Greß unterzeichnet ist, was noch einmal die große personelle Kontinuität dieses Organs zeigt. An seiner politischen Bedeutungslosigkeit änderte das aber nichts. Den Anspruch, eine »provisorische Regierung« für Schleswig-Holstein zu sein, konnte der Volksrat zu keinem Zeitpunkt auch nur annähernd erfüllen. Alles was er am Ende hinterließ, waren Schulden, die der Schleswiger Regierungspräsident Ende 1919 »im Verhältnis der bei den Gemeinden wirkenden Beigeordneten des Arbeiterrats« umlegte, und vom Kieler Magistrat 175,16 Mark einforderte.[290]

Überhaupt wurden die finanziellen Forderungen des Kieler Arbeiterrates an den Magistrat der Stadt schnell zu einem Dauerthema. Am 3. Dezember 1918 beschlossen die Stadtkollegien, dem Arbeiterrat 12 000 Mark zur Bestreitung seiner laufenden Ausgaben zur Verfügung zu stellen, vorbehaltlich einer späteren Erstattung durch den Staat. Dieser Vorschuss wurde vor allem zur Zahlung von Lohnausfällen an die Mitglieder, Reisekosten, Bekanntmachungen, Inseraten, Büroutensilien und Porto verwendet. Am 25. Februar 1919 wurde diese Summe auf 20 000 Mark erhöht.[291] Am 16. April 1919 legte der Arbeiterrat dem Magistrat eine Abrechnung vor und teilte mit, dass die gewährten 20 000 Mark aufgebraucht seien. Gleichzeitig beantragte er einen weiteren Vorschuss in Höhe von 8000 Mark, der von den Stadtkollegien am 29. April genehmigt wurde. Ein erneuter Antrag vom 15. Juli um Überweisung von weiteren 8000 Mark Vorschuss wurde am 24. Juli vom Magistrat abgelehnt, weil mit Bezug auf die Verfügung des preußischen Ministers des Innern vom 10. Juni 1919 »eine Kontrolle des Magistrats durch den Arbeiterrat nach erfolgter Wahl der Stadtverordneten auf Grund des neuen Wahlrechtes sachlich nicht mehr berechtigt sei und als mit dem Grundsatz der Demokratie und mit den Gesetzen in Widerspruch stehend abgelehnt werden müsse […]«.[292]

Der Magistrat zeigte sich aber offen, über die etwaige Übernahme eines oder mehrerer Beigeordneter in die städtische Verwaltung mit dem Arbeiterrat zu verhandeln. Weitere Anträge des Arbeiterrates auf finanzielle Vorschüsse genehmigte der Magistrat nicht mehr.

Die Wahl des MSPD-Stadtverordneten Paul Greß zum besoldeten Stadtrat im September 1919 machte dann auch eine Kontrolle des Magistrats durch einen Beigeordneten des Arbeiterrates überflüssig. Ende November 1919 zog der Arbeiterrat auch seine letzten Beigeordneten aus den städtischen Dienststellen und bei der Polizei ab, denn nach der Neuwahl des Magistrats erschien dem Arbeiterrat »eine Besetzung der einzelnen Dezernate und Ressorts in einer Weise möglich, die Gewähr dafür bietet, dass die Vertreter der Arbeiterschaft im Magistrat in allen uns interessierenden Angelegenheiten genügenden Einblick und Einfluss erhalten.«[293]

Mit dem Abzug der letzten Beigeordneten erklärte der Arbeiterrat dann auch gegenüber dem Magistrat, »dass er auf eine fernere Kontrolle der städtischen Verwaltung verzichte.«[294] Im Gegenzug genehmigte der Magistrat am 6. Dezember 1919 dem Arbeiterrat rückwirkend einen Pauschbetrag von 2000 Mark, um aufgelaufene Ausgaben nachträglich zu decken. Inklusive der Kosten für die Arbeiterratswahlen vom 16. März 1919 in Höhe von 681,67 Mark waren der Stadt Kiel damit Gesamtkosten von ca. 30 800 Mark für die Tätigkeit des Arbeiterrates entstanden. Im Herbst 1919 war mit der Selbstauflösung des Arbeiterrates dann auch die letzte revolutionäre Instanz aus den Tagen des Umsturzes von der politischen Bühne in Kiel verschwunden.

Letztlich machte sich der Kieler Arbeiterrat selbst überflüssig, weil er nach den in Berlin beschlossenen Wahlrechtsänderungen 1919 viele hohe Regierungs- und Verwaltungspositionen mit eigenen Leuten besetzen konnte, die zuvor als Beigeordnete die Behörden kontrolliert hatten. Die wichtigen Beigeordnetenstellen wurden bis auf eine Ausnahme (das USPD-Mitglied Wilhelm Schweizer als einer von zwei Beigeordneten beim Polizeipräsidenten) von MSPD-Politikern versehen, die eher geräuschlos im Hintergrund arbeiteten und die Verwaltung überwachten, ohne fundamental in sie einzugreifen. Die Mehrheitssozialdemokraten wussten, dass es nur noch eine Frage der Zeit war, bis sie mit ihrem von der großen Mehrheit der Arbeiterschaft gestützten Kurs selbst die Macht übernehmen könnten. Die in sich gespaltene USPD setzte dagegen zunehmend auf den Druck der Straße, weil sie erkennen musste, dass ihr die notwendige Unterstützung in der Arbeiterschaft fehlte, um über demokratische Wahlen in einflussreiche Machtpositionen zu gelangen. Sie radikalisierte sich zunehmend und setzte dabei auch auf Gewalt als Mittel des politischen Kampfes. Durch diesen Konfrontationskurs gegenüber den anderen Parteien und den gewählten Volksvertretungen wurde sie zwar in den Zeitungen sehr stark wahrgenommen, in der Praxis erreichte sie aber kaum politische Veränderungen. Im Gegenteil, die Mehrheitssozialdemokraten und das bürgerliche – ja sogar Teile des konservativen Lagers – wurden so wieder näher aneinander gebracht, um gemeinsam die Gefahr von links abzuwehren. Auch im Kieler Arbeiterrat war die USPD nach den Neuwahlen im März 1919 nur noch eine isolierte Randgruppe.

Als Interessenvertretung der Arbeiterschaft wurden der Arbeiterrat und seine Beigeordneten in dem Augenblick überflüssig, als die MSPD ihre Stellung als stärkste politische Kraft auch in politische Posten ummünzen konnte. In Kiel wurde der ehemalige Beigeordnete Paul Greß im September 1919 als besoldeter Stadtrat in den Magistrat gewählt. Auch auf der Provinzebene rückten ehemalige MSPD-Beigeordnete in verantwortungsvolle Positionen auf. Heinrich Kürbis wurde im März 1919 zuerst kommissarischer und später ständiger Oberpräsident, Wilhelm Poller wurde im April 1919 Kieler Polizeipräsident und Eduard Adler 1920 Landrat des Kreises Eckernförde. Arbeiterräte und Beigeordneter zur Kontrolle der Macht bedurfte es dann nicht mehr.

Die USPD schnitt als ein Verfechter des Rätesystems bei den verschiedenen Wahlen nur schwach ab, und weil keine andere Partei mit ihr ein politisches Bündnis eingehen wollte, gelang es ihr auch nicht, in einflussreiche politische Positionen vorzudringen, was letztlich ab 1920 zur Spaltung der Partei führte. Der größere Teil der Mitglieder schloss sich wieder der MSPD an, während sich der linke Flügel mit der KPD vereinigte und eine Fundamentalopposition gegen die Weimarer Republik betrieb.

Die Räte waren die wichtigsten revolutionären Organe in den Tagen des Umsturzes im November 1918 und in den Wochen danach. Mit der Richtungsentscheidung zur Nationalwahl auf dem I. Reichsrätekongress im Dezember 1918 und dem Zusammentritt der verfassungsgebenden Nationalversammlung im Februar 1919 war ihr Schicksal aber besiegelt. Innerhalb eines Vierteljahres waren sie vom Motor der Revolution zu bedeutungslosen politischen Auslaufmodellen geworden. Der Kieler Oberste Soldatenrat scheiterte am Fehlen eines politischen Konzepts und dem unrealistischen Vorhaben, die Macht der Offiziere brechen und die Marine demokratisieren zu wollen. Der Kieler Arbeiterrat setzte dagegen auf demokratischen Wandel durch Kontrolle und machte sich durch die Wahlerfolge der MSPD 1919 selbst überflüssig. So gesehen kann man seine Selbstauflösung zumindest als eine politische Erfolgsgeschichte betrachten.

10. Der Weg zur parlamentarischen Demokratie

Die Wahlen in Kiel 1919

Die ersten Wochen des Jahres 1919 standen auch in Kiel im Zeichen der Wahlen zur verfassungsgebenden Nationalversammlung am 19. Januar, zum preußischen Landtag am 26. Januar und zur Stadtverordnetenversammlung am 2. März. Diese Wahlen brachten zahlreiche Neuerungen mit sich.[295] Erstmals durften Frauen wählen und sich auch als Kandidatinnen aufstellen lassen, und jede Partei stellte mindestens eine Kandidatin auf, die häufig sogar einen vorderen bis mittleren Listenplatz bekam, sodass sie keineswegs eine reine Alibi- oder Zählkandidatin war.[296] Jede Partei durfte im 14. Wahlkreis (Provinz Schleswig-Holstein und Lübeck) insgesamt 11 Personen als Wahlvorschläge zur deutschen Nationalversammlung einreichen. Auf der Liste der MSPD stand mit Louise Schroeder (Sekretärin, Altona) die erste und einzige Frau auf Platz Nr. 3. Auf der Liste der USPD standen Luise Zietz (Berlin) auf Platz Nr. 5 und Linchen Baumann (Hamburg) auf Platz Nr. 9. Bei der Deutschen Demokratischen Partei (DDP) stand mit Dr. Marie Baum (Leiterin der sozialen Frauenschule, Hamburg) die erste Frau auf Platz Nr. 3 (die zweite Kandidatin stand auf Platz Nr. 10), bei der Deutschen Volkspartei (DVP) mit Ida Dehmel (Blankenese) ebenfalls auf Platz Nr. 3 (die zweite Kandidatin stand auf Platz Nr. 9), bei der Deutschnationalen

Volkspartei (DNVP) mit Martha Voß-Zietz (Ehefrau, Schwartau) sogar auf Platz Nr. 2 und bei der Christlichen Volkspartei (CVP, das ist die Zentrumspartei) mit Helene Eiert (Kiel) auf Platz Nr. 5.[297] Zwei dieser Bewerberinnen schafften den Sprung in die Nationalversammlung. Einzig die »Bauern-Demokraten« (Wahlvorschlag Thomsen) hatten nur Männer aufgestellt. Erstaunlich ist, dass gerade bei der MSPD und der USPD, die so vehement für das Frauenwahlrecht gekämpft hatten, nur eine Frau aufgestellt wurde bzw. die beiden Kandidatinnen auf aussichtslose Listenplätze abgeschoben wurden. Andererseits scheint insbesondere die linksliberale DDP das große Wählerpotenzial bei Frauen erkannt zu haben und setzte im Wahlkampf bewusst auch auf Frauen als Redner, um die neue Wählerklientel anzusprechen.

Neben der Einführung des Frauenwahlrechts waren die Abschaffung des bisher geltenden Dreiklassenwahlrechts zum preußischen Abgeordnetenhaus und des Zensuswahlrechts zu den Kommunalparlamenten die bedeutendsten Neuerungen.[298] Das gleiche, direkte und geheime Wahlrecht, so wie es bisher nur für die Wahlen zum Reichstag galt, galt jetzt auch bei den Wahlen auf der Länder- und Kommunalebene. Das Einkommen spielte keine Rolle mehr für die Wahlberechtigung und die Stimmgewichtung. Eine wichtige Neuerung war auch, dass Soldaten an den Wahlen teilnehmen durften. Darüber hinaus wurde das aktive und passive Wahlrecht von 25 Jahre auf 20 Jahre gesenkt. Allerdings brauchten die Parlamentarier noch bis 1920, um die Einteilung der Wahlkreise zum Reichstag so neu zu regeln, dass die durch Sonderregelungen verursachten Unterschiede zwischen den Stimmen- und Mandatsanteilen spürbar verringert wurden, denn es war in der Kaiserzeit bewusst verschleppt worden, die Wahlkreise in den rasch wachsenden und von den Arbeitern dominierten Industrieregionen gegenüber den weniger stark bevölkerten und konservativ dominierten Wahlkreisen auf dem Land aufzuwerten. Dennoch wurde durch diese Wahlrechtsreformen die Zahl der Wahlberechtigten massiv ausgeweitet, sodass die Wahlergebnisse zumindest auf der Länderebene (Preußen) und der kommunalen Ebene erstmals den Wählerwillen der gesamten erwachsenen Bevölkerung widerspiegelten und frei von den bisher politisch gewollten Verzerrungen zugunsten der herrschenden Klassen waren. Gerade deshalb lohnt ein Blick auf die Wahlergebnisse in Kiel und in den dortigen Militäreinheiten, um zu sehen, wie sich der Wählerwille unter den neuen Voraussetzungen äußerte und in welche politische Richtung sich das revolutionäre Element an der Förde entwickelte. Sowohl im Vergleich zu den Wahlergebnissen von vor 1918 als auch zum Reichsdurchschnitt ergaben sich in Kiel zum Teil deutliche Verschiebungen und Abweichungen im Wählerwillen. Zuvor ist es aber noch sinnvoll, einen kurzen Blick auf den Wahlkampf in Kiel und die aufgeheizte Stimmung in den Tagen unmittelbar vor den Wahlen zu werfen, denn die dramatischen Ereignisse in der Reichshauptstadt, vor allem der sogenannte Spartakusaufstand, gingen an der Förde nicht spurlos vorbei.

Im Januar 1919 fieberte Kiel den ersten freien Wahlen entgegen. Seit den Umwälzungen hatten die verschiedenen Parteien starken Zulauf erhalten, allein der Ortsverein Groß-Kiel der MSPD hatte seit dem 1. Oktober 1918 2255 neue Mitglieder, darunter 184 Frauen, für die Partei gewinnen können.[299] Es ging um nichts weniger als die politische Neuordnung des Deutschen Reiches, nie zuvor stand so viel auf dem Spiel, und wie nie zuvor, so die Zeitungen, wurde Wahlkampf nach amerikanischem Vorbild gemacht. Große bunte, zum ersten Mal auch expressionistische Wahlplakate prangten an allen Litfaßsäulen, auf jedem noch so kleinen freien Mauerstückchen buhlten die Parteien mit ihren Anschlägen um Wähler. Überall wurden Flugblätter und Handzettel verteilt, auf unerklärliche Weise war die Papiernot verschwunden. Auf den Bürgersteigen waren mit Kreide die Anfangsbuchstaben der Wahllisten geschrieben.[300] Die Zeitungen, insbesondere die bürgerlichen »Kieler Neuesten Nachrichten« und die »Kieler Zeitung«, waren in den letzten Tagen vor

Wahlplakat zur verfassungsgebenden Nationalversammlung am 19. Januar 1919

der Wahl voller Wahlanzeigen und Beilagen, in denen die verschiedenen bürgerlichen und (national)konservativen Parteien ihre Programme vorstellten, zum Besuch ihrer Kundgebungen aufriefen und um Unterstützung warben.

Die beherrschenden Themen im Wahlkampf waren die politische Neugestaltung Deutschlands, die Verbesserung der Lebensmittel- und Brennstoffversorgung, die Schaffung ziviler Arbeitsplätze für die heimkehrenden Soldaten, gerechte Löhne, die Versorgung der Kriegsversehrten und Hinterbliebenen und als spezielles schleswig-holsteinisches Thema die politische Zukunft Nordschleswigs, dessen Bewohner gemäß den amerikanischen Forderungen nach einem Selbstbestimmungsrecht der Völker nach dem Friedensschluss darüber abstimmen sollten, ob sie zu Deutschland oder Dänemark gehören wollten. Für die beiden sozialdemokratischen Parteien spielten natürlich auch wirtschaftliche Reformen bzw. eine umfassende Vergesellschaftung der Produktionsmittel (USPD) eine wichtige Rolle. Der Wahlkampf wurde mit harten Bandagen geführt, so schreckte die erzkonservative Deutschnationale Volkspartei z. B. nicht davor zurück, in großen Wahlanzeigen die Sozialdemokraten für die Niederlage im Krieg verantwortlich zu machen, weil sie die Einigkeit des deutschen Volkes untergraben hätten und dem angeblich ungeschlagenen, noch tief in Belgien stehenden deutschen Heer mit der Revolution in den Rücken gefallen seien.[301] Die von den ehemaligen Generalen Ludendorff und Hindenburg gestreute »Dolchstoßlegende« zeigte hier bereits ihre perfide Wirkung. Ebenso begann im Wahlkampf die Hetze rechter Parteien gegen die Juden, die als angeblich Verantwortliche für den Krieg und als Kriegsgewinner verleumdet wurden. Diese Verunglimpfungen waren direkt gegen den Spitzenkandidaten der linksliberalen Deutschen Demokratischen Partei in Schleswig-Holstein Felix Waldstein, ein Altonaer Rechtsanwalt und Notar jüdischen Glaubens, gerichtet, sodass sich seine Partei veranlasst sah, am Vorabend der Nationalwahlen in ganzseitigen Anzeigen in der

»Kieler Zeitung« und den »Kieler Neuesten Nachrichten« Stellung gegen den verstärkten Antisemitismus zu beziehen.[302]

Auch auf den Straßen zeigten die Parteien ihre Kampfbereitschaft. Am 12. Januar, nur einen Tag nach den heftigen Kämpfen im Berliner Zeitungsviertel, demonstrierten in Kiel 30 000 Männer und Frauen auf dem Nordmark-Sportfeld an der Eckernförder Chaussee »gegen den Terror der Spartaciden, gegen Anarchie und Gewaltherrschaft, für Sozialismus und Demokratie und die Arbeiterregierung Ebert-Scheidemann.«[303] Die von der MSPD organisierte Massenkundgebung war eine klare Kampfansage an den Spartakusbund und seine Unterstützer vom linken Flügel der USPD, die mit ihrem Gewaltkurs in den Augen der Mehrheitssozialdemokraten die Errungenschaften der Revolution leichtfertig aufs Spiel setzten. Die der MSPD nahestehende »Volkszeitung« kommentierte den Bruderkampf der beiden sozialistischen Parteien wie folgt:

> Nur die Demokratie führt uns zum Sozialismus, nicht der Despotismus einer Minderheit, der die Massen immer mehr in die Arme der Reaktion treibt.
> Das freie Wahlrecht ist das Zeichen, in dem wir siegen, nicht Maschinengewehre und Handgranaten.
> Der besondere Hass des Spartakusbundes richtet sich gegen das freieste Wahlrecht der Welt, das uns die Revolution gebracht hat, und gegen die Wahlen zur Nationalversammlung. Die Wahlen müssen unter allen Umständen stattfinden.
> Wir erklären, jedem terroristischen Versuch den entschlossensten Widerstand entgegensetzen zu wollen.
> Wir wollen Sozialismus und Demokratie, verabscheuen Terrorismus und Bruderkrieg.[304]

Diesem deutlichen Bekenntnis der Kieler Arbeiterschaft zur Teilnahme an den Nationalwahlen konnten die USPD und die Spartakisten einen Tag später nur wenig entgegensetzen. Ihr Aufruf zu einer Gegendemonstration forderte die Ablösung der »Bluthunde Ebert-Scheidemann-Noske«. Etwa 10 000 Menschen fanden sich unter dem Motto »Gegen den Brudermord! Für die Einigkeit des Proletariats!« zu Reden von Lothar Popp und Friedrich Hansen auf dem Wilhelmplatz zusammen.[305] Allerdings geht es den anwesenden radikalen Spartakisten und Kommunisten weniger um die Einigkeit der Arbeiterbewegung als um den Versuch, die kommende Nationalwahl durch gezielte Störmanöver zu verhindern. Obwohl sich die Positionen von der MSPD und der USPD immer weiter voneinander entfernten, blieb es in den Straßen von Kiel zunächst ruhig, und Gewaltexzesse wie zuvor in Berlin blieben der Bevölkerung erspart.

In diesem politischen Spannungsfeld wurden die Kielerinnen und Kieler am 19. Januar 1919 zu den Wahlurnen gerufen, um die verfassungsgebende Nationalversammlung zu wählen. Der neue Militärgouverneur Gustav Garbe hatte schon im Vorfeld verkündet, dass die Sicherheitstruppe für einen störungsfreien Ablauf der Wahlen sorgen werde. Am 19. Januar schützten in der Nacht aufgezogene bewaffnete Posten auf Anweisung Garbes alle öffentlichen Gebäude und Wahllokale, zusätzlich standen noch die Vertrauensleute der Parteien und Gewerkschaften vor den Wahllokalen. Ab den frühen Morgenstunden zogen auch mehrere bis zu 30 Mann starke Patrouillen unter dem Kommando von erfahrenen Deckoffizieren und Feldwebeln durch die Straßen und sorgten für Ruhe.[306]

Das Wahl-Procedere unterschied sich vom heute gewohnten Ablauf: Bis zur letzten Minute kämpften die Parteien um jede Wählerstimme.[307] Die Wähler mussten den gedruckten Stimmzettel ihrer bevorzugten Partei selbst ins Wahllokal mitbringen. Sie konnten ihn entweder im Voraus im Wahlbüro der Partei abholen oder sich am Wahltag von den zahlreichen Vertretern der Parteien, die mit großen Bündeln von Stimmzetteln in den Straßen und vor den Wahllokalen standen, direkt in die Hand drücken lassen. So versuchten alle Parteien, die Wähler noch auf den letzten Metern zu beeinflussen. Nach der Kontrolle im Wählerverzeichnis erhielten die Wähler einen Wahlumschlag, in den sie ihren mitgebrachten Stimmzettel in der Wahlkabine einlegen mussten. Der verschlossene Wahlumschlag wurde anschließend in die Wahlurne geworfen. So war mittels des Wählerverzeichnisses und des Wahlumschlags sichergestellt, dass jeder Bürger nur einmal seine Stimme abgeben konnte und der Wahlakt im Geheimen ablief. Wahlumschläge mit mehreren oder manipulierten Stimmzetteln wurden von den örtlichen Wahlvorständen für ungültig erklärt. Unter dem Schutz der Soldaten verlief der Wahltag in Kiel ruhig und ohne Störungen. Bei einer Wahlbeteiligung von 80,4 Prozent in Kiel wurde der Reichstagsabgeordnete Carl Legien (MSPD) mit 50,2 Prozent der abgegebenen gültigen Stimmen klarer Sieger, gefolgt vom Kandidaten der Deutschen Demokratischen Partei (DDP) Felix Waldstein mit 23,9 Prozent, dem Kandidaten der Deutschen Volkspartei (DVP) Heinrich Runkel mit 9,8 Prozent, dem Kandidaten der USPD Carl Herz mit 7,6 Prozent, dem Kandidaten der Deutschnationalen Volkspartei Ernst Oberfohren mit 6,1 Prozent und dem Kandidaten der Christlichen Volkspartei (CVP, das ist die Zentrumspartei) Johannes Lau mit 2,2 Prozent.[308] Die Kommunisten waren nicht angetreten, sie boykottierten die Wahl.

Um zu verstehen, welche Kandidaten aus Schleswig-Holstein letztlich in die Nationalversammlung gewählt wurden, ist es wichtig zu wissen, dass die kleinen Parteien Listenverbindungen eingingen, um ihre Chancen zu verbessern. Nur die MSPD und die USPD traten alleine an. Die DDP, DVP und die Bauern- und Landarbeiterdemokratie (Spitzenkandidat Detlef Thomsen) gingen eine gemeinsame Liste ein, ebenso wie die DNVP und die CVP. Daraus ergab sich, dass die MSPD 5 Abgeordnete stellen konnte, darunter Louise Schroeder. Auch die verbundene Liste aus DDP, DVP und Bauern- und Landarbeiterdemokratie konnte zusammen 5 Abgeordnete in die Nationalversammlung schicken. Gemäß der Unterverteilung dieser Listenverbindung stellte die

DDP 3 Abgeordnete, darunter Dr. Marie Baum. Außerdem wurden durch die Verbindung die beiden Spitzenkandidaten Runkel von der DVP und Thomsen von der Bauern- und Landarbeiterdemokratie gewählt. Auch der Spitzenkandidat der DNVP Ernst Oberfohren wurde aufgrund der Listenverbindung mit der CVP in die Nationalversammlung gewählt und schnappte damit dem auf Platz 6 gesetzten Kandidaten der MSPD das Mandat weg. Mit 2 erfolgreichen Kandidatinnen lag der Frauenanteil der schleswig-holsteinischen Abgeordneten (ca. 18 Prozent) doppelt so hoch wie im Reichsdurchschnitt (ca. 9 Prozent). Großer Verlierer bei der Wahl zur Nationalversammlung war die USPD, die bei der Mandatsvergabe leer ausging.

Besonders aufschlussreich wird das Kieler Wahlergebnis im Vergleich zum Gesamtergebnis im Deutschen Reich, das wie folgt aussah: MSPD 37,9 Prozent, Zentrum 19,7 Prozent, DDP 18,5 Prozent, DNVP 10,3 Prozent, USPD 7,6 Prozent, DVP 4,4 Prozent (kleinere Parteien unter 1 Prozent werden hier nicht aufgeführt). In Kiel schnitt die MSPD über 12 Prozentpunkte stärker als im Reichsdurchschnitt ab, was bei der Sozialstruktur Kiels als Arbeiterstadt nicht überrascht. Auffallend ist, dass das Ergebnis der USPD in Kiel exakt dem reichsweiten Ergebnis entsprach. Hier wäre angesichts der Bedeutung, die die USPD während des Matrosen- und Arbeiteraufstands gespielt hat, und ihrer starken Verwurzelung in der Kieler Arbeiterschaft ein deutlich höheres Ergebnis zu erwarten gewesen. Das schwache Ergebnis muss auch für die Kieler USPD eine herbe Enttäuschung gewesen sein. Auffallend ist auch, dass sich das linksliberale bürgerliche Lager (DDP) in Kiel gut gehalten hat und über 5 Prozent mehr Stimmen als im Reichsdurchschnitt errang. Vielleicht lag dies daran, dass gerade die DDP im Wahlkampf gezielt Frauen als neue Wählerinnen angesprochen hatte. Auch das nationalliberale Lager (DVP) und das nationalkonservative Lager (DNVP) haben in Kiel schnell wieder Tritt gefasst und mit zusammen 15,9 Prozent etwas stärker als im Reichsdurchschnitt (zusammen

14,7 Prozent) abgeschnitten. Etwas über zwei Monate nach dem Matrosen- und Arbeiteraufstand ist im vermeintlich »roten« Kiel vom revolutionären Schwung nur noch sehr wenig zu spüren gewesen. Die Arbeiterschaft unterstützte mit großer Mehrheit den Reformkurs der MSPD und erteilte dem revolutionären Kurs der USPD eine klare Absage, während das bürgerliche und das konservative Lager relativ unbeschadet durch die Revolutionszeit kamen. Aufgrund des Zusammenschlusses mehrerer bürgerlicher bzw. konservativer Kandidatenlisten gingen die Unabhängigen Sozialdemokraten bei der Mandatsvergabe zur verfassungsgebenden Nationalversammlung in Schleswig-Holstein sogar leer aus.[309] Die Anführer des Matrosen- und Arbeiteraufstandes Karl Artelt (USPD Listenplatz Nr. 4) und Lothar Popp (USPD Listenplatz Nr. 2) schafften beide nicht den Sprung in die Nationalversammlung.[310] Das überaus schlechte Abschneiden der USPD im Reich und in Kiel ist auch darauf zurückzuführen, dass sich der linksradikale Flügel der Partei nur wenige Tage zuvor am gewaltsamen Aufstand der Spartakisten und Revolutionären Obleute in Berlin beteiligt hatte, was die Partei auch in Kiel Sympathien und Stimmen gekostet haben dürfte. Wie reagierte die USPD als großer Wahlverlierer auf diese schwere Niederlage?

Waren die Ergebnisse der Nationalwahl für die »Volkszeitung« und die bürgerliche Presse das beherrschende Thema in den Tagen danach, so waren sie der »Republik«, der vom ehemaligen Vorsitzenden des Kieler Soldatenrats Lothar Popp herausgegebenen Zeitung der USPD in Schleswig-Holstein, kaum eine Meldung wert. Anstelle einer ausführlichen Wahlanalyse rief die »Republik« die Kieler Arbeiter für den 21. Januar um 10 Uhr vormittags zu einem großen Proteststreik auf dem Wilhelmplatz auf, um gegen die Ermordung Karl Liebknechts, Rosa Luxemburgs und den exzessiven Gewalteinsatz der Regierung Ebert/Scheidemann in Berlin zu protestieren. Ihr schlechtes Abschneiden bei den Wahlen führte die USPD allein auf die jahrelange politische Verfolgung und Unterdrückung ihrer Mitglieder und den aus ihrer Sicht zu frühen Wahltermin zurück.[311] Eine selbstkritische Auseinandersetzung darüber, warum die eigenen politischen Ziele der Gründung einer Räterepublik und die Vergesellschaftung der Großbetriebe bei den Wählern in Schleswig-Holstein nur auf so wenig Zustimmung stießen, fand nicht statt. Offensichtlich wollte sich die USPD dieser Diskussion nicht stellen. Die Hoffnung, Deutschland auf parlamentarischem Weg verändern zu können, gab die schleswig-holsteinische USPD jedenfalls schnell auf. So schrieb die »Republik« drei Tage nach der Wahl:

> Soviel steht heute wohl fest, die Nationalversammlung wird uns eine sozialistische Mehrheit nicht bringen, man wird genau wie im Reichstage seligen Angedenkens eine sich breit machende Clique von Bourgeois in die Nationalversammlung einziehen sehen, man wird das was wir erhoffen, nicht erreichen, man steht der Gefahr gegenüber, dass das was wir errangen, auf dem Wege über die Nationalversammlung uns wieder genommen wird.[312]

Mehr noch, diese Zeilen waren eine klare Absage an den Parlamentarismus, der in den Augen der USPD die Errungenschaften vom November 1918 gefährdete. Stattdessen setzten die schleswig-holsteinischen Unabhängigen Sozialdemokraten auf einen Beibehalt der Räte und auf Protest, Massenstreiks und die Macht der Straße. Warum die Kieler Bürger ihre Stimme vier Tage später in den ersten freien Wahlen zur verfassungsgebenden preußischen Landesversammlung der USPD geben sollten, dafür lieferte die Partei keinerlei Argumente und vergab damit die nächste Chance, sich konstruktiv in die politische Neugestaltung Schleswig-Holsteins und Preußens einzubringen.

Am 26. Januar bestätigten die Kieler Wählerinnen und Wähler in der Wahl zur verfassungsgebenden preußischen Landesversammlung im Wesentlichen das Wahlergebnis der Nationalwahl, allerdings lag die Wahlbeteiligung diesmal um etwa 11 000 Stimmen niedriger. Wilhelm Brecour von der MSPD verwies mit 56 817 Stimmen den Kandidaten der USPD, Maurer Friedrich Hansen, der nur 6709 Stimmen erhielt, klar auf die hinteren Plätze. Zweiter wurde der Kandidat der DDP, Hofbesitzer Walter Siemen, mit 28 198 Stimmen. In Kiel bedeutete dieses Wahlergebnis für die MSPD einen Stimmenverlust von etwa 10 Prozent, für die USPD sogar einen Stimmenverlust von etwa 29 Prozent.[313] Erneut war die MSPD der Gewinner in Kiel und die USPD der klare Verlierer. Auch bei der Mandatsvergabe ging die USPD wiederum leer aus.

Beide Wahlen zeigten, dass die Kieler Bürgerinnen und Bürger vor allem der MSPD zutrauten, den geregelten Übergang zu einer demokratischen und sozialen Regierungsform zu schaffen. Es zahlte sich aus, dass die Kieler MSPD seit Beginn der Revolution den Kurs der Berliner Parteiführung von Reformen statt Revolution und einer parlamentarischen Demokratie statt einer Räteherrschaft oder Diktatur des Proletariats unterstützt hatte. Trotz der absehbaren großen wirtschaftlichen Probleme, die auf die Stadt und ihre zahlreichen Rüstungsbetriebe im Zuge der Demilitarisierung zukommen würden, verfingen die Parolen der radikalen Linken nach Vergesellschaftung der Großbetriebe bei den Kieler Arbeiterinnen und Arbeitern nicht. Die Kieler Wähler wollten mehrheitlich Frieden, Demokratie, Arbeit, betriebliche Mitbestimmung, ein Ende der materiellen Not und mehr soziale Gerechtigkeit – nicht aber eine Revolution und die Gefahr eines möglichen Bürgerkrieges.

Wie aber wählten die in Kiel stationierten Soldaten, die im Januar 1919 ebenfalls zum ersten Mal ihre Stimmen abgeben durften? Auch bei den Militärangehörigen war der revolutionäre Geist schnell verflogen, und die Wahlbeteiligung in den Militärwahlbezirken 128–144 war im Vergleich zur Zivilbevölkerung außerordentlich gering. Bei der Nationalwahl gaben nur 37,6 Prozent der 20 553 wahlberechtigten Militärangehörigen ihre Stimme ab, bei den Wahlen zur verfassungsgebenden preußischen Landesversammlung waren es sogar nur noch 21,3 Prozent der 18 646 wahlberechtigten Militärangehörigen. Die extrem geringe Wahlbeteiligung zur verfassungsgebenden preußischen Landesversammlung ist auch darauf zurückzuführen, dass sich in den noch in Kiel befindlichen Marineeinheiten viele Angehörige anderer deutscher Staaten befanden, die sich z. B. als Bayern oder Sachsen bei dieser Wahl nicht angesprochen fühlten, obwohl sie wahlberechtigt waren. Ebenso ging die Reduzierung des Marinepersonals im Reichskriegshafen Kiel auch während der Vorbereitung der Wahlen und der Erfassung der Wahlberechtigten unvermindert weiter. Weil bis Ende 1918 mehr als 80 Prozent der Wehrpflichtigen, die zu Beginn der Revolution in Kiel Dienst taten, die Stadt verlassen hatten, handelte es sich bei den noch im Januar 1919 in Kiel verbliebenen Marineangehörigen fast ausschließlich um Berufssoldaten (Seeoffiziere, Deckoffiziere, Unteroffiziere), die in ihrem Wahlverhalten von den Matrosen abwichen und deutlich weniger zu den revolutionären Parteien neigten. Bei der Bewertung der Wahlergebnisse muss auch berücksichtigt werden, dass die großen personalstarken Linienschiffe, auf denen der Aufstand seinen Anfang genommen hatte und die Unzufriedenheit mit den herrschenden Verhältnissen am größten gewesen war, schon ab Mitte November 1918, wenn auch mit stark reduzierten Besatzungen, zur Internierung nach Großbritannien ausgeliefert worden waren. Trotz dieser widrigen Umstände sprechen auch die Wahlergebnisse auf den Marineschiffen und in den Landeinheiten (Militärwahlbezirke 128–144) eine eindeutige Sprache.[314] Bei der Nationalwahl am 19. Januar 1919 lag der Kandidat der MSPD Legien in allen Militärwahlbezirken vor seinem Konkurrenten Herz von der USPD, allerdings war der Vorsprung häufig deutlich geringer als in der Zivilbevölkerung. Insgesamt erhielt Legien in den Militärwahlbezirken 128–144 mit 3311 Stimmen etwa 2,5-mal so viele Stimmen wie Herz mit 1344 Stimmen. Im Vergleich dazu hatte Legien unter der Kieler Zivilbevölkerung etwa 6,5-mal so viele Stimmen wie Herz erhalten. Auf einigen Schiffen gelang es Herz sogar, den Kandidaten der DDP, Waldstein, hinter sich zu lassen, der in den Militärwahlbezirken insgesamt 1798 Stimmen erhielt und damit nur etwa ein Drittel mehr Stimmen als Herz. Unter der Zivilbevölkerung hatte Waldstein mehr als dreimal so viele Stimmen wie Herz bekommen. Die wesentliche Erkenntnis aus den Wahlergebnissen der Militärwahlbezirke zur Nationalwahl ist, dass die Schiffsbesatzungen mehrheitlich ebenfalls hinter der MSPD standen, aber die USPD hatte an Bord der Schiffe immer noch überproportional mehr Anhänger als an Land. Auffallend hoch war die Unterstützung im Militärwahlbezirk 128, zu dem die Stammbesatzungen der Großlinienschiffe »Kaiser«, »König Albert« und »Kronprinz Wilhelm« gehörten. Hier siegte Legien (MSPD) mit 163 Stimmen nur vergleichsweise knapp vor Herz (USPD) mit 127 Stimmen.[315] Auch wenn diese Großlinienschiffe bereits an Großbritannien ausgeliefert waren, so scheint sich doch unter den in Kiel zurückgebliebenen Besatzungsmitgliedern der revolutionäre Geist stärker als auf anderen Schiffen gehalten zu haben. Umso erstaunlicher ist dagegen, dass in der I. Torpedo-Division (Militärwahlbezirk 130), die am Mittag des 4. November 1918 zu den ersten Einheiten gehörte, die sich den Aufständischen anschloss, kaum noch revolutionärer Geist vorhanden war. Hier siegte Legien (MSPD) mit 236 Stimmen klar vor Waldstein (DDP) mit 100 Stimmen und Herz (USPD) mit nur 68 Stimmen.[316] Auch hier war von dem einstigen revolutionären Elan nur noch wenig zu spüren.

Dieses eher reformorientierte denn revolutionär eingestellte Wahlverhalten der Militärangehörigen bestätigte sich auch in der Wahl zur verfassungsgebenden preußischen Landesversammlung am 26. Januar 1919, in der der MSPD-Kandidat Wilhelm Brecour mit insgesamt 1312 Stimmen den USPD-Kandidaten Friedrich Hansen mit 521 Stimmen in den Militärwahlbezirken ebenfalls deutlich schlug. Hier lag der USPD-Kandidat auch deutlich hinter dem DDP-Kandidaten Walter Siemen, der 1249 Stimmen erringen konnte.[317] Es ist erstaunlich, wie stark die linksliberale Deutsche Demokratische Partei bei diesen Wahlen unter den verbliebenen Militärangehörigen punkten konnte. Angesichts der großen Zahl der in Kiel stationierten Offiziere, die sich zu Recht als Verlierer der politischen Umwälzungen betrachten konnten, ist es auch erstaunlich, dass die Parteien im rechten Spektrum (DVP, DNVP) sowohl in den Wahlen zur Nationalversammlung als auch zur verfassungsgebenden preußischen Landesversammlung unter den Militärangehörigen nicht überproportional stark abschnitten und Stimmenanteile erzielten, die in etwa denen der Zivilbevölkerung entsprachen.[318]

Sowohl die Abstimmung der Kieler Bevölkerung mit den Füßen auf der Straße bei den politischen Massenkundgebungen am 12. und 13. Januar als auch die Wahlergebnisse vom 19. und 26. Januar ließen die Kieler USPD und Spartakisten erkennen, dass sie als kleine politische Minderheit weder in der Zivilbevölkerung noch unter den Soldaten über genügend Unterstützung verfügten, um ihr Ziel einer völligen staatlichen und wirtschaftlichen Umgestaltung auf friedlichem Weg zu erreichen. Zudem waren die Wahlen von einer hohen Wahlbeteiligung und Akzeptanz innerhalb der Zivilbevölkerung geprägt, sodass die daraus entstandenen Parlamente starke, vom Volk legitimierte Gegengewichte zu den Räten aus der Revolutionszeit bildeten. Schon kurz nach den Wahlen wurden seitens der MSPD und der bürgerlichen Parteien Forderungen nach der Auflösung der Räte laut. Die beiden herben Wahlniederlagen dürften auch zu dem mutwillig provozierten Ausbruch linker Gewalt in den Straßen von Kiel Anfang Februar 1919 beigetragen haben, auf den später noch näher einzugehen sein wird. Doch zuvor ist zum Abschluss noch ein kurzer Blick auf die Kommunalwahl am 2. März 1919 vonnöten, denn hier zeigten sich die Verschiebungen des Wählerwillens am deutlichsten.

Hatte das Zensuswahlrecht bis 1918 stets den konservativen und bürgerlichen Parteien die Mehrheit in der Kieler Stadtverordnetenversammlung garantiert, so waren jetzt die Arbeiterparteien die klaren Gewinner. Die MSPD errang 44,7 Prozent der

Stimmen (33 Sitze) und die USPD 9,6 Prozent (7 Sitze), während das in sich zersplitterte bürgerliche und konservative Lager zusammen auf etwa 45 Prozent (32 Sitze) kam. Innerhalb dieses Lagers konnte der Kieler Bürger- bzw. Ordnungsblock, die Liste der DVP und DNVP, 15,5 Prozent (11 Sitze) erringen.[319] Im Vergleich zu den Januarwahlen war das liberale Bürgertum der große Wahlverlierer. Die DDP/Staatspartei musste mehr als eine Halbierung ihres Stimmenanteils auf 8,4 Prozent (6 Sitze) hinnehmen, während das rechte Lager aus DVP und DNVP stabil blieb. Zum dritten Mal innerhalb von nur sechs Wochen gaben die Kieler Wählerinnen und Wähler mit großer Mehrheit der MSPD ihr Vertrauen an den Wahlurnen und erteilten dem radikaleren Kurs der USPD eine klare Absage, auch wenn der Vorsprung der MSPD auf die USPD etwas kleiner wurde. Das grundlegende Dilemma, dass die beiden sozialdemokratischen Parteien nicht miteinander kooperierten und die gespaltene Arbeiterbewegung deshalb über keine eigene Mehrheit in der Ratsversammlung verfügte, blieb jedoch bestehen. Die Kommunalwahl zeigte aber auch, dass die bürgerliche Mitte zu erodieren begann und die radikalen Parteien an den politischen Rändern erstarkten.

Trotz der eindeutigen Wahlergebnisse zugunsten der Mehrheitssozialdemokraten hatten einige Vertreter der alten Machtelite offensichtlich große Schwierigkeiten, den von der Kieler Wählerschaft gewollten politischen Wechsel anzuerkennen. So protestierte Oberbürgermeister Paul Lindemann im September 1919 gegen den von der Bevölkerung gewählten neuen besoldeten Stadtrat Paul Greß von der MSPD und wurde daraufhin von der Stadtverordnetenversammlung am 4. Oktober 1919 zum Rücktritt gezwungen. Ein halbes Jahr später zeigte Lindemann erneut seine antidemokratische Gesinnung, als er im März 1920 während des rechtsgerichteten Kapp-Lüttwitz-Putsches mit den Kieler Putschisten um Konteradmiral von Levetzow gemeinsame Sache machte.

11. Der Kieler Spartakistenaufstand
Februar 1919

Im Deutschen Reich kam es aufgrund der zunehmenden politischen Differenzen zwischen der MSPD und der USPD bereits im Dezember 1918 und vor allem im Januar 1919 im Vorfeld der Wahlen zur verfassungsgebenden Nationalversammlung zu einer Radikalisierung der revolutionären Arbeiter und der linken Parteien (USPD, Spartakisten, Kommunisten). Im politischen Zentrum in Berlin entluden sich diese Spannungen bereits zu Weihnachten 1918 und im Januar 1919 in äußerst brutalen, bürgerkriegsähnlichen Straßenkämpfen mit zahlreichen Toten und Verletzten. Auch in anderen Städten wie z. B. Bremen kam es im Januar und Februar 1919 zu einer zweiten Welle revolutionärer Gewalt, in der die mit der politischen Entwicklung unzufriedenen Arbeiter zum Teil im Verbund mit Spartakisten und Kommunisten versuchten, die Macht an sich zu reißen und den eingeschlagenen Weg der Reichsregierung zu einer parlamentarischen Demokratie durch die Herrschaft lokaler Räte zu ersetzen. Diese Unruhen waren nicht zentral gesteuert, vielmehr versuchten die Arbeiter- und Soldatenräte aus ihrer Sicht die Revolution vor Ort zu retten, weil sie sich durch den kompromisslosen Kurs der Reichsregierung gegen die Herrschaft der lokalen Räte bedroht sahen.

Im Zuge dieser zweiten revolutionären Phase kam es auch in Kiel im Februar 1919 zum Ausbruch von linker Gewalt auf den Straßen, allerdings stellten sich der Oberste Soldatenrat und der Militärgouverneur gemeinsam gegen die Spartakisten, als diese gewaltsam versuchten, die Macht in der Stadt zu übernehmen. Der Ausbruch von Gewalt wurde auch dadurch begünstigt, dass Gustav Noske nach seinem Weggang aus Kiel nach Berlin Ende Dezember 1918 die »Eiserne Brigade« in die Reichshauptstadt nachzog, wo sie auf Seiten der Regierung Ebert in die Kämpfe um die Regierungsmacht eingriff. Der Abzug dieser regierungstreuen Einheit schwächte die Position des am 11. Januar 1919 neu eingesetzten Kieler Militärgouverneurs Gustav Garbe und des Obersten Soldatenrats, und die revolutionären Spartakisten und Kommunisten witterten ihre Chance, aus der Unzufriedenheit der hungernden Massen politisches Kapital zu schlagen.

Die Ursachen für den linken Gewaltausbruch in Kiel schwelten aber schon länger unter der Oberfläche. Als Reichskriegshafen litt Kiel besonders unter der Demobilmachung nach dem Waffenstillstand, denn die Großwerften und Industriebetriebe waren einseitig auf die Produktion von Kriegsgütern spezialisiert. Die Kieler Politiker wiesen die Reichsregierung und die preußische Landesregierung immer wieder auf die besondere Bedeutung der großen Rüstungsbetriebe für die Wirtschaft in der Stadt hin, und es gelang ihnen zunächst, mittels ziviler Überbrückungsaufträge vor allem für die Reichsbahn, größere Massenentlassungen unter den Arbeitern der staatlichen Reichswerft (vormals Kaiserliche Werft) zu vermeiden. Gab es zum Zeitpunkt des Kriegsendes noch eine Vollbeschäftigung, stieg die Zahl der Arbeitslosen in Kiel jedoch bis zum Januar 1919 auf 3180 Personen an. In der Friedensindustrie konnten in diesem Zeitraum nicht genügend Arbeitsplätze geschaffen werden, um die arbeitslosen Personen aufzufangen.[320] Allen Beteiligten war klar, dass dies erst der Anfang einer massiven Entlassungswelle war, die auf die Kieler Werften und Großbetriebe zurollte. Die

Versorgung der Arbeitslosen und die schnelle Schaffung neuer Arbeitsplätze wurden für die Stadt zu einem zunehmenden Problem, das bei den betroffenen Arbeitslosen und Teilen der Kieler Arbeiterschaft zu einer politischen Radikalisierung führte.

Am 6. Januar 1919 machten mehr als 1000 Arbeitslose auf einer Versammlung auf dem Wilhelmplatz ihrer Verzweiflung Luft und forderten eine Erhöhung der Arbeitslosenunterstützung von 4 Mark täglich auf 8 Mark, weil sie ihrer Meinung nach in einem groben Missverhältnis zu dem in den Großbetrieben gezahlten Stundenlohn von 2,40 Mark stände. Außerdem forderten die Arbeitslosen, dass die tägliche Arbeitszeit auf den Werften auf 6 bzw. 5 Stunden herabgesetzt werden sollte, damit dort eine größere Zahl Arbeitsloser untergebracht werden könne. Eine von ihnen gewählte Kommission trug die Forderungen dem Magistrat vor, der versprach, darüber zu beraten, aber gleichzeitig deutlich machte, dass die Stundenlöhne von 2,40 Mark auf Dauer nicht gezahlt werden könnten, vor allem nicht in den städtischen Arbeitsbeschaffungsmaßnahmen. Die Arbeitslosen beharrten auf der Erfüllung ihrer Forderungen bis zum Vormittag des 8. Januar. In ihrer Sitzung am Abend des 7. Januar hatten sich die Stadtkollegien bereits auf die geforderte Erhöhung der Arbeitslosenunterstützung geeinigt, als mehrere Hundert Arbeitslose mit Unterstützung örtlicher Spartakisten gewaltsam in das Rathaus eindrangen und die Stadtverordneten unter Androhung von massiver Gewalt zwangen, ihren Forderungen nachzugeben.[321] Der »Sturm auf das Rathaus« und die Gewaltandrohung gegen die gewählten Vertreter der Bürgerschaft wurden von der MSPD und den bürgerlichen Parteien als Tabubruch, Terror der Straße und Beginn von Chaos und Anarchie empfunden. Die Kieler MSPD rief als Reaktion auf den »Rathaussturm« für den 12. Januar zu einer Großdemonstration auf, um den Spartakisten und Kommunisten sowie deren Terror der Straße Einhalt zu gebieten. Etwa 30 000 Kieler folgten dem Aufruf. Zur Gegenkundgebung tags darauf erschienen etwa 10 000 Anhänger der USPD und

Spartakisten. Auch wenn beide Demonstrationen friedlich verliefen, war damit die Bruchstelle zwischen der MSPD und den radikalen Linken offengelegt, die jetzt auch in Kiel begannen, die politischen Entscheidungsträger durch Gewalt unter Druck zu setzen. Nach den beiden ruhig abgelaufenen Wahlen, die für die USPD enttäuschend verliefen, verstärkten die Spartakisten ihre Aktivitäten wieder.

Die Spaltung der Kieler Arbeiterschaft wollten die Spartakisten Anfang Februar 1919 dazu nutzen, die politischen Verhältnisse zu ihren Gunsten umzustoßen, auch wenn die beiden Wahlen im Januar klar gezeigt hatten, dass sie in Kiel kaum über Unterstützung in der Bevölkerung verfügten. Sie wählten den Druck der Straße und suchten die Konfrontation, die parlamentarische Auseinandersetzung war für sie keine Option. Darüber hinaus machten sich linke USPD-Funktionäre, Spartakisten und Kommunisten untereinander Konkurrenz um die Führung der revolutionären Massen auf dem Weg zur Räterepublik und radikalisierten sich dabei gegenseitig. Den Anlass zur Konfrontation gab das militärische Einschreiten der Berliner Reichsregierung gegen die am 10. Januar 1919 ausgerufene »Unabhängige sozialistisch-kommunistische Räterepublik Bremen« (Bremer Räterepublik). Schon während des Krieges war Bremen eine Hochburg der organisierten Arbeiterschaft und der USPD gewesen, die von dort aus ihre politische Agitation in gesamt Norddeutschland organisierte. Nach der Niederschlagung des Spartakusaufstands in Berlin wollte Gustav Noske als Volksbeauftragter für Heer und Marine auch die von der Reichsregierung abtrünnigen Räterepubliken gewaltsam niederschlagen, um so die Autorität der Reichsregierung in Berlin zu sichern. In Bremen drohte ein Blutbad wie zuvor in Berlin.

Als Noske die »Division Gerstenberg« gegen die Bremer Räterepublik schickte, wurde der Kampf um Bremen auch zu einem Problem in Kiel, weil in dieser Truppe auch Teile der II. Marinebrigade (Eiserne Brigade Kiel) kämpften, die vorher in Kiel stationiert waren. Für diese Soldaten hatte die Eiserne Brigade einen Antrag an den Obersten Soldatenrat in Kiel gestellt, bis zum 19. Februar mit Lebensmitteln aus Kiel versorgt zu werden. Der Kieler Oberste Soldatenrat geriet jetzt unter Zugzwang und musste eine Entscheidung treffen. Einerseits hätte ein positiver Bescheid eine aktive Unterstützung der im Auftrag Noskes geschickten Truppen bedeutet, zu denen auch das konterrevolutionäre »Freikorps Caspari« gehörte, was den Interessen der Kieler Arbeiterschaft diametral entgegen lief. Andererseits hätte eine solche Entscheidung wahrscheinlich auch zu Protesten innerhalb der Kieler Bevölkerung geführt, die aufgrund der englischen Seeblockade nach wie vor an Hunger litt. Die Kieler Spartakisten sahen ihre Stunde gekommen, instrumentalisierten die Bremer Ereignisse für ihre Interessen und suchten die Machtprobe.

Am 4. Februar forderten etwa 500 bis 1000 Demonstranten, mehrheitlich von der USPD, den Spartakisten und dem »Roten Soldatenbund«, vom Kieler Obersten Soldatenrat Waffen, um den bedrohten Bremer Kameraden helfen zu können.[322] Ebenso forderten sie, dass von Kiel aus keine Lebensmittel oder Nachschub an die Noske-Truppen geliefert würden. Der Oberste Soldatenrat lehnte die Forderung nach Waffen ab, beschloss aber zugleich, dass aus Kiel keine Lebensmittel für Noskes Soldaten ausgeführt werden dürften. Gouverneur Garbe trug diesen Beschluss mit, der den Demonstranten anschließend mitgeteilt und in der Volkszeitung vom 5. Februar bekannt gegeben wurde.

Der 5. Februar begann mit einem Sympathiestreik der Arbeiter der Reichswerft, der Germaniawerft und der Howaldtswerke für die Bremer. Danach rückte die Marinestation in das Zentrum der Auseinandersetzungen, und Gouverneur Garbe und Konteradmiral Küsel waren plötzlich mitten im Geschehen. Küsel fasste wenige Tage nach den Unruhen den Ablauf der Ereignisse aus Sicht der Marinestation zusammen.[323] Laut Küsel erschienen am 5. Februar gegen 12 Uhr etwa 1000 Demonstranten vor dem Stationsgebäude. Eine Abordnung der Demonstranten verlangte erneut die Bewaffnung der Arbeiterschaft. Da Gouverneur Garbe sich zu einer Inspektion in Friedrichsort aufhielt, übernahm der Oberste Soldatenrat die Verhandlungen mit der Delegation. Der Soldatenrat lehnte die Ausgabe von Waffen erneut ab, mit der Begründung, dass dazu auch der Gouverneur gehört werden müsse. Die Demonstranten waren dagegen der Meinung, dass der Soldatenrat dies alleine entscheiden könne, drangen gegen 13.20 Uhr gewaltsam in das Stationsgebäude ein, entwaffneten die Posten und besetzten die Telefone. Küsel und seine Offiziere wurden kurzzeitig als Geiseln genommen. Gegen 13.30 Uhr erschien Garbe. Zehn Minuten später traf auch die 1. Kompanie der Sicherheitstruppe ein und vertrieb die Demonstranten aus dem Stationsgebäude.

Daraufhin zogen etwa 150 Spartakisten mit den im Stationsgebäude erbeuteten Waffen zur nahegelegenen Kaserne der I. Matrosen-Division in der Feldstraße, um die dort stationierten Soldaten auf ihre Seite zu ziehen. Als die Spartakisten und Angehörige des »Roten Soldatenbunds« versuchten, in die Gebäude und Waffenkammern einzudringen, eröffneten regierungstreue Soldaten aus den Fenstern das Feuer auf sie. Inzwischen hatte der Oberste Soldatenrat Alarm für die Stadt Kiel ausgelöst und der 5. Kompanie der Sicherheitstruppe den Befehl gegeben, die Spartakisten aus der Kaserne der I. Matrosen-Division zu vertreiben. Mit dem Eintreffen der Sicherheitstruppe weiteten sich dort die Kämpfe auf das gesamte Kasernengelände der I. Matrosen-Division aus. In diesen Kämpfen wurden 8 Menschen getötet und 26 verletzt.[324] Die Sicherheitstruppe vertrieb die Spartakisten vom Kasernengelände und aus dem benachbarten Marinebekleidungsamt, in das sie ebenfalls eingedrungen waren. An anderen Stellen der Stadt attackierten die Spartakisten derweil Marinepatrouillen und Sicherungsposten und raubten ihnen die Waffen. An der Klinke zertrümmerten sie die Schaufenster des Waffengeschäfts Clauberg und raubten die Auslage.

Während um die Matrosen-Kaserne noch heftig gekämpft wurde, beschlossen der Arbeiterrat, der Soldatenrat und Gouverneur Garbe in einer gemeinsamen Krisensitzung im Stationsgebäude, dass die Arbeiterschaft nicht bewaffnet werden dürfe, weil ihrer Einschätzung nach keine Gefahr für eine Gegenrevolution in Kiel vorläge. Nach den Schießereien in der Feldstraße sammelten sich die mit geraubten Gewehren, Revolvern und Handgranaten bewaffneten Spartakisten und ihre Sympathisanten gegen 16 Uhr an den Reichshallen, dem Schlosshof und dem Gewerkschaftshaus und beschlossen, für den 6. Februar die Arbeit niederzulegen und sich gegen 10 Uhr zu einer Kundgebung auf dem Wilhelmplatz zu versammeln. Die Sicherheitstruppe, ihr zur Hilfe geeilte Bürgerwehren und die Studentenwehr, die allesamt über Schusswaffen verfügten, begannen währenddessen strategisch wichtige Gebäude in der Stadt zu okkupieren. Die Sicherheitstruppe besetzte den Bahnhof und ließ den Zugverkehr nach Kiel bei Meimersdorf, Russee und Elmschenhagen einstellen, um so den Zustrom auswärtiger Spartakisten zu verhindern. Die Studentenwehr besetzte die Schiffs- und Maschinenbauschule, von wo aus sie die Fährstraße mit dem Gewerkschaftshaus unter Feuer nehmen konnte. Bei einer weiteren Schießerei in der Brunswik schossen Angehörige der Studentenwehr auf einen Protestzug von Arbeitern, in dem auch Frauen und Kinder mitliefen. Eine Frau wurde getroffen, ein Leutnant der Studentenwehr wurde in dem anschließenden Feuergefecht mit den Demonstranten getötet. Danach löste sich der Demonstrationszug auf, und regierungstreue Wehren sperrten die Feldstraße auf Höhe der Kasernen ab. Aber nicht alle Studenten waren konservativ und stellten sich gegen die Spartakisten. So erklärte die »Vereinigung sozialistischer Studenten«, dass die Universität »eine Stätte der Wissenschaft und nicht der politischen Betätigung« sei. Sie lehnte die Bewaffnung der Studentenschaft grundsätzlich ab, weil dadurch die Gefahr eines Bürgerkrieges steige, und forderte, »dass die Aufrechterhaltung der Ordnung lediglich den von der Arbeiterschaft gewählten Vertretern überlassen bleibt.«[325]

Bürgerwehr Holtenau 1919. Sammlung Klaus Schoppe

Stündlich wuchsen die Spannungen in der Stadt. Auch außerhalb des Stadtzentrums hatten Spartakisten zuvor die Sicherheitstruppe attackiert. An der Prinz-Heinrich-Brücke in Holtenau und der Levensauer Hochbrücke in Suchsdorf war es ihnen gelungen, die Sicherheitsposten zu überrumpeln und zu entwaffnen, und am Flugfeld in Kronshagen hatten sie Waffen, Munition und zwei Maschinengewehre beschlagnahmt.[326]

Währenddessen suchte man im Stationsgebäude eifrig nach einer unblutigen Lösung des Konflikts. Der Arbeiterrat und der Soldatenrat versuchten, mit einer Resolution an die Kieler Arbeiterschaft den Spartakisten den Wind aus den Segeln zu nehmen. Darin stellten sie einstimmig u. a. folgende Forderungen und Vereinbarungen auf:[327]

- Die Reichsregierung soll die »Division Gerstenberg« von Bremen abziehen und eine Lösung des Konflikts auf dem Verhandlungsweg suchen.
- Die Nationalversammlung soll eine demokratische Volkswehr aufstellen, »um die jetzt bestehenden Söldnertruppen überflüssig zu machen.«

– Ein Abtransport von Lebensmitteln an die Eiserne Division findet nicht statt.
– Die Regelung des Sicherheitsdienstes für Kiel wird den Vertrauensleuten der Soldaten übertragen.
– Die Kieler Sicherheitstruppe wird neu formiert. Es sollen auch Leute eingestellt werden, die schon entlassen waren, und die Gewähr dafür bieten, dass sie die Errungenschaft der Revolution aus Überzeugung verteidigen. Der A. und S. R. erklärt für die Errungenschaft der Revolution jederzeit mit allen Kräften einzutreten.

Abschließend empfahlen der Kieler Arbeiterrat und Soldatenrat der Arbeiterschaft, am 7. Februar wieder in ihren Betrieben zu erscheinen, »weil nur eine Steigerung der Produktion uns aus den gegenwärtigen wirtschaftlichen Schwierigkeiten heraus und dem Sozialismus entgegen führen kann.«[328]

Die Nacht vom 5. auf den 6. Februar blieb laut Küsel ruhig, aber die Resolution an die Arbeiter verfehlte ihre Wirkung. Am Morgen des 6. Februar wurden Exemplare der Resolution vor dem Gewerkschaftshaus verbrannt und am Vormittag plünderten etwa 500 Personen den Flugplatz auf dem Nordmark-Sportfeld. Anschließend zogen die Plünderer zur 85er Kaserne am Mühlenweg weiter. Gegen Mittag besetzten die Aufständischen das Gewerkschaftshaus und die Frauen-Gewerbeschule in der Fährstraße und brachten in den Fenstern Maschinengewehre in Stellung, die sie von der Levensauer Hochbrücke herbeigeschafft hatten. Nun standen sich die Aufständischen und die Sicherheitstruppen in Häusern verschanzt in Schussweite gegenüber. Da die Spartakisten weiter zur Gewalt griffen, teilte Gouverneur Garbe der Reichsregierung gegen Mittag in einem Telegramm mit, dass auch er jetzt Gewaltmaßnahmen gegen die Aufständischen anordnen werde. Gleichzeitig stellten sich die im Ortskartell Kiel des Deutschen Beamtenbundes vereinigten 7500 Beamten hinter den Gouverneur und erwarteten weitere Anweisungen von ihm. Unterstützung erhielt Garbe auch vom Soldatenrat der

Sicherheitstruppe, die ihrerseits ein hartes Vorgehen gegen die Spartakisten verlangte und forderte, dass die Aufständischen bis zum 7. Februar, mittags 12 Uhr, ihre Waffen abgeben müssten. Anderenfalls werde die Sicherheitstruppe von sich aus tätig und mit Gewalt gegen die Spartakisten vorgehen. Der Soldatenrat der Sicherheitstruppe betonte, dass er uneingeschränkt hinter der Regierung stünde, dass er aber beim Vorgehen gegen die Aufständischen »jede Unterstützung von Seiten der Zivilbevölkerung annehmen« werde.[329] Die Sicherheitstruppe nahm jetzt das Heft in die Hand und erhöhte den Druck auf die Aufständischen.

Trotz der andauernden linken Gewalt und des Ultimatums an die Spartakisten blieben beide Seiten in Kontakt miteinander, um ein größeres Blutvergießen doch noch abwenden zu können. Die Aufständischen signalisierten Verhandlungsbereitschaft, forderten aber ihrerseits am 7. Februar vom Gouverneur:

1. Die Sicherheitstruppe wird aus Soldaten und Arbeitern zusammengesetzt. *Arbeiter, die schon vor dem Krieg gewerkschaftlich und politisch organisiert waren, kommen nur in Frage.*
2. Diejenigen, die für das Blutvergießen am 5. II. verantwortlich sind, sollen zur Rechenschaft gezogen werden. Bestrafung derjenigen, die den Befehl zum Feuern gegeben haben.
3. Sämtliche Waffen sind sofort abzugeben. Bürger und Studenten kommen hauptsächlich in Frage.
4. Entwaffnung der Offiziere und Deckoffiziere.
5. Schaffung von Waffendepots.
6. Schaffung von Meldestellen für die Volkswehr.
7. Die Arbeitsaufnahme erfolgt geschlossen am Sonnabend Morgen.
8. Wenn diese Forderungen nicht erfüllt werden, sind die Arbeiter zur Arbeitseinstellung erneut durch die unterzeichneten Körperschaften aufzufordern.

Artillerie vor der Humboldt-Schule im Knooper Weg (aus dem Bild-Tableau »Gespannte Lage in Kiel 7. Febr. 1919«)

Rechtsbürgerliche Patrouille in der Muhliusstraße (aus dem Bild-Tableau »Gespannte Lage in Kiel 7. Febr. 1919«)

Arbeits-Ausschuss. A. und S.R. Exekutiv-Komitee.
Roter Soldatenbund.[330]

Gouverneur Garbe blieb jedoch bei seiner harten Haltung gegenüber den Aufständischen und antwortete auf deren Forderungen:

zu 1) Schutztruppe bleibt bestehen und wird ergänzt.
zu 2) ja, aber auf beiden Seiten.
zu 3) auch die Arbeiter sind zu entwaffnen.[331]

Seine harte Haltung wurde durch die Sicherheitskompanien im Bereich der I. Matrosen-Division (Sicherheitstruppe) gestützt, die ihrerseits auf folgenden Forderungen beharrten:

1. dass sämtliche Waffen abgegeben werden von solchen, die nicht berechtigt sind, solche zu tragen, bis morgen früh 8 Uhr [8. Februar].
2. Es wird gefordert, dass sämtliche Offiziere und Studenten, die sich auf diese Regierung stützen, und für Ruhe und Ordnung mit eintreten wollen, dasselbe Recht haben, bewaffnet zu werden, wie sich Zivil- und Militärpersonen unrechtmäßig bewaffnet haben.

Wenn diese Forderungen angenommen werden, werden sofort sämtliche Offiziere und Studenten entwaffnet.[332]

Gouverneur Garbe war mit dem ersten Punkt voll einverstanden. Die zweite Forderung hielt er für berechtigt, lehnte sie aber trotzdem ab, weil er mit den als reaktionär geltenden Offizieren und den Studenten nur ungern gemeinsame Sache machen wollte.[333] Weil die Regierungsseite auf der völligen Entwaffnung der Aufständischen beharrte, diese aber auf einer Entwaffnung der Bürgerwehren und Studentenwehr sowie einer gemeinsamen Neuaufstellung der Sicherheitstruppe bestanden, die zu einer revolutionäreren Ausrichtung dieser Truppe geführt hätte, führten die Verhandlungen zu keinem Ergebnis. Die Uhr tickte, und mit dem Ablauf des Ultimatums begann die Sicherheitstruppe mithilfe der Offiziere und der Studentenwehr, am 7. Februar militärisch gegen die Spartakisten vorzugehen. Während Garbe die Beteiligung der Offiziere an der Niederschlagung des Aufstands ablehnte, empfahl Konteradmiral Küsel ihnen dringend, wenn auch nur inoffiziell, sich der Sicherheitstruppe zur Verfügung zu stellen.[334]

Der Gouverneur verhängte den Belagerungszustand über die Stadt und die Straßenbahn stellte ihren Betrieb ein. Die Ge-gend um die Fährstraße und das Gewerkschaftshaus wurden durch ein großes Militäraufgebot abgesperrt, dann wurden schwere Waffen wie Geschütze in Stellung gebracht. Um Aufläufe der Bevölkerung zu verhindern, wurden der Wilhelmplatz und der Exerzierplatz vom Militär gesichert. Alle Theater- und Kinovorführungen mussten vorzeitig abgebrochen werden, und die Geschäfte sowie Lokale wurden geschlossen, um die Menschen von den Straßen zu bringen. Trotzdem versammelten sich zahlreiche Schaulustige an den Absperrungen, um das Geschehen um die Fährstraße herum zu verfolgen. Die Aufforderung des Gouverneurs an die Aufständischen, die Waffen abzuliefern, blieb ohne Erfolg. Nicht eine einzige Waffe wurde abgeliefert. Der Vorsitzende des Roten Soldatenbundes Plume und der Vorsitzende der Kieler Kommunisten Wallach wurden wegen Beteiligung an den Unruhen in Haft genommen. Trotz der angespannten Lage blieb die Nacht vom 7. auf den 8. Februar ruhig. War es die Ruhe vor dem Sturm?

Doch ein Sturm sollte dieses Mal ausbleiben: Am Morgen des 8. Februar war die Stadt nicht wiederzuerkennen. Die Arbeiter erschienen in ihren Betrieben, der Bahnhof war geöffnet, die Straßenbahnen fuhren und die Straßen füllten sich mit Menschen. Was war geschehen? Nachdem das Militär und die Sicherheitstruppe aufgezogen waren, hatten die Aufständischen trotz der Ankündigung, bis zum letzten Mann kämpfen zu wollen, in der Nacht klammheimlich die besetzte Frauen-Gewerbeschule geräumt. Ihre Waffen hatten sie zurückgelassen und waren lautlos im Dunkel der Nacht verschwunden. Nur wenige Spartakisten konnten festgenommen werden. Bei der Durchsuchung der Gewerbeschule am nächsten Morgen fanden die Soldaten zerstörte Maschinengewehre und zerschlagene Gewehre. In letzter Minute waren die Spartakisten vor den waffenmäßig haushoch überlegenen Regierungstruppen über die angrenzenden Hinterhöfe abgezogen und hatten so einen aussichtslosen Kampf und sicheren Tod vermieden.[335] Laut »Volkszeitung« verlief das Ende des Aufstands etwas weniger dramatisch. Auf Anraten Lothar Popps zerstörten die Spartakisten ihre Waffen, hissten eine weiße Fahne und zogen von dannen, bevor die Sicherheitstruppe sie ergreifen konnte.[336]

Durch ihre kompromisslose Haltung und schnelle Gegenreaktion hatten Garbe, der Ortsverein Groß-Kiel der MSPD und der Kieler Oberste Soldatenrat die Gefahr einer Machtübernahme durch die revolutionären Spartakisten an der Förde abgewehrt, wenn auch zu einem hohen Preis. Die Fronten innerhalb der gespaltenen Kieler Arbeiterschaft hatten sich verhärtet, eine politische Einigung war nicht mehr in Sicht. Trotzdem versuchte Garbe sofort, versöhnliche Signale an die Spartakisten zu senden, indem er den am Vortag in Haft genommenen Anführer des Roten Soldatenbundes Plume noch am 8. Februar wieder auf freien Fuß setzte.[337] Der Belagerungszustand konnte schon am Vormittag des 8. Februar wieder aufgehoben werden. Aus der Sicht der unterlegenen Spartakisten waren der Sieg der Sicherheitstruppe und die Rückkehr zur Normalität aber nichts anderes als »weißer Terror« und eine Gegenrevolution von »Weißgardisten«, Offizieren, Studenten und Bürgern.[338]

Allerdings hatte der Gouverneur es den konservativen Offizieren, Bürgerwehren und Studenten durch ihre Beteiligung ermöglicht, im November 1918 verlorenes Terrain zumindest teilweise zurückzuerobern und temporär in alte Machtpositionen zurückzukehren. Wie sein Vorgänger Noske ging auch Garbe, wenn auch nur widerwillig, ein gefährliches Bündnis mit den ungeliebten konservativen Kräften ein, um die radikale Linke niederzuwerfen. Allerdings verfügte Garbe nach der Niederschlagung der linken Unruhen in Kiel im Gegensatz zu Noske auf der Reichsebene die Entwaffnung der Offiziere und Studentenwehr, um eine Gefährdung der Revolution von rechts durch reaktionäre Militärs und Freikorps zu verhindern. Alle Einheiten, die nicht zur Sicherheitstruppe gehörten, mussten ihre Waffen abliefern.[339] Im Gegensatz zu Noske, der auch nach dem von der »Division Gerstenberg« bei der Rückeroberung Bremens am 4. Februar 1919 angerichteten Blutbad mit 57 getöteten Arbeitern, Frauen und Kindern an dem Bündnis mit den reaktionären Militärs und Freikorps festhielt, wollte Garbe diesen faustischen Pakt möglichst schnell wieder beenden.[340] Mit der Beruhigung der politischen Lage in Kiel im März 1919 stellte die Studentenwehr Mitte April ihre Zusammenkünfte ein, viele ihrer Mitglieder kämpften danach aber noch im Grenzschutz in den deutschen Ostprovinzen.

Trotz der Toten und Verletzten sind die Kieler Februarunruhen vom Ausmaß der Gewalt nicht mit den Gewaltexzessen während der zweiten Revolutionswelle in Bremen (4. Februar 1919, 57 Tote), den Berliner Märzunruhen (3. bis 13. März 1919, ca. 1200 Tote) oder der Niederschlagung der Münchener Räterepublik (1. bis 3. Mai 1919, ca. 600 Tote) zu vergleichen.[341]

Für die Spartakisten war der gescheiterte Umsturzversuch ein schwerer Rückschlag. Ein nicht namentlich gekennzeichneter Bericht vom 16. Februar 1919 zur Lage in Kiel[342] stellt fest, dass die Mitglieder des Roten Soldatenbundes infolge der starken Gegenmaßnahmen der Sicherheitstruppe die Lust auf einen Umsturz verloren hätten. Zu der Mitgliederversammlung am 10. Februar seien von über 1000 eingetragenen Personen nur 11 erschienen. Daher habe sich der Rote Soldatenbund aufgelöst, und den Mitgliedern sei empfohlen worden, sich der Kommunistischen Partei anzuschließen. Durch die Entlassung des Geburtsjahrgangs 1897 aus dem Militär seien dem Roten Soldatenbund ebenfalls eine große Zahl seiner Anhänger genommen worden. Auch für die Kommunistische Partei sei der gescheiterte Umsturzversuch ein herber Dämpfer gewesen. Auf ihrer Versammlung am 13. Februar seien nur 120 Personen erschienen. Der bisherige Vorsitzende Wallach habe den Vorsitz niedergelegt, nachdem er erfahren habe, dass sich der Rote Soldatenbund aufgelöst habe und »dass auch in Kiel die U.S.P.D. anscheinend gegen die Kommunisten arbeite.« Allerdings habe die Kommunistische Partei die Absicht, eine kommunistische Jugendbewegung zu gründen. Laut Bericht hatte die Kommunistische Partei am 13. Februar 510 Mitglieder in Kiel und 580 in Friedrichsort. Seit dem 8. Februar sei für die Partei »ein besonders auf Hetzreden eingestellter Redner Hirsch[343] tätig, der jetzt auch versucht, in den Ortschaften der Umgebung Anhänger zu finden, bisher anscheinend noch nicht mit besonderem Erfolg.« Von irgendwelchen Gewaltabsichten der Kommunisten in der nächsten Zeit sei nichts bekannt, zudem werde die Tätigkeit von Herrn Hirsch besonders beobachtet. Auf den Versammlungen der USPD trete seit dem 8. Februar der ehemalige Volksbeauftragte Barth[344] auf. Dieser »warnt allgemein vor Putschen; sie seien schädlich und überflüssig; in 6 Wochen komme doch der wirtschaftliche Zusammenbruch und die zweite Revolution!« Positiv auf die Stimmung in Kiel habe sich laut dem Verfasser auch ausgewirkt, dass die Zahl der Arbeitslosen von über 3000 Mitte Januar auf 1900 Mitte Februar zurückgegangen sei. Allerdings sei in Kürze ein beträchtlicher Anstieg der Arbeitslosenzahl zu erwarten, da ab dem 18. Februar Entlassungen auf der Germaniawerft, der Reichswerft und anderen Betrieben anstünden.

Insgesamt gesehen war die Einschätzung, dass die Linksradikalen in Kiel ihren Höhepunkt überschritten hatten, aber falsch. Die Spartakisten hatten sich zwar mit dem von ihnen mutwillig ausgelösten Aufstandsversuch ins politische Abseits manövriert, aber sie erhielten in den folgenden Monaten starken Zulauf. Ein Bericht der Marinestation vom 23. Juni 1919 stellte fest, dass die Mehrheit der Kieler Arbeiterschaft hinter der MSPD stünde, aber die Zahl der Anhänger der USPD auf ca. 17 000 (bei der Nationalwahl am 19. Januar hatten sie nur 9624 Stimmen in Kiel erhalten) und die der Kommunisten und Spartakisten auf etwa 3000 angestiegen sei.[345] Die steigende Arbeitslosigkeit und die mangelnden Erfolge in der wirtschaftlichen Umgestaltung zugunsten der Arbeiterschaft hatten viele Arbeiter enttäuscht und in die Arme der radikalen linken Parteien getrieben. Der gescheiterte Aufstandsversuch der Spartakisten hatte allerdings noch eine andere gravierende Folge: Er führte als Gegenreaktion zu einer gezielten Aufrüstung der bürgerlichen und rechtsgerichteten Militärformationen in Kiel.

In Berlin nutzte Gustav Noske als frisch ernannter Reichswehrminister in der Regierung Scheidemann die anfänglichen Probleme der Kieler Sicherheitstruppe, die Spartakisten schnell niederzuringen, dazu, auch an der Förde eine neue Regierungstruppe unter Führung des Korvettenkapitäns Wilfried von Loewenfeld aufzubauen.[346] Nach Aussage Loewenfelds sollte diese Truppe politisch frei sein, dennoch wurde sie schnell zu einem Sammelbecken für ehemalige und aktive Offiziere, Deckoffiziere, Unteroffiziere und Soldaten und wies reaktionäre Tendenzen auf. Keimzelle dieser Truppe war ein konspirativer Zusammenschluss konservativer Seeoffiziere aus dem Bereich der Marinestation der Ostsee am 10. November 1918, aus dem noch im selben Monat die Seeoffizier-Vereinigung Ostsee (SOVO) hervorging. Getarnt als ein Verband, der die wirtschaftlichen Interessen der Seeoffiziere vertrat, ging es ihm jedoch vor allem darum, die Macht der Seeoffiziere wiederherzustellen und die Macht der Deckoffiziere zurückzudrängen, die nach der vorübergehenden Absetzung vieler Seeoffiziere in das entstandene Machtvakuum hineingestoßen waren. Der andere Gegner der SOVO war der Oberste Soldatenrat, in dem nach der Entlassung der wehrpflichtigen

Mannschaften aus der Marine die Deckoffiziere ebenfalls stark an Einfluss gewonnen hatten und der die Rückkehr der verhassten Seeoffiziere in ihre alten Positionen möglichst verhindern wollte. Als Vorstandsmitglied der SOVO schickte Wilfried von Loewenfeld seinen Mittelsmann Wilhelm Canaris im Januar 1919 nach Berlin ins Reichsmarineamt, und am 3. Februar gelang es Canaris, von Gustav Noske eine für Loewenfeld ausgestellte Vollmacht zur Bildung eines Freikorps zu erhalten. Noskes Vollmacht für Loewenfeld, die einen Tag vor dem Ausbruch der Spartakistenunruhen in Kiel am 4. Februar ausgestellt wurde, zeigt, dass Noske nach dem blutigen Spartakusaufstand in Berlin im Januar bereit war, auch republikfeindlich gesinnten Offizieren einen Freibrief auszustellen, solange diese ihm einen Kampfverband gegen die Spartakisten und Kommunisten zur Verfügung stellten. Zu diesem Zeitpunkt waren Loewenfelds Vorbereitungen zum Aufbau seiner Truppe schon fortgeschritten, denn er hatte heimlich und ohne Wissen der Marinestation bereits die Verpflegung, Unterbringung, Bekleidung und Ausrüstung für 2000 Mann vorbereitet, die in der Deckoffizierschule in der Wik einquartiert werden sollten.[347] Das Bekanntwerden dieses Freikorps musste zwangsläufig zu massiven Konflikten mit dem Kieler Obersten Soldatenrat, Gouverneur Garbe und Admiral Küsel als ranghöchstem Offizier der Marinestation führen.

Nach dem Spartakistenaufstand Anfang Februar 1919 konnte sich der Kieler Oberste Soldatenrat mit seiner Forderung, dass die von ihm kontrollierte revolutionäre Sicherheitstruppe allein für die Aufrechterhaltung der Ruhe und Ordnung in der Stadt verantwortlich sei, nicht mehr gegen Noske durchsetzen. Obwohl die Sicherheitstruppe nach den Unruhen umgebildet und auf ca. 3000 Mann verstärkt wurde, gab Noske Loewenfeld den Auftrag, in Kiel parallel ein Freikorps aufzubauen. Admiral Küsel will von diesem Spezialauftrag Loewenfelds erstmals am 11. bzw. 12. Februar 1919 über Umwege erfahren haben. Er beschrieb den Zweck der neuen Truppe als »Regierungstreue aktive Truppe. Zweck

Niederwerfung des Bolschewismus.« und erhob scharfen Protest bei Noske gegen ihre Aufstellung, weil er befürchtete, dass diese rechtsgerichtete Truppe Gouverneur Garbe und die Arbeiter geschlossen gegen das Militär aufbringen und in die Arme der USPD treiben würde.[348] Noske hielt aber an seiner Entscheidung fest und ließ Loewenfeld das Freikorps im Geheimen mit materieller und finanzieller Unterstützung aus Berlin als bewusstes Gegengewicht zur revolutionären Sicherheitstruppe weiter aufbauen. Diese Maßnahme war auch ein deutliches Zeichen, wie sehr Noske dem Soldatenrat in Kiel misstraute. Nach wie vor waren ein gewaltsamer Umsturz von links und ein möglicher Bürgerkrieg ein Horrorszenario für Noske, das es unter allen Umständen zu verhindern galt. Diese Angst machte ihn blind für die Gefahren, die der Republik aus der Aufstellung der reaktionären Freikorps von rechts erwuchsen.

Mit der von Noske unterstützten Aufstellung eines Freikorps hatte der Oberste Soldatenrat die alleinige Kommandogewalt über die für die innere Sicherheit zuständigen Truppen in Kiel verloren und wurde dadurch deutlich geschwächt. Ein Ende Februar mit Loewenfeld ausgehandelter Kompromiss, dass die neue Regierungstruppe »auf Grundlage der Sicherheitstruppe« aufgestellt wird, änderte am Kontrollverlust des Soldatenrats nichts mehr, denn Loewenfeld hatte keinerlei Sympathien für die Revolution und die aus ihr hervorgegangenen Räte.[349] Loewenfelds Truppe sollte im Auftrag der Reichsregierung den Bolschewismus bekämpfen, ihr Führer und seine Kämpfer wollten aber die Revolution und die aus ihr hervorgegangene neue Ordnung insgesamt bekämpfen. Das musste eher früher als später zum Konflikt mit der organisierten Arbeiterschaft führen, die die politischen Errungenschaften der Revolution nicht nur verteidigen, sondern auch noch weiter ausbauen wollten.

Aus dem Freikorps Loewenfeld entstand dann Anfang März 1919 auch offiziell die 3. Marinebrigade. Bei ihrer offiziellen Aufstellung umfasste sie bereits 400 Mann, fast alle Offiziere, die Loewenfeld seit November 1918 privat um sich geschart hatte. Mitte März 1919 war das Freikorps bereits 1500 Mann stark und wuchs im Verlauf des Jahres bis auf 6000 Mann auf.[350] Als sich im März 1920 rechtsgerichtete Politiker, reaktionäre Militärs und Freikorps, die durch die bewusst geschürte Furcht vor den Bolschewisten und mit Unterstützung Noskes wieder auf die politische Bühne zurückgekehrt waren, im Kapp-Lüttwitz-Putsch gegen die junge Demokratie stellten und versuchten, die legitime Reichsregierung zu stürzen, stellte sich auch das turnusmäßig in Kiel stationierte II. Bataillon (Freikorps Claassen) der 3. Marinebrigade auf die Seite der Putschisten und versuchte, das Rad der Zeit zurückzudrehen und die alte Gesellschaftsordnung wiederherzustellen. Auch wenn Wilfried von Loewenfeld selbst nicht in Kiel kämpfte, waren die Folgen für die Stadt verheerend. Seine Kämpfer stellten sich gegen Noske, der sie nur ein Jahr zuvor aufgestellt hatte.

12. Der Kapp-Lüttwitz-Putsch in Kiel
März 1920

Das Frühjahr 1919 war in weiten Teilen des Reiches von politischen Unruhen geprägt, die Anfang März in Berlin mit heftigen Kämpfen im Stadtzentrum und in Lichterberg, die ungefähr 1200 Menschen das Leben kosteten, erneut bürgerkriegsähnliche Zustände annahmen. Selbst die Zusammenkunft der verfassungsgebenden Nationalversammlung war in der Reichshauptstadt nicht sicher und deshalb wurden ihre Beratungen am 6. Februar im Deutschen Nationaltheater in Weimar begonnen. Ende Juli 1919 waren die Beratungen abgeschlossen und am 31. Juli verabschiedeten die Abgeordneten die »Verfassung des Deutschen Reichs« mit 262 gegen 75 Stimmen (84 Abgeordnete waren abwesend). Am 11. August unterzeichnete Reichspräsident Friedrich Ebert die Verfassung, am 14. August trat sie mit ihrer Verkündung in Kraft. Das Deutsche Reich war jetzt eine parlamentarische Republik mit einem starken Reichspräsidenten an der Spitze, der den Reichskanzler ernennen konnte. Abgesehen vom Räteartikel 165, der den Einfluss der Arbeiter auf die Wirtschaft stärken sollte, waren Räte in der Verfassung nicht vorgesehen.[351] Ihre Zeit als politische Entscheidungsträger war abgelaufen.

Die Verfassungsberatungen in Weimar waren überschattet von den parallel seit dem 18. Januar 1919 in Versailles stattfindenden

Friedensverhandlungen, in denen die siegreichen Entente-Mächte (Großbritannien und Frankreich) und ihre Verbündeten (USA, Italien etc.) über die Bedingungen eines Friedensvertrages für das besiegte Deutsche Reich entschieden. Deutschland war an den mündlichen Verhandlungen nicht beteiligt, es durfte nur über diplomatische Noten mit den Entente-Mächten und den USA kommunizieren. Am 22. Juni 1919 votierte die Deutsche Nationalversammlung mit 237 gegen 138 Stimmen für die Annahme des Friedensvertrags, am 28. Juni unterzeichneten Außenminister Hermann Müller (SPD) und Verkehrsminister Johannes Bell (Zentrum) für die deutsche Reichsregierung unter Protest den Friedensvertrag. Die Friedensbedingungen, die dem Deutschen Reich auferlegt wurden, waren hart und wurden von vielen Deutschen als »Diktatfrieden« und entwürdigend empfunden. Das Deutsche Reich musste große Gebietsverluste hinnehmen und Elsass-Lothringen an Frankreich, Eupen-Malmedy an Belgien, das Sudetenland an die neu gegründete Tschechoslowakei sowie Teile Westpreußens und Oberschlesiens an Polen abtreten. In Nordschleswig sollte die Bevölkerung 1920 über ihre staatliche Zugehörigkeit abstimmen. Alle überseeischen Kolonien mussten abgegeben werden. Darüber hinaus wurde das deutsche Heer auf 100 000 Soldaten begrenzt, und die auf 15 000 Mann verkleinerten deutschen Seestreitkräfte durften keine modernen Schlachtschiffe und U-Boote besitzen. Ebenso durfte Deutschland keine Luftstreitkräfte aufbauen und das linke Rheinufer wurde demilitarisiert. Als besondere Demütigung wurde empfunden, dass das Deutsche Reich im Friedensvertrag die Alleinschuld am Kriegsausbruch 1914 zugesprochen bekam und für die von ihm im Westen verursachten Kriegsschäden über Jahrzehnte hohe finanzielle und materielle Reparationen an Frankreich und Belgien zahlen musste. Schnell machte das Wort vom »Schandfrieden« die Runde und die harten Bedingungen des Friedensvertrags erwiesen sich als eine schwere Hypothek für die junge Republik. Weil die Annahme des Friedensvertrags durchaus auf der Kippe stand, hatte sich die seit November 1918 im schottischen Scapa Flow internierte deutsche Hochseeflotte am 21. Juni 1919 weitgehend selbst versenkt, damit die Schiffe im Falle einer deutschen Ablehnung des Friedensvertrags und einem Wiederbeginn der Kriegshandlungen dem Gegner nicht in die Hände fielen. Angesichts dieser harten Bedingungen war es kein Wunder, dass viele vor allem national und konservativ gesinnte Deutsche der neuen Republik und der sie tragenden Regierung (»Weimarer Koalition«) aus den Mehrheitssozialdemokraten, der Deutschen Demokratischen Partei und dem Zentrum, die den Friedensvertrag unterschrieben hatte, ablehnend gegenüberstanden. Die Rechte machte heftig Propaganda damit, dass die Sozialdemokraten schuld an der Niederlage im Krieg seien und damit auch die Verantwortung für den schmachvollen Friedensvertrag von Versailles trügen, was die junge Republik weiter destabilisierte und den Boden für ihre Gegner vom politisch rechten Spektrum bereitete.

In diesem vergifteten politischen Klima witterten nationalkonservative Politiker und reaktionäre Militärs im März 1920 ihre Chance, die ihnen verhasste Reichsregierung zu stürzen. Seinen Anfang nahm der rechtsgerichtete Kapp-Lüttwitz-Putsch in Berlin, am längsten gekämpft wurde aber in Kiel. Seine Hauptakteure waren der General der Infanterie Walther Freiherr von Lüttwitz, Befehlshaber des Reichswehrgruppenkommandos in Berlin, und der Königsberger Generallandschaftsdirektor Wolfgang Kapp, der bereits 1917 zu den Gründern der Deutschen Vaterlandspartei (DVLP) gehörte, die durch ihre annexionistische Kriegszielpolitik dazu beitrug, die Friedensbemühungen der damaligen Reichsregierung zunichtezumachen. Unterstützt wurden sie vom ehemaligen Weltkriegsgeneral und OHL-Chef Erich Ludendorff und dem Freikorps »Marinebrigade Ehrhardt«, einem Zusammenschluss von ehemaligen Offizieren, Deckoffizieren und Angehörigen der Kaiserlichen Marine, dessen Auflösung durch die Reichsregierung im Rahmen der Truppenreduzierung bereits am 29. Februar 1920 angeordnet worden war. Da sich Lüttwitz den Anordnungen des Reichspräsidenten Ebert widersetzte und zudem politische Forderungen erhob, die auf eine Auflösung der demokratisch legitimierten Nationalversammlung hinausliefen, wurde er am 11. März von Reichswehrminister Gustav Noske entlassen.[352] Lüttwitz nahm seine Entlassung zum Anlass, der Marinebrigade Ehrhardt den Befehl zu erteilen, am frühen Morgen des 13. März in Berlin einzumarschieren und das Regierungsviertel mit den Ministerien zu besetzen. Auch die Reichswehrbrigade 3 aus Potsdam schloss sich dem Militärputsch an. Kurz danach erklärte Wolfgang Kapp in einer Proklamation, dass er die Regierungsgeschäfte als Reichskanzler und preußischer Ministerpräsident übernommen und General Lüttwitz zum militärischen Oberbefehlshaber und Reichswehrminister berufen habe.[353] Allerdings war diese Regierungsübernahme nur dilettantisch vorbereitet – es gab z. B. keine Ministerlisten –, sodass das Militär um General Lüttwitz die treibende Kraft hinter dem Putsch blieb. Ziel der Putschisten war die Errichtung einer Diktatur und die Wiederherstellung der führenden Rolle des Militärs. Kapp fiel letztlich nur eine unbedeutende Nebenrolle zu, weil sich auch die Berliner Ministerialbürokratie weigerte, den geleisteten Eid auf die verfassungsgemäße Regierung zu brechen und die Putschisten zu unterstützen. Da sich aber die Berliner Reichswehrtruppen und die Sicherheitspolizei überwiegend Kapp und Lüttwitz anschlossen, verließen Reichspräsident Ebert und Reichskanzler Gustav Bauer noch am Morgen des 13. März die Reichshauptstadt und wichen mit ihrer Regierung über Dresden nach Stuttgart aus, um von dort den Widerstand gegen die Putschisten zu organisieren. Die Heeresleitung versagte den Putschisten ihre Unterstützung, weigerte sich aber zugleich, mit regierungstreuen Truppen aktiv militärisch gegen sie vorzugehen, weil sie dadurch eine Spaltung oder den Zerfall der Reichswehr fürchtete, was unter der dem Chef des Truppenamts General Hans von Seeckt zugeschriebenen Parole »Reichswehr schießt nicht auf Reichswehr/ Truppe schießt nicht auf Truppe« Bekanntheit erlangte. Die Gewerkschaften und die sozialdemokratischen Reichsminister riefen die Bevölkerung sofort zum Generalstreik auf, um dadurch das gesamte öffentliche Leben lahmzulegen und den Putschisten so die Unterstützung zu entziehen.[354]

Auf Kiel griff der Putschversuch erst durch den Chef der Admiralität, Vizeadmiral Adolf von Trotha, über. General Lüttwitz gelang es unter Vorspiegelung falscher Tatsachen, dass Kapp Reichskanzler unter dem weiterhin amtierenden Reichspräsidenten Ebert sei, Trotha auf seine Seite zu ziehen. Trotha wechselte ins Lager der Putschisten, um so die weitere Reduzierung der Marine zu verhindern, aber auch weil er mit ihren reaktionären politischen Zielen sympathisierte, und stellte sich mit der Marine den vermeintlich neuen Machthabern zur Verfügung. Dem Seitenwechsel ihres Chefs folgten auch die Befehlshaber der Marinestationen in Wilhelmshaven und Kiel. Dabei kam den Putschisten entgegen, dass der Chef der Marinestation der Ostsee, Konteradmiral Magnus von Levetzow[355], seit der Verhängung des Ausnahmezustands durch die Reichsregierung im Januar 1920 im Festungsbereich Kiel wieder die vollziehende Gewalt ausübte und damit über eine außerordentliche Machtfülle verfügte. Zudem sympathisierte auch Levetzow mit den Zielen der Putschisten. Im übrigen Schleswig-Holstein hatte der Kommandeur der Reichswehrbrigade 9 in Schwerin, General Paul von Lettow-Vorbeck, das Kommando.[356] Neben seinen regulären Marineeinheiten konnte der Stationschef in Kiel auch auf die Sicherheitspolizei, eine kasernierte Polizeitruppe unter dem Kommando des Majors Emil von Winterfeld, und das überwiegend aus der Bürgerschaft, Studenten und auch Schülern rekrutierte Zeitfreiwilligenregiment zurückgreifen. Darüber hinaus unterstand Levetzow auch das II. Bataillon der 3. Marinebrigade (»Brigade Loewenfeld«) unter dem Kommando des Korvettenkapitäns Franz Claassen. Dieses reaktionäre Freikorps, das zuvor in den Kämpfen in Oberschlesien eingesetzt worden war und dem jetzt ebenfalls die zwangsweise Auflösung bevorstand, sollte im Putsch in Kiel zur Stütze der Umstürzler werden und die heftigsten Kämpfe auslösen.[357]

In Kiel verlief seit dem Matrosen- und Arbeiteraufstand im November 1918 ein tiefer Riss durch die Bevölkerung zwischen den Befürwortern der neuen politischen Verhältnisse (vor allem die Werftarbeiterschaft, MSPD, Gewerkschaften) und den Konservativen aus dem Offizierskorps und Bürgertum, die sich die Wiederherstellung der alten Gesellschaftsordnung wünschten. Deshalb fanden die Putschisten nicht nur unter den Offizieren der Marinestation, sondern auch im konservativen Bürgertum und in der Professorenschaft der Christian-Albrechts-Universität, von wenigen Ausnahmen wie z. B. dem sozialdemokratischen Juristen Gustav Radbruch abgesehen, viele Sympathisanten und Unterstützer. Entlang dieser Konfrontationslinien verlief auch der Kapp-Lüttwitz-Putsch in Kiel.[358]

Am Mittag des 13. März 1920 wandte sich Stationschef Levetzow mit einem Aufruf in den vier Kieler Tageszeitungen an die Bevölkerung. Er forderte sie auf, »vollständige Ruhe zu bewahren und die weitere Entwicklung der Dinge abzuwarten.« Er versicherte, »die mir unterstellten Truppen werden die Sicherheit und Ordnung unter allen Umständen aufrecht erhalten« und verbot gleichzeitig »alle Versammlungen in geschlossenen Räumen und auf Plätzen, sowie Umzüge und Ansammlungen von Menschenmengen auf den Straßen und die Herstellung und Verbreitung von Flugblättern irgendwelcher Art ohne meine Erlaubnis«.[359] Allerdings griff die Pressezensur der Putschisten noch nicht, sodass die liberale »Kieler Zeitung« und die beiden sozialdemokratischen Zeitungen, die »Volkszeitung« (MSPD) und die »Republik« (USPD), die die Gefahr eines »Putsches der Gegenrevolution«[360] und die Errichtung einer Militärdiktatur sofort erkannt hatten, gemeinsam zum Generalstreik und zum Widerstand gegen die Putschisten aufrufen konnten. Dabei zeigten die MSPD und die USPD trotz der Betonung ihrer Differenzen über die Regierungsform eine seit den Februarunruhen 1919 nicht mehr gekannte Einigkeit, denn für beide Parteien stand die Verteidigung der demokratischen Errungenschaften der Revolution im Vordergrund. Es ging um nicht weniger als die Freiheit der Arbeiterklasse. So rief das USPD-Parteiorgan »Republik« dazu auf:

> Arbeiter! Genossen! Es gilt eine große Gefahr abzuwehren. Tretet einig und geschlossen auf zur Abwehr der reaktionären Pläne. Es geht nicht um die rechtssozialistische Regierung, es geht vor allen Dingen um Euch selbst, um das revolutionäre Proletariat, welches niederkartätscht wird, wenn die deutschnationalen Drahtzieher ihr Ziel erreichen.
> Deshalb Arbeiter, Genossen, steht einig und fest im Generalstreik für den Sozialismus![361]

Auch die »Kieler Zeitung« schloss sich unter der Schlagzeile »Rettet das Vaterland! Schützt die Demokratie!« dem Kampf gegen die »Militärdiktatur der Reaktionäre« an.[362] Lediglich die nationalkonservativen »Kieler Neuesten Nachrichten« berichteten zwar über den Sturz der Reichsregierung in Berlin, riefen im Gegensatz zu den anderen drei Kieler Zeitungen aber nicht zum Kampf gegen die Putschisten auf, sondern warteten zunächst ab, wie sich die politische Lage weiterentwickeln würde. Die Aufrufe zum Widerstand gegen die Putschisten in Berlin und Kiel waren die letzten Aktionen der Presse. Noch am 13. März ließ Levetzow die »Volkszeitung« und die »Republik« verbieten. Am 14. März erschienen nur noch die »Kieler Neuesten Nachrichten« und die »Kieler Zeitung«, letztere schon in einer stark zensierten Ausgabe. Auf der Titelseite sind ganze Spalten blank, und der Aufruf der Deutschen Demokratischen Partei zum »schärfsten Widerstand gegen die rebellischen Reichszerstörer« durfte nicht abgedruckt werden. Am 15. März stellten auch sie ihr Erscheinen bis zum 20. bzw. 21. März ein. Die zensierten Artikel wurden nach dem Zusammenbruch des Putsches in der Morgenausgabe der »Kieler Zeitung« vom 21. März nachträglich abgedruckt. Am Abend des

Konteradmiral Magnus von Levetzow. Im Bild als Kapitän zur See. Archiv Föhrde-Club zu Kiel

14. März ließ Levetzow die Räume der »Kieler Zeitung« und der »Volkszeitung« durch die Sicherheitspolizei besetzen, nachdem Flugblätter gegen die Putschisten in Kiel aufgetaucht waren.[363]

Allerdings lief der Streikaufruf der beiden sozialdemokratischen Parteien am 13. März zunächst nur schleppend in einigen Großbetrieben wie den Howaldtswerken und der Reichswerft Friedrichsort (ehemalige Torpedowerkstätten) an, was auch damit zusammenhing, dass der Putsch und Streikbeginn auf einen Sonnabend fielen. Umso energischer begannen die Arbeiter aber, sich zu bewaffnen, um sich den Putschisten entgegenstellen zu können. Weil sich Stationschef Levetzow am Vormittag auf Anfrage der MSPD nicht eindeutig dazu äußern wollte, ob er und die Marine auf Seiten der legalen Reichsregierung von Gustav Bauer ständen, gingen die beiden sozialdemokratischen Parteien davon aus, dass er sich den Putschisten angeschlossen habe. Deshalb beschlossen die Kieler MSPD- und USPD-Führung umgehend die Bewaffnung der Arbeiter und die sofortige Besetzung einiger militärischer Schlüsseleinrichtungen auf dem Ostufer. Die MSPD entschloss sich zu diesem ungewöhnlichen Schritt, den sie während der Februarunruhen 1919 noch strikt abgelehnt hatte, um die Führung der Arbeiter nicht an die USPD zu verlieren und so auch eine mögliche weitere Radikalisierung der Arbeiterschaft verhindern zu können. Die KPD wurde in diese Entscheidungen bewusst nicht einbezogen. Gegen Mittag zogen bewaffnete Arbeiter auf das Gelände des Marinearsenals und der Reichswerft, um die dort gelagerten Geschütze in ihren Besitz zu bringen. Die dazugehörige Munition wollten sich die Arbeiter aus dem Marineartilleriedepot in Dietrichsdorf beschaffen.[364] Die Bewaffnung der Arbeiter war aber insgesamt gesehen schwach, und es mangelte ihnen vielfach an Munition. Zudem ordnete der Stationschef sofort militärische Gegenmaßnahmen an.

Die Bewaffnung der Arbeiter und der Generalstreik ließen die immer noch weit verbreiteten Ängste der Konservativen und Bürgerlichen vor einer erneuten Radikalisierung der Arbeiterschaft reflexartig wieder hochkommen und führten zu einer schnellen Gegenreaktion des Militärs und der konservativen Bürgerwehren in Kiel. Konteradmiral Levetzow schickte umgehend schwer bewaffnete Truppen los, um die nur leicht bewaffneten Arbeiter aus den soeben besetzten Einrichtungen und Betrieben wieder zu vertreiben. Dabei kam es vor allem auf der Reichswerft zu heftigen Schießereien zwischen Arbeitern und dem von Levetzow geschickten Landungskorps, das die besetzte Werft von der Seeseite angriff. In den schweren Kämpfen wurden 2 Offiziere und 4 Soldaten getötet sowie 12 weitere verwundet. Auf der Gegenseite wurde ein Arbeiter verletzt. Gegen die schwerbewaffneten Truppen Levetzows, zu denen auch das Freikorps-Bataillon von Korvettenkapitän Claassen gehörte, konnten die Arbeiter ihre Stellungen nicht halten und mussten sich sowohl aus der Reichswerft als auch dem Marinearsenal zurückziehen.[365] Am Munitionsdepot in Dietrichsdorf setzte das Militär sogar Geschütze gegen die Arbeiter ein. Am Abend des ersten Putschtages waren Marinearsenal, Reichswerft und Munitionsdepot wieder fest in der Hand von Levetzows Truppen.

Für die Arbeiter waren die Soldaten und Freikorpskämpfer Levetzows Reaktionäre, die die verhasste alte Gesellschaftsordnung wiederherstellen wollten. Die Soldaten wiederum sahen in den bewaffneten Arbeitern den erneuten Beginn einer bolschewistischen Umsturzbewegung. Das gegenseitige Misstrauen steigerte sich in den nächsten Tagen zu blankem Hass, eine Vermittlung und Deeskalation zwischen beiden Seiten war nicht mehr möglich.

Bereits am Nachmittag war im ganzen Stadtgebiet schwer bewaffnetes Militär aufgezogen, hatte die strategisch wichtige Schiffs- und Maschinenbauschule in der Fährstraße besetzt und kontrollierte den Zugang zum Gewerkschaftshaus und Polizeipräsidium. Gleichzeitig wurde eine Ausgangssperre für die Zivilbevölkerung von 22 Uhr abends bis 6 Uhr morgens verhängt, die von der Sicherheitspolizei streng überwacht wurde. Auf dem Wilhelmplatz und im Gewerkschaftshaus wurden Kundgebungen und Versammlungen gegen den Putsch gewaltsam aufgelöst und 20 sozialdemokratische Führer und Gewerkschaftsfunktionäre festgenommen. Unter ihnen war auch Gustav Garbe, der am Vormittag von der MSPD- und USPD-Führung erneut zum Kieler Gouverneur bestimmt worden war. Eduard Adler, erneut Beigeordneter beim Regierungspräsidenten in Schleswig, wurde ebenfalls in Haft genommen, und der erkrankte Kieler Polizeipräsident Wilhelm Poller (MSPD) wurde am Abend abgesetzt und unter Hausarrest gestellt. Zu seinem Nachfolger wurde der bisherige Landrat von Hadersleben, Freiherr von Löw, bestimmt. Ebenso wurde der sozialdemokratische Juraprofessor Gustav Radbruch verhaftet, nachdem er vom Militär auf der besetzten Reichswerft aufgegriffen worden war. Nun war eindeutig klar, auf welcher Seite der Stationschef in Kiel stand. Am 14. März wurde auch noch der sozialdemokratische Oberpräsident Heinrich

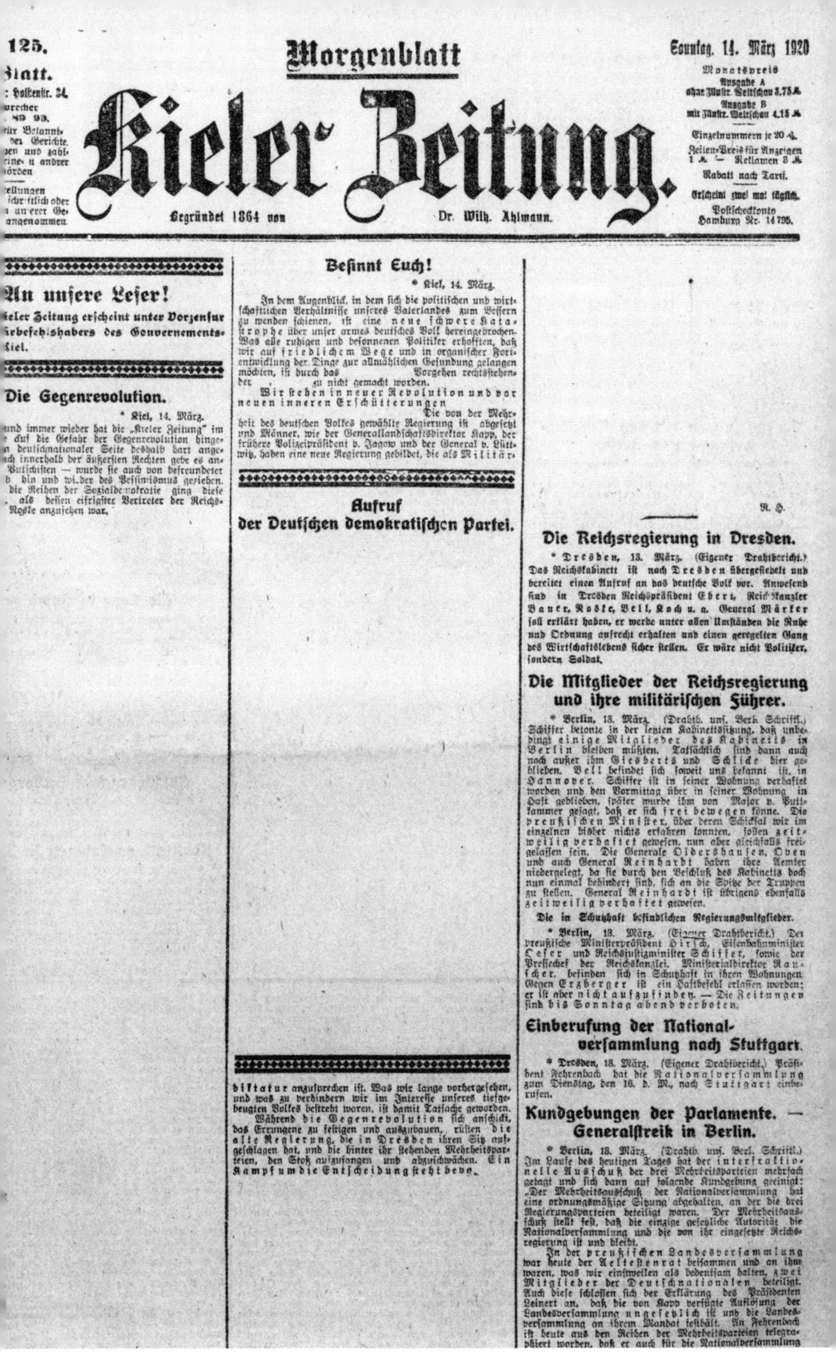

125.

[B]latt.

: Holstenstr. 34.

[Fern]precher
. 89 93.

[F]ür Bekannt[machungen]
der Gerichte,
[Behörd]en und zahl[reicher Ver]eine u andrer
[Beh]örden

[B]estellungen
schriftlich oder
[i]n unserer Ge[schäftsstelle]
angenommen.

Morgenblatt

Kieler Zeitung.

Begründet 1864 von Dr. Wilh. Ahlmann.

Sonntag, 14. März 1920

Monatspreis
Ausgabe A
ohne Illustr. Weltschau 3,75 ℳ
Ausgabe B
mit Illustr. Weltschau 4,15 ℳ

Einzelnummern je 20 ₰.

Zeilen-Preis für Anzeigen
1 ℳ — Reklamen 3 ℳ
Rabatt nach Tarif.

Erscheint zwei mal täglich.

Postscheckkonto
Hamburg Nr. 14795.

An unsere Leser!

[K]ieler Zeitung erscheint unter Vorzensur [des Ob]erbefehlshabers des Gouvernements [K]iel.

Die Gegenrevolution.

* Kiel, 14. März.

[Immer] und immer wieder hat die „Kieler Zeitung“ im [...] auf die Gefahr der Gegenrevolution hinge[wiesen ...] [vo]n deutschnationaler Seite deshalb hart ange[griffen ...] [au]ch innerhalb der äußersten Rechten gebe es an[...] Putschisten — wurde sie auch von befreundeter [...] hin und wieder des Pessimismus geziehen. [...] die Reihen der Sozialdemokratie ging diese [...] als dessen eifrigster Vertreter der Reichs[wehrminister] Noske anzusehen war.

Besinnt Euch!

* Kiel, 14. März.

In dem Augenblick, in dem sich die politischen und wirtschaftlichen Verhältnisse unseres Vaterlandes zum Bessern zu wenden schienen, ist eine neue schwere Katastrophe über unser armes deutsches Volk hereingebrochen. Was alle ruhigen und besonnenen Politiker erhofften, daß wir auf friedlichem Wege und in organischer Fortentwicklung der Dinge zur allmählichen Gesundung gelangen möchten, ist durch das Vorgehen rechtsstehender zu nicht gemacht worden.

Wir stehen in neuer Revolution und vor neuen inneren Erschütterungen

Die von der Mehrheit des deutschen Volkes gewählte Regierung ist abgesetzt und Männer, wie der Generallandschaftsdirektor Kapp, der frühere Polizeipräsident v. Jagow und der General v. Lüttwitz, haben eine neue Regierung gebildet, die als Militärdiktatur anzusprechen ist. Was wir lange vorhergesehen, und was zu verhindern wir im Interesse unseres tiefgebeugten Volkes bestrebt waren, ist damit Tatsache geworden.

Während die Gegenrevolution sich anschickt, das Errungene zu festigen und auszubauen, rüsten die alte Regierung, die in Dresden ihren Sitz aufgeschlagen hat, und die hinter ihr stehenden Mehrheitsparteien, den Stoß aufzufangen und abzuschwächen. Ein Kampf um die Entscheidung steht bevo[r].

R. H.

Aufruf der Deutschen demokratischen Partei.

Die Reichsregierung in Dresden.

* Dresden, 13. März. (Eigener Drahtbericht.) Das Reichskabinett ist nach Dresden übergesiedelt und bereitet einen Aufruf an das deutsche Volk vor. Anwesend sind in Dresden Reichspräsident Ebert, Reichskanzler Bauer, Noske, Bell, Koch u. a. General Märker soll erklärt haben, er werde unter allen Umständen die Ruhe und Ordnung aufrecht erhalten und einen geregelten Gang des Wirtschaftslebens sicher stellen. Er wäre nicht Politiker, sondern Soldat.

Die Mitglieder der Reichsregierung und ihre militärischen Führer.

* Berlin, 13. März. (Drahtb. uns. Berl. Schriftl.) Schiffer betonte in der letzten Kabinettssitzung, daß unbedingt einige Mitglieder des Kabinetts in Berlin bleiben müßten. Tatsächlich sind dann auch noch außer ihm Giesberts und Schlicke hier geblieben. Bell befindet sich soweit uns bekannt ist, in Hannover. Schiffer ist in seiner Wohnung verhaftet worden und den Vormittag über in seiner Wohnung in Haft geblieben, später wurde ihm von Major v. Puttkammer gesagt, daß er sich frei bewegen könne. Die preußischen Minister, über deren Schicksal wir im einzelnen bisher nichts erfahren konnten, sollen zeitweilig verhaftet gewesen, nun aber gleichfalls freigelassen sein. Die Generale Oldershausen, Oven und auch General Reinhardt haben ihre Aemter niedergelegt, da sie durch den Beschluß des Kabinetts doch nun einmal behindert sind, sich an die Spitze der Truppen zu stellen. General Reinhardt ist übrigens ebenfalls zeitweilig verhaftet gewesen.

Die in Schutzhaft befindlichen Regierungsmitglieder.

* Berlin, 13. März. (Eigener Drahtbericht.) Der preußische Ministerpräsident Hirsch, Eisenbahnminister Oeser und Reichsjustizminister Schiffer, sowie der Pressechef der Reichskanzlei, Ministerialdirektor Rauscher, befinden sich in Schutzhaft in ihren Wohnungen. Gegen Erzberger ist ein Haftbefehl erlassen worden; er ist aber nicht aufzufinden. — Die Zeitungen sind bis Sonntag abend verboten.

Einberufung der Nationalversammlung nach Stuttgart.

* Dresden, 13. März. (Eigener Drahtbericht.) Präsident Fehrenbach hat die Nationalversammlung zum Dienstag, den 16. d. M., nach Stuttgart einberufen.

Kundgebungen der Parlamente. — Generalstreik in Berlin.

* Berlin, 13. März. (Drahtb. uns. Berl. Schriftl.) Im Laufe des heutigen Tages hat der interfraktionelle Ausschuß der drei Mehrheitsparteien mehrfach getagt und sich dann auf folgende Kundgebung geeinigt: „Der Mehrheitsausschuß der Nationalversammlung hat eine ordnungsmäßige Sitzung abgehalten, an der die drei Regierungsparteien beteiligt waren. Der Mehrheitsausschuß stellt fest, daß die einzige gesetzliche Autorität die Nationalversammlung und die von ihr eingesetzte Reichsregierung ist und bleibt.

In der preußischen Landesversammlung war heute der Aeltestenrat beisammen und an ihm waren, was wir einstweilen als bedeutsam halten, zwei Mitglieder der Deutschnationalen beteiligt. Auch diese schlossen sich der Erklärung des Präsidenten Leinert an, daß die von Kapp verfügte Auflösung der Landesversammlung ungesetzlich ist und die Landesversammlung an ihrem Mandat festhält. An Fehrenbach ist heute aus den Reihen der Mehrheitsparteien telegraphiert worden, daß er auch für die Nationalversammlung

Zensiertes Titelblatt der Kieler Zeitung vom 14. März 1920

Kürbis seines Amtes enthoben und durch den ehemaligen Kieler Oberbürgermeister Paul Lindemann, einen bekennenden Gegner der Sozialdemokratie, ersetzt.[366]

Widerstand gegen den Putsch formierte sich vor allem unter den Arbeitern und im liberalen Bürgertum. Aber auch die Kieler Stadtverwaltung unter dem parteilosen 2. Bürgermeister Fritz Gradenwitz, der das Rathaus seit dem erzwungenen Rücktritt von Paul Lindemann im Oktober 1919 führte, stellte sich fast geschlossen gegen Stationschef Levetzow. Der Kieler Magistrat und die Stadtverordnetenversammlung bekundeten mit großer Mehrheit ihre Loyalität zur rechtmäßigen Regierung Bauer. Ebenso erklärte der Kieler Beamtenbund, wenn auch nach anfänglichem Zögern, dass er zur alten Regierung stünde. Auch die MSPD-Mitglieder trafen sich weiterhin in Privatwohnungen, organisierten den Widerstand, klebten heimlich Plakate und brachten Flugblätter unter die Leute.

Ab dem 15. März, einem Montag, entfaltete der Generalstreik, der größte in der deutschen Geschichte, im ganzen Reich wie auch in Kiel seine volle Wirkung und legte das öffentliche Leben komplett lahm. Das Transportsystem brach zusammen, und die Lebensmittelversorgung wurde immer schwieriger. Auch die Elektrizitäts- und Gaswerke sowie die Stadtreinigung stellten ihren Betrieb völlig ein. Die Fäkalieneimer aus den Treppenhäusern wurden nicht mehr abgeholt, und die öffentlichen Bedürfnisanstalten in der Stadt quollen über. Die Situation begann zum Himmel zu stinken.[367] Die Wasserversorgung der Bevölkerung konnte nur noch mittels der »Technischen Nothilfe« aufrechterhalten werden, was bei den Streikenden zu heftigen Protesten führte. Die Telefonvermittlungen stellten ihren Dienst ein und machten fernmündliche Kommunikation unmöglich. Die Stimmung in der Bevölkerung wandte sich nun immer stärker gegen die Putschisten und die von ihnen auf die Straße geschickten Soldaten und Milizionäre. Levetzows Warnungen an die Bevölkerung verfehlten ihre Wirkung, oftmals wurden die Anschläge der Putschisten zerstört oder mit putschfeindlichen Plakaten überklebt. Auch die Androhung von Standgerichten konnte die Bevölkerung nicht mehr einschüchtern.[368]

Bereits am 15. März zeichnete sich in Berlin ab, dass der Putsch scheitern würde, und auch in Kiel verschlechterte sich die Lage der Putschisten zunehmend. Die Konflikte im Lager der Unterstützer traten jetzt offen zutage. In der Sicherheitspolizei brachen die Spannungen zwischen Offizieren, die den Putsch befürworteten, und Mannschaften, die sich nicht für zweifelhafte politische Ziele missbrauchen lassen wollten, offen aus. Das Zeitfreiwilligenregiment begann sich aufzulösen, seine Mitglieder gingen nach Hause. Je prekärer Admiral Levetzows Stellung wurde, desto mehr versuchte er noch, mit Härte und Gewalt gegenzusteuern. Am 16. März wurden ein Zivilist getötet und drei verletzt, als die Küstenwehr eine Menschenmenge in der Muhliusstraße gewaltsam auseinandertrieb. Im Vieburger Gehölz fand trotz des bestehenden Versammlungsverbots am Vormittag eine Versammlung der Vertrauensmänner der USPD statt, auf der die Unabhängigen Sozialdemokraten ihre Entschlossenheit gegen die Putschisten bekräftigten. Am nächsten Tag ließ Levetzow das Parteibüro der USPD besetzen und die dort anwesenden Parteimitglieder verhaften.

Am 17. März kippte die Stimmung in der aufgebrachten Bevölkerung endgültig gegen das Militär, und die Übergriffe auf Soldaten häuften sich. In Berlin hatte der politische Führer des Putsches Wolfgang Kapp bereits aufgegeben und sich nach Schweden abgesetzt. Auch die Reichswehrführung stellte sich gegen Lüttwitz, der nun als Militärdiktator die Regierung selbst übernahm. In Verhandlungen, die nicht mit der nach Stuttgart ausgewichenen legalen Regierung abgestimmt waren, gelang es Parteienvertretern schließlich, Lüttwitz zum Rücktritt zu bewegen. Gegen 19.45 Uhr wurden in einer Pressemitteilung sein Rücktritt und das Ende des Putsches verkündet. Im Zentrum waren die Putschisten auf ganzer Linie gescheitert, an der Peripherie wollten sie aber noch nicht aufgeben.

Mit dem Ende des Putsches in der Reichshauptstadt war Levetzows Position in Kiel unhaltbar geworden. Immer mehr Politiker forderten seinen sofortigen Rücktritt, weil sie fürchteten, dass es anderenfalls zu einem unkontrollierbaren Gewaltausbruch der Arbeiterschaft gegen die Kieler Putschisten kommen würde. Am Nachmittag lud der Bürgermeister die Vertreter sämtlicher Parteien ins Rathaus ein, um über Levetzows Zukunft zu beraten. Selbst die konservative Deutsche Volkspartei, die anfangs mit den Putschisten sympathisiert hatte, war inzwischen der Meinung, dass der Admiral abtreten müsse, um weiteren Schaden von der Stadt abzuwenden. Die Parteienvertreter beschlossen eine Proklamation an die Bürgerschaft:

> Im Interesse der Wiederherstellung geordneter Verhältnisse wurde folgender Beschluss gefasst:
> Es wird zunächst verlangt:
> 1. Freilassung aller seit dem 13. März aus Anlass der politischen Unruhen verhafteten Personen.
> 2. Bedingungsloser Rücktritt des Gouverneurs v. Levetzow und der Herren Majoren v. Winterfeldt [sic!], Lindemann und von Löw.
> 3. Die Befehlsgewalt des Gouverneurs geht auf den Zeitungsverleger Hieronymus über. Ihm wird ein Beirat zur Seite gestellt, bestehend aus den Herren Garbe, Güth, Spiegel, Schröter, Hoff und aus den militärischen Beratern Alboldt, Engelmann, Dräger und Jansen.
>
> Dieser Beschluss wird unverzüglich dem Gouverneur übermittelt.[369]

Levetzow wies diese Forderungen barsch zurück und beharrte darauf, als von der Reichsregierung eingesetzter Gouverneur auf seinem Posten zu verbleiben. Die Freilassung der politischen Häftlinge lehnte er ebenso ab wie die Entlassung des ihm unterstellten Kommandeurs der Sicherheitspolizei Winterfeld.

Levetzow war sich sicher, dass seine Truppen zu ihm halten würden und war nicht bereit, klein beizugeben. Während sich in Berlin und im Reich die Lage langsam entspannte, standen in Kiel die Zeichen auf Sturm.

Auslöser für die heftigen Straßenkämpfe in Kiel am 18. März, die hier nur in groben Zügen wiedergegeben werden können, war ein Zwischenfall an der Schiffs- und Maschinenbauschule.[370] Als eine Kompanie Soldaten, die das Gebäude im Auftrag Levetzows besetzt hatte, von dort in ihre Kaserne abziehen wollte, wurde sie von erbosten Zivilisten angegriffen. Die Soldaten wurden teils entwaffnet und zogen fluchtartig davon. Zivilisten schossen mit den erbeuteten Waffen auf die abrückenden Soldaten und bewarfen sie mit Handgranaten, die sie ihnen zuvor abgenommen hatten. Die Soldaten schossen zurück. Auf beiden Seiten kam es zu Verletzten. Die Zivilisten stürmten die verlassene Maschinenbauschule und bemächtigten sich der dort zurückgelassenen Waffen. Schon am Morgen hatten Arbeiter die Kaserne in der Eichhofstraße/Mühlenweg überfallen und sich dort mit Waffen versehen. Teile der Sicherheitspolizei setzten ihre Offiziere ab, wechselten ins Lager der Putschgegner und verbündeten sich mit den Arbeitern.

Gegen Mittag kam es in der Innenstadt, vor allem in der Brunswik und im Damperhofviertel, zu schweren Kämpfen zwischen den Soldaten und Freikorpskämpfern Levetzows, die in der Bergstraße Stellung bezogen hatten, und bewaffneten Arbeitern, die in der parallel verlaufenden Fährstraße (heute Legienstraße) ihre Position bezogen hatten. Besonders tragisch ist, dass der Konflikt um die Stellung Admiral Levetzows zu diesem Zeitpunkt bereits politisch entschieden war, denn die wieder eingesetzte Reichsregierung Bauer hatte ihn um 11.30 Uhr seines Amtes enthoben. Einen Grund zu kämpfen gab es somit nicht mehr, aber die aufgebrachten und durch den Putsch radikalisierten Arbeiter sahen in der Kampfbereitschaft der Soldaten Levetzows und der Freikorpskämpfer Claassens den Versuch, das Blatt doch noch einmal zu wenden und den Putsch zu retten. Sie empfanden die Putschisten als eine direkte Bedrohung ihrer in der Revolution errungenen politischen Freiheit. Die Putschisten erwarteten ihrerseits nach dem Scheitern des Umsturzes in Berlin jetzt erst recht den bolschewistischen Gegenschlag, den es aus ihrer Sicht mit allen Mitteln zu bekämpfen galt. Beide Seiten waren überzeugt, für die richtige Sache zu kämpfen. Ein Aufruf des neuen Stationschefs Konteradmiral Ernst Ewers zur Beendigung der Kämpfe wurde erst am Nachmittag mit Flugblättern in der Stadt bekannt gegeben, als die extrem blutigen Straßenkämpfe bereits voll im Gange waren. Zudem missfielen laut der »Republik« den Arbeitern, die die Soldaten für die Kämpfe verantwortlich machten, die in dem Aufruf formulierten Bedingungen für einen Waffenstillstand. Auch Aufrufe vom wieder eingesetzten Polizeipräsidenten Poller und Oberpräsidenten Kürbis zum Abbruch der Kämpfe und Wiederaufnahme der Arbeit konnten die aufgebrachten Arbeiter nicht zurückhalten. Als die Kämpfe gegen Abend abflauten, waren an diesem Tag 68 Soldaten, Freikorpskämpfer, Arbeiter und unbeteiligte Zivilisten getötet und etwa 200 verwundet worden.[371] Zwischen der Bergstraße und Fährstraße waren zahlreiche Gebäude durch den Einsatz schwerer Waffen stark beschädigt worden. Einen Tag später rückte das Bataillon Claassen und der verbliebene Rest vom Zeitfreiwilligenregiment aus Kiel über Gettorf ins Lockstedter Lager bei Itzehoe ab. Teile dieser reaktionären Milizen wurden anschließend zur Bekämpfung der Roten Ruhrarmee eingesetzt, was große Empörung bei der Kieler Bevölkerung auslöste.

Auch nach dem Ende der Kämpfe in Kiel kehrten nicht sofort wieder Ruhe und Ordnung in der Stadt ein. Am 24. März wurden die in den Straßenkämpfen sechs Tage zuvor gefallenen Arbeiter und Gewerkschafter unter großer Anteilnahme der Bevölkerung begraben. 25 000 Menschen nahmen am Trauerzug teil, noch viel mehr säumten die Straßen von der Leichenhalle der Akademischen Heilanstalten an der Hospitalstraße bis zum Eichhoffriedhof.

Der beeindruckende Trauerzug erinnerte an die Beerdigung der zivilen Opfer des Matrosen- und Arbeiteraufstands am 10. November 1918. In seiner Grabrede betonte der inzwischen freigelassene Juraprofessor und spätere Reichsjustizminister Gustav Radbruch (MSPD), dass die Novembergefallenen von 1918 den Grundstein für den neuen Staat gelegt und die Märzgefallenen von 1920 mit dem Bau begonnen hätten. Diese Arbeiter seien für die Verfassung und die rechtmäßige Ordnung im Land gefallen und mögen deshalb neben den Toten von 1918 ihre letzte Ruhe finden.[372] Trotz des hohen Blutzolls sahen sich die Kieler Arbeiter als Sieger und wollten die Reformen jetzt erst recht vorantreiben. Die sozialdemokratische »Volkszeitung« schrieb am 25. März 1920:

> Wer am gestrigen großen Trauertag das Volk in gemeinsamem Wollen und Tun beobachtet und wer etwas von der Kraft verspürt hat, die in dem einheitlichen Willen der großen Volksmassen liegt, der darf getrost der Zukunft vertrauen. So sei Kiels größter Trauertag zugleich ein Frühlingstag![373]

Der Generalstreik ging noch bis zum 25. März weiter. Erst nachdem den Arbeitern die Erfüllung grundlegender Forderungen wie z.B. die Entfernung konterrevolutionärer Personen aus Militär und Verwaltung, die Entwaffnung und Auflösung konterrevolutionärer Militärformationen und die Bildung republikanischer Bürgerwehren zugesagt worden war, kehrten sie an ihre Arbeitsplätze zurück. Diese Zugeständnisse wurden aber noch im selben Jahr wieder weitgehend rückgängig gemacht.[374] Das Einsammeln der Waffen in der Stadt, die Beseitigung der Schäden in der Innenstadt und die Rückkehr zur Normalität dauerten noch bis in den April und Mai 1920 an.

Auch für die Kieler Marinestation hatte das Verhalten ihres Stationschefs Levetzow Konsequenzen. Bereits während des Putsches hatten einzelne Offiziere mit der Begründung, man müsse sich auf den Boden der Verfassung stellen, ihre Posten zur Verfügung gestellt. Auch waren die alten hierarchischen Spannungen zwischen Offizieren, Deckoffizieren, Unteroffizieren und Mannschaften wieder hervorgetreten. Viele Mannschaften fühlten sich nach dem Scheitern des Putsches von ihren Offizieren hinters Licht geführt und politisch missbraucht. Am 23. März setzten sie ihren neuen Stationschef Ewers und alle Offiziere des Stabes ab. Deckoffiziere übernahmen das Kommando, und ein republikanisch gesinnter Offizier, der Leutnant z. S. Carl von Seydlitz, wurde vom Reichswehrministerium am 6. April mit den Geschäften des Stationschefs beauftragt.[375] Aber auch er wurde schon im Mai 1920 vom neuen Reichswehrminister Otto Geßler abgesetzt, und die am 23. März entlassenen Offiziere kehrten in ihre alten Verwendungen zurück. Die Chance für eine Reform und Demokratisierung der Reichswehr, wie sie nach dem gescheiterten Kapp-Lüttwitz-Putsch bestanden hätte, wurde nicht genutzt. Die Reichswehr blieb in ihrer Struktur antirepublikanisch und bildete einen Staat im Staate, der sich der Kontrolle durch die Regierung entzog.[376]

Magnus von Levetzow wurde am 19. März in Lütjenburg verhaftet, Anfang Mai wieder freigelassen, aus der Reichsmarine entfernt und im August amnestiert. Er musste sich nie vor Gericht für seinen Hochverrat während des Putschversuchs verantworten. Ein ranghoher Politiker musste dagegen Verantwortung übernehmen, und das, obwohl er gar nicht am Putschversuch teilgenommen sondern gegen die Putschisten gearbeitet hatte: Reichswehrminister Gustav Noske wurde von seiner eigenen Partei zum Rücktritt gezwungen und am 23. März 1920 von Reichspräsident Ebert entlassen. Noske hatte die konterrevolutionären Freikorps 1919 aufgebaut und ihnen trotz ihres blutigen Treibens viel zu lange freie Hand gelassen. Dafür hatte er auch von seinen Kieler Parteifreunden, insbesondere vom neuen Parteisekretär und Kreisvorsitzenden Otto Eggerstedt, schon zuvor viel Kritik einstecken müssen.[377] Noskes Paktieren mit den reaktionären Militärs war ihm jetzt zum Verhängnis geworden, als er die Freikorps auflösen wollte und diese im Gegenzug

Postkarte. Kapp-Lüttwitz-Putsch. Barrikaden Ecke Fähr-(heute Legien-)straße/ Muhliusstraße. 18. März 1920

versuchten, die legale Reichsregierung zu stürzen und die Macht gewaltsam an sich zu reißen. Gegen linke Umsturzversuche und alles Sozialistische in den Streitkräften war Noske stets mit aller Härte vorgegangen, gegenüber den Gefahren von rechts war er blind, bis er selbst vor den reaktionären Putschisten aus Berlin fliehen musste.[378] Letztlich rettete der Generalstreik der Gewerkschaften – nicht die Reichswehr – die Republik.

Der Kapp-Lüttwitz-Putsch hat in Kiel innerhalb von nur fünf Tagen mit 80 Toten und mehreren Hundert Verletzten deutlich mehr Opfer als der Matrosen- und Arbeiteraufstand im November 1918 gefordert. Außerdem hat er deutlich gezeigt, wie sehr die junge deutsche Republik und die Kieler Bevölkerung fast 1,5 Jahre nach der Revolution noch in Unterstützer und Gegner der neuen Gesellschaftsordnung gespalten waren. Die alten Klassengegensätze waren wie schon im Spartakistenaufstand im Februar 1919 noch einmal voll ausgebrochen. Dem Militär und dem konservativen Bürgertum war die Revolution 1918 entschieden zu weit gegangen, sie wollten durch den Kapp-Lüttwitz-Putsch

Postkarte. Beerdigung der Opfer des Kapp-Lüttwitz-Putsches. Trauerzug. Blick zum Martensdamm. März 1920

die alte Gesellschaftsordnung wiederherstellen. Den Arbeitern war die Revolution 1918 nicht weit genug gegangen, sie wollten nicht nur eine Rückkehr zu den alten Verhältnissen verhindern, sondern die Revolution weiter vorantreiben. Der Kapp-Lüttwitz-Putsch brachte letztlich keine spürbaren politischen Veränderungen. Keine Seite war mit der neuen Gesellschaftsordnung zufrieden, und das tiefe gegenseitige Misstrauen in der Bevölkerung blieb noch über Jahre bestehen und destabilisierte das politische System der ersten deutschen Demokratie.

13. Kiels schwieriger Umgang mit dem Erbe des Matrosen- und Arbeiteraufstands

Am 1. November 2013, auf den Tag genau 95 Jahre nach dem Beginn des Matrosen- und Arbeiteraufstands in Kiel, weihte der damalige schleswig-holsteinische Ministerpräsident Torsten Albig (SPD) auf dem bereits 2011 umbenannten »Platz der Kieler Matrosen« am Hauptbahnhof feierlich eine Stele ein, die an die Hauptakteure jener Tage erinnert. Der Platz war in doppelter Hinsicht mit Bedacht gewählt. In unmittelbarer Nähe zum sogenannten Kaiserportal gelegen, durch das Wilhelm II. den Bahnhof verließ, wenn er seine Schlachtflotte in Kiel besuchte, weist die Stele einerseits darauf hin, dass das Flottenbauprogramm eine Mitursache für den Ausbruch des Ersten Weltkriegs war, dem erst der Matrosen- und Arbeiteraufstand ein Ende setzte. Zum anderen erinnert die Stele an das erste Todesopfer dieses Aufstands, die Krankenpflegerin Marie Schneider, die am 3. November 1918 gegen 18.30 Uhr in den Tumulten am Sophienblatt vor dem Bahnhof vor eine Straßenbahn fiel und überfahren wurde.

Lange Zeit taten sich die Stadt Kiel und vor allem die Deutsche Marine sehr schwer im Umgang mit dem Matrosen- und Arbeiteraufstand, was zunächst daran lag, dass die Kieler Ereignisse schon zu Weimarer Zeiten mit der »Dolchstoßlegende« und der Niederlage im Ersten Weltkrieg in Verbindung gebracht wurden. Selbst der liberale Prinz Max von Baden, letzter Reichskanzler des Kaiserreichs vom 3. Oktober bis zum 9. November 1918, kommentierte den Matrosenaufstand in seinen Erinnerungen rückblickend mit den prägnanten Worten: »Ohne Kiel keine Revolution, ohne die Revolution keine Kapitulation am 11. November.« und stellte ihn damit an den Anfang der Niederlage im Krieg.[379] Seine in diesem Zusammenhang 1927 getätigte Einschätzung, dass weiterer erbitterter Widerstand im November 1918 zu günstigeren Waffenstillstandsbedingungen der Entente-Mächte gegenüber Deutschland geführt hätte, ist angesichts der damaligen desolaten militärischen Lage im Westen als unrealistisch zu beurteilen. Nichtsdestotrotz fand diese Sichtweise in der Weimarer Zeit viele Anhänger und war weit verbreitet, was es der Stadt Kiel wiederum schwer machte, sich zu diesem Teil ihrer Geschichte zu bekennen.

Deshalb begann die Stadt schon früh, sich von ihrem revolutionären Erbe zu distanzieren. In Werbebroschüren der 1920er Jahre, mit denen die Stadt Unternehmen an die Förde anlocken und neue Arbeitsplätze schaffen wollte, distanzierte sie sich von ihrem Image als »rote« Stadt und wies darauf hin, dass die Kieler Arbeiter entgegen weit verbreiteter Meinungen gar nicht so streikfreudig und aufmüpfig seien. Wörtlich heißt es in einer städtischen Werbebroschüre über die Industriestadt Kiel aus dem Jahr 1926:

> Völlig mit Unrecht begegnet der Kieler Arbeiter im übrigen Deutschland einem Vorurteil, gegen das nicht entschieden genug Stellung genommen werden kann. Wie oft hört man, dass der Kieler Arbeiter unruhig und wenig arbeitsfreudig sei, auch vielfach zu Streiks neige. Diese Meinung über den Kieler Arbeiter entbehrt jedoch jeder sachlichen Begründung. Der Name Kiel ist in außenstehenden Kreisen als eine der Ausgangsstätten der Revolution mit einem gewissen Odium behaftet, das in erster Linie auf den Kieler Arbeiter übertragen

> wird. Aber nichts ist unberechtigter als gerade dieses, denn der Besonnenheit der Kieler Arbeiterschaft ist es zu danken, dass die Revolution in Kiel, die lediglich eine Marinerevolte war, in ruhige Bahnen gelenkt wurde. Schwere Ausschreitungen, wie sie in vielen anderen Städten der Fall waren, sind Kiel erspart geblieben. Auch Streiks gehören in Kiel zur Seltenheit.[380]

Eine positive Identifikation mit dem Matrosen- und Arbeiteraufstand als Aufbruch zu einer neuen, gerechteren Republik kam nicht zustande, obwohl der Deutsche Reichstag 1926 im parlamentarischen Untersuchungsausschuss für die Schuldfragen des Weltkrieges zu dem Ergebnis kam, dass dem Matrosenaufstand eine »Admirals-Rebellion« vorausgegangen war. Der SPD-Abgeordnete Wilhelm Dittmann (vorher USPD) fasste es wie folgt zusammen:

> Am Beginn der Ereignisse steht nicht die militärische Rebellion der Marinemannschaften, sondern die militärische Rebellion der Admiräle! Der Flottenvorstoß war der Dolchstoß der Seekriegsleitung in den Rücken der parlamentarischen Regierung des Prinzen Max von Baden, die auf dem Boden der Bismarckschen Reichsverfassung völlig legal gebildet worden war. Den Hoch- und Landesverrat der Admiräle durchkreuzte die Gegenaktion der Matrosen und Heizer für die verfassungsmäßige Regierung. Die Racheaktion der Admiräle, die nunmehr einsetzte, löste erst die revolutionäre Erhebung der Heizer und Matrosen aus, die zum Beginn der Revolution im Reiche wurde.[381]

Die Kriegsniederlage sowie die Reparationen und Rüstungsbeschränkungen des Versailler Vertrages lasteten zu schwer auf dem Deutschen Reich und der Stadt Kiel, als dass man den Matrosen- und Arbeiteraufstand an den Anfang einer positiven Tradition stellen konnte.

Die Nationalsozialisten, die ihren Aufstieg an die Macht zu einem großen Teil der Hetze gegen die ungeliebte Republik und den verhassten Versailler Vertrag verdankten, betrachteten den Matrosenaufstand als eine nationale Schande. Es gehörte zu ihrem Standardrepertoire, gegen die vermeintlichen »Novemberverbrecher« als Verantwortliche für die Niederlage im Krieg zu hetzen und eine Revision des Versailler Vertrags zu fordern. Wie die Nationalsozialisten über den Matrosenaufstand dachten, wurde auch daran deutlich, dass sie zwei Zerstörer nach den Offizieren Bruno Heinemann (Z 8) und Wolfgang Zenker (Z 9) benannten, die am Morgen des 5. November 1918 auf der SMS »König« die kaiserliche Kriegsflagge gegen revolutionäre Matrosen, die die rote Fahne hissen wollten, verteidigt hatten und dabei getötet worden waren.

Auch die 1956 neu aufgestellte Bundesmarine tat sich im Umgang mit dem Matrosenaufstand sehr schwer, mit der Begründung, dass sich eine positiv besetzte Erinnerung schlecht auf eine »Meuterei« zurückführen lasse. Auch der Deutsche Marinebund sah im Aufstand der Kieler Matrosen lange Zeit keinen erinnerungswürdigen Aufbruch in eine neue Zeit. In der marinegeschichtlichen Ausstellung im Marine-Ehrenmal Laboe wurde der Matrosenaufstand bis zur Überarbeitung der Ausstellung im Jahr 2010 nicht thematisiert. Dort »endete« der Erste Weltkrieg mit der Skagerrakschlacht.

Eine weitere Schwierigkeit im Umgang mit dem Matrosen- und Arbeiteraufstand von 1918 bedeutete für die Bundesrepublik Deutschland, dass die Deutsche Demokratische Republik sich in eine Traditionslinie mit diesem stellen wollte. Die DDR-Volksmarine benannte z. B. 1984 eine Flugkörperkorvette nach Albin Köbis, einem der beiden hingerichteten Anführer der Matrosenmeuterei von Wilhelmshaven im Sommer 1917. Schon zu Weimarer Zeiten betrachteten sich die Kommunisten als die wahren Erben des Matrosen- und Arbeiteraufstands und warfen den Sozialdemokraten vor, die Revolution im November 1918 und die Befreiung der Arbeiterklasse verraten und abgewürgt zu haben.

Die Inanspruchnahme des Kieler Aufstands durch die DDR, die in ihrem Selbstverständnis die abgewürgte Revolution von 1918 nach 1945 erst vollendet hatte, machte es für die Bundesrepublik nicht leichter, die Kieler Ereignisse positiv zu bewerten.[382]

Selbst die SPD-regierte Stadt Kiel wollte lange Zeit keine Anknüpfungspunkte für eine positive Erinnerungskultur an den Matrosen- und Arbeiteraufstand sehen, sodass dieses weit über die stadtgeschichtliche Perspektive hinaus bedeutsame Ereignis bis Ende der 1960er Jahre weitgehend ignoriert wurde. Ebenso fehlte jenseits der Gräber der Revolutionsopfer auf dem Eichhoffriedhof eine zentrale, innerstädtische Erinnerungsstätte. Erst mit dem Aufkommen der 68er Bewegung setzten auch in Kiel ein Umdenken und eine historische Neubewertung der Ereignisse von 1918 ein.[383]

1968 stellte die FDP-Fraktion in der Kieler Ratsversammlung den Antrag, den Matrosenaufstand wissenschaftlich untersuchen zu lassen und dafür einen Geschichtswettbewerb auszuschreiben. Der Antrag wurde zunächst zurückgestellt, um mit dem geplanten Gutachter Professor Michael Freund von der Christian-Albrechts-Universität die Fragestellung des Forschungsauftrags genauer festzulegen. Letztlich scheiterte der Wettbewerb wegen mangelnder Bewerber, aber Museums- und Archivdirektor Jürgen Jensen griff das Thema 1973 erneut auf, und die Stadt finanzierte über ein Stipendium Dirk Dähnhardts Dissertation »Revolution in Kiel. Der Übergang vom Kaiserreich zur Weimarer Republik 1918/19«. Mit der Veröffentlichung in den »Mitteilungen der Gesellschaft für Kieler Stadtgeschichte« (Band 64, Wachholtz Verlag 1978) lag zum 60. Jahrestag die erste umfassende wissenschaftliche Untersuchung zum Matrosenaufstand vor. In seiner Rede auf der Gedenkveranstaltung am 2. November 1978 im Ratssaal machte dann auch Stadtpräsident Rolf Johanning (SPD) den Paradigmenwechsel deutlich, als er die Kieler Ereignisse im November 1918 an den Anfang einer als revolutionär empfundenen Bewegung setzte, die das überkommene Kaiserreich zum

Einsturz brachte und in Deutschland zum ersten Mal eine Republik entstehen ließ. Seine Worte waren nicht nur eine positive Bewertung des Matrosen- und Arbeiteraufstands, sie setzten ihn auch in eine Traditionslinie der deutschen Demokratiegeschichte und damit der Bundesrepublik Deutschland.

Mit der wissenschaftlichen Aufarbeitung und Neubewertung gewann auch die Diskussion um die Erinnerungskultur zum Matrosen- und Arbeiteraufstand neuen Schwung. Im Oktober 1978 wurde die Ausstellung »Revolution in Kiel« im Stadtmuseum Warleberger Hof eröffnet, die wegen des großen Publikumsinteresses bis in den Mai 1979 verlängert wurde. Während über 15 000 Besucher den Bedarf für eine solche Ausstellung widerspiegelten, taten sich viele staatliche Institutionen im Umgang damit noch immer schwer. Das Landesarchiv Schleswig-Holstein, die Schleswig-Holsteinische Landesbibliothek, die Marineschule Mürwik und der Deutsche Marinebund sahen sich nicht in der Lage, die Ausstellung aktiv mit Leihgaben zu unterstützen. Insbesondere die Bundeswehr blieb den Feierlichkeiten 1978 weitestgehend fern. Wenn Offiziere an den Gedenkveranstaltungen teilnehmen wollten, dann mussten sie dies trotz des Selbstverständnisses der Bundeswehr als einer Armee von »Staatsbürgern in Uniform« als Privatpersonen und in Zivil tun.

Die Gewerkschaften hatten diese Berührungsängste verständlicherweise nicht. Am 9. November 1978 wurde in Anwesenheit des ehemaligen Soldatenratsvorsitzenden Lothar Popp an der Fassade des Gewerkschaftshauses in der Legienstraße eine Gedenkinschrift an den Kieler Soldatenrat und den Arbeiterrat eingeweiht, die »den entscheidenden Anstoß zur Ausrufung der ersten deutschen Republik am 9. November 1918 in Berlin« gaben.[384] Ein zentraler Gedenkort im Kieler Stadtbild, der an die epochale Bedeutung des Aufstands 1918 erinnert, fehlte aber weiterhin.

Deshalb nahm Stadtpräsident Johanning einen bereits 1976 vom Kulturreferenten Dieter Opper gemachten Vorschlag für ein zentral gelegenes, größeres Revolutionsdenkmal auf. Am

20. April 1978 beschloss die Ratsversammlung mit knapper Mehrheit gegen die Stimmen von CDU und FDP einen beschränkten Wettbewerb und lud sechs international ausgewiesene Künstler zur Abgabe von Entwürfen ein. Den Zuschlag erhielt 1980 der Hannoveraner Bildhauer Hans-Jürgen Breuste, dessen Skulptur »Wik« seit 1982 im Ratsdienergarten steht. Drei große korrodierte Stahlblöcke werden jeweils rechtwinklig von drei Granitsäulen durchbohrt. Das gewollt sperrige und damit zum Nachdenken anregende Denkmal löste nicht nur wegen seiner Gestaltung, der eingravierten Zeilen aus Ernst Tollers Revolutionsdrama »Feuer aus den Kesseln« (1930) und den hohen Kosten von beinahe 400 000 DM eine heftige politische Kontroverse aus.

Seine Einweihung im Juni 1982 machte noch einmal die völlig gegensätzlichen gesellschaftlichen und politischen Positionen in der historischen Bewertung des Matrosenaufstands deutlich.[385] Von der CDU-Fraktion nahm nur Eckard Sauerbaum in seiner damaligen Funktion als Stadtpräsident an der Einweihung teil, die übrigen Fraktionsmitglieder blieben fern. Sauerbaum wertete in seiner Rede die kontroverse Diskussion um das Denkmal als eine Stärke des demokratischen Staates und seiner Meinungsvielfalt und forderte davon ausgehend auch Toleranz gegenüber den Andersdenkenden ein. Die konservativen Soldatenverbände lehnten das Denkmal rundum ab, weil es ihrer Meinung nach Menschen verherrliche, die zur Zerstörung des Kaiserreichs beigeträgen hätten und den Soldaten an der Front in den Rücken gefallen seien. Die konträren Reaktionen auf das Denkmal zeigten noch einmal die ganze Bandbreite der historischen und politischen Bewertung des Matrosenaufstands vom Beginn der deutschen Demokratie bis hin zur »Dolchstoßlegende«. Der durchaus provokante Antrag der CDU-Fraktion, den Ratsdienergarten in »Noske-Park« umzubenennen, scheiterte im Oktober 1982 in der Ratsversammlung nur knapp. Mit dem Hinweis, dass Gustav Noske gemeinsame Sache mit den reaktionären Freikorps gemacht habe, die für die Ermordung von Rosa Luxemburg, Karl Liebknecht und

Hunderter anderer Menschen verantwortlich waren, stellten die Grünen den gezielt konträren Antrag, den Ratsdienergarten nach den hingerichteten »Märtyrern« der Wilhelmshavener Matrosenmeuterei von 1917 in »Reichpietsch-Köbis-Park« umzubenennen. Auch dieser Antrag fand keine Mehrheit, und der Ratsdienergarten behielt seinen Namen.[386] Diese gegenseitigen kommunalpolitischen Provokationen zeigten, dass die Politiker 1982 nicht nur keinen Konsens über die Bewertung der Ereignisse von 1918 erzielen konnten, sondern sie auch gezielt für ihre machtpolitischen Spielereien instrumentalisierten, was der Entwicklung einer gemeinsamen Erinnerungskultur entgegenwirkte.

Die Feierlichkeiten zum 75. Jahrestag des Matrosen- und Arbeiteraufstands 1993 blieben vergleichsweise bescheiden und bestanden aus einer Kranzniederlegung auf dem Nordfriedhof, Podiumsdiskussionen, einer Ausstellung im Legienhof und einer Aufführung von Ernst Tollers Theaterstück »Feuer aus den Kesseln«. Abgesehen von den Sozialdemokraten zeigten die Politiker nur wenig Präsenz. 1994 brachte die Arbeiterwohlfahrt dann noch ein Bronzerelief des Künstlers Hilger Schmitz am Gebäude in der Feldstraße 5 an, das an die ersten Toten der Revolution erinnert. Das Relief zeigt die Szene, wie an dieser Stelle die Soldaten des kaisertreuen Leutnants Oskar Steinhäuser am Abend des 3. November 1918 7 Demonstranten erschossen und 29 verletzten, als diese die gefangenen Matrosen aus der nur wenige Hundert Meter entfernt liegenden Marinearrestanstalt befreien wollten.

Zum 90. Jahrestag 2008 kam maßgeblich durch den SPD-Landtagsabgeordneten und Vorsitzenden der SPD-Geschichtswerkstatt Rolf Fischer frischer Wind in das Gedenken an den Matrosen- und Arbeiteraufstand. 2008 beschloss die Ratsversammlung einen jährlichen Gedenktag unter Einbeziehung der Bevölkerung und besonderer Berücksichtigung antimilitaristischer und demokratischer Aspekte an den Aufstand einzurichten. Im Dezember 2008 wurde das von Robert Habeck und Andrea Paluch geschriebene und von Michael Uhl und Jens Paulsen

Enthüllung der Erinnerungstafel am Gewerkschaftshaus in der Legienstraße am 9. November 1978 zum Gedenken an den Kieler Matrosenaufstand und die Revolution im November 1918. In der Bildmitte mit Gehstock Lothar Popp. (Foto: Friedrich Magnussen).

inszenierte Theaterstück »Neunzehnachtzehn« in der Arkonastraße auf dem Marinegelände in der Wik erstmals aufgeführt. Seit 2009 wird alljährlich am 3. November mit einer Abendveranstaltung in der Universität oder im Ratssaal an die Männer und Frauen vom November 1918 erinnert. Durch die Gründung des Initiativkreises »Kiel und die Revolution 1918« (2009) und eines »Begleitausschusses Matrosenaufstand« (2013), dem Vertreter aller gesellschaftlich relevanten Gruppen angehören, ist es in den letzten Jahren erfreulicherweise gelungen, die Erinnerungskultur an den Matrosen- und Arbeiteraufstand auf eine breite, parteiübergreifende und gesamtgesellschaftliche Basis zu stellen. Die zunehmende zeitliche Distanz zu den Ereignissen von 1918 trug ebenfalls zu einer Entemotionalisierung und Versachlichung der Debatte bei, wie sie Ende der 1970er Jahre noch nicht möglich war.

Auch im Stadtbild Kiels ist die Erinnerung an 1918 seitdem deutlich sichtbarer. Am Hauptbahnhof informiert seit 2013 die

Revolutionsdenkmal von Hans-Jürgen Breuste im Ratsdienergarten. (Foto: Rolf Reiner Maria Borchard)

bereits erwähnte Stele auf dem »Platz der Kieler Matrosen« die Ankommenden über den Matrosen- und Arbeiteraufstand als Auftakt zur deutschen Revolution von 1918. Auf dem Eichhoffriedhof erinnert eine Informationstafel an die zivilen Opfer des Aufstands, und auch in der Feldstraße weist eine Stele am Harro-Schulze-Boysen-Weg auf Höhe der 1964 abgerissenen Marinearrestanstalt auf die historische Bedeutung dieses Ortes hin. Zudem schaltete das Kulturamt 2013 die Webseite »Kieler Kulturspuren Matrosenaufstand 1918« frei, sodass Geschichtsinteressierte jetzt auch fernab von Kiel im Internet auf den Spuren der Matrosen und Arbeiter im November 1918 wandeln können.[387]

Im Jahr 2018 jährt sich der Kieler Matrosen- und Arbeiteraufstand zum 100. Mal. Als historisch bedeutsames Ereignis ist er in der heutigen Erinnerungskultur ganz klar positiv besetzt. Er wird längst nicht mehr als eine Meuterei oder gar Verrat an den Kameraden an der Front verstanden, sondern als eine berechtigte Befehlsverweigerung und Auflehnung, die Zehntausenden von Matrosen und Soldaten am Ende eines verlorenen Krieges das Leben gerettet hat. Dieser Aufstand gegen die militärische Obrigkeit erforderte sehr viel Mut. Die Kieler Matrosen und Arbeiter brachten diesen Mut als Erste auf und wiesen damit den Weg in eine neue Zeit, worauf die Stadt stolz sein kann.

14. Die deutsche Revolution von 1918
Schlussbetrachtung

Der Kieler Matrosen- und Arbeiteraufstand bildete den Anfang der Novemberrevolution 1918, in deren Verlauf das Deutsche Kaiserreich zum Einsturz gebracht wurde. Dieses war im Herbst 1918 durch über vier Jahre Weltkrieg innerlich geschwächt und wies mit seinem autoritären System eine überkommene gesellschaftliche Ordnung auf, der es nicht gelungen war, die stetig wachsende Arbeiterschaft in die Gesellschaft zu integrieren. Der Matrosen- und Arbeiteraufstand ebnete somit den Weg in die erste deutsche Demokratie der Weimarer Republik.

In der deutschen Geschichte ist diese Revolution wegen der großen Umbrüche von 1933, 1945 und 1989 häufig in den Hintergrund getreten. Der Historiker Alexander Gallus bezeichnete sie als die »vergessene Revolution«, der Publizist Sebastian Haffner gar als die »verratene Revolution«, weil seiner Meinung nach die Parteiführung der Mehrheitssozialdemokraten die Revolution bewusst ausgebremst und den Austausch der Funktionseliten im Militär, der Justiz, der Verwaltung und Wirtschaft verhindert habe. Manche Historiker sprechen den Ereignissen von 1918/19 sogar den Charakter einer Revolution ab, weil aus ihrer Sicht die Kontinuitäten die Veränderungen überwogen. Die Parlamentarisierung Deutschlands, die die Grundlage des Weimarer

Regierungssystems bildete, war schon Ende Oktober 1918 vor dem Beginn des Kieler Aufstands durch den Reichstag selbst abgeschlossen. Auch an den wirtschaftlichen Eigentumsverhältnissen in Deutschland änderte sich nach 1918 nur wenig, weil eine umfassende Vergesellschaftung der Schlüsselindustrien und eine Bodenreform ausblieben. Diese knappen Einschätzungen zeigen, wie schwer sich Deutschland lange Zeit mit der Beurteilung der Ereignisse vor 100 Jahren getan hat.[388]

Die aus der Revolution hervorgegangene Weimarer Republik war eine instabile Demokratie, die in weiten Teilen der Bevölkerung nur wenig Rückhalt fand. Den alten Machteliten, dem Militär, dem Adel und dem konservativen Bürgertum war die Revolution viel zu weit gegangen – der Arbeiterschaft nicht weit genug. Hätte man die Kieler Matrosen und Arbeiter in den 1920er Jahren befragt, ob sie mit den Ergebnissen der Revolution von 1918/19 zufrieden gewesen wären, hätte die Antwort wohl mehrheitlich »Nein« gelautet. Diese Gründungskonstellation belastete die Weimarer Republik seit ihrer Entstehung und deshalb wandten sich insbesondere während der nachfolgenden schweren Wirtschaftskrisen auch viele Arbeiter und Angehörige des Bürgertums enttäuscht von der Republik ab. Die »Demokratie ohne Demokraten« war dem immer stärkeren Druck ihrer Feinde von links und vor allem von rechts ab 1930 nicht mehr gewachsen. 1933 konnten die Nationalsozialisten die Demokratie abschaffen und ohne größere Widerstände eine faschistische Diktatur einführen.

Die Männer und Frauen, die in Kiel im November 1918 auf die Straße gingen, konnten nicht wissen, was ihre Proteste auslösen würden. Sie einte aber die Vorstellung einer gerechteren Gesellschaft, an deren Gestaltung sich alle, Männer und Frauen egal aus welcher sozialen Schicht, beteiligen konnten. Dafür waren sie bereit, ihr Leben zu geben. Die Niederlage im Weltkrieg, die als eine schwere Hypothek auf der Weimarer Republik lag, wurde ihnen alsbald zu Unrecht angelastet und rückte ihren mutigen Einsatz für Freiheit und Demokratie in ein falsches

Licht. Lange Zeit wurden die Kieler Matrosen völlig zu Unrecht sogar als Meuterer und Verräter verunglimpft, die ihren tapfer kämpfenden Kameraden an der Front in den Rücken gefallen seien. Das Gegenteil war der Fall. Im November 1918 waren die Matrosen, Arbeiter und Frauen, die sich erhoben hatten, um einen verlorenen Krieg zu beenden und eine bessere Gesellschaft zu schaffen, die wahren Helden – im Gegensatz zu denjenigen Admiralen, die der legalen Regierung in den Rücken fielen, ihre Friedenspläne durchkreuzten und dabei von ihren Untergebenen Kadavergehorsam bis zum bitteren Ende verlangten. Möge dieses Buch dazu beitragen, den mutigen Kieler Männern und Frauen des November 1918 die Würdigung zukommen zu lassen, die sie seit langem verdient haben.

Anhang

Danksagung und editorische Anmerkung

Allen voran danke ich Dr. Jürgen Jensen, der die Anregung zu dieser neuen Untersuchung und Bewertung des Kieler Matrosen- und Arbeiteraufstands 1918 gab und das Ergebnis in freundschaftlicher Zusammenarbeit mit Olaf Irlenkäuser vom Wachholtz Verlag in die Reihe der Sonderveröffentlichungen der Gesellschaft für Kieler Stadtgeschichte aufgenommen hat. Professor Peter Wulf und Klaus Kuhl bin ich für die kritische Lektüre des Buchmanuskripts sehr dankbar. Andreas M. Schlisske und Anja Pfeifer danke ich ebenfalls für ihre wertvollen Hinweise und Anregungen bei der Lektüre des Buchmanuskripts. Mein Dank gilt auch Rolf Fischer, Dr. Christian Lübcke, Dr. Johannes Rosenplänter und Dr. Jann Markus Witt, die meine zahlreichen Fragen geduldig beantworteten, sowie Frank Omland, der mich auf die Ergebnisse in den Militärwahlbezirken im Januar 1919 im Landesarchiv Schleswig aufmerksam machte und mir freundlicherweise seine Auswertungen zur Verfügung stellte. Ebenfalls danke ich Wolfgang D. Kuessner, Klaus Schoppe und Kai Zimmer, die mir aus ihren umfangreichen Foto- und Postkartensammlungen mehrere Motive für dieses Buch zur Verfügung stellten. Dem Föhrde-Club zu Kiel danke ich für die Fotografien der Admirale Magnus von Levetzow und Wilhelm Souchon. Wolfgang D. Kuessner danke ich auch für die Einsichtnahme in das Tagebuch eines unbekannten Marinezahlmeisters aus dem November 1918. Ohne die freundliche Unterstützung der Mitarbeiter des Stadtarchivs Kiel, der Schleswig-Holsteinischen Landesbibliothek, des Landesarchivs Schleswig, des Bundesarchivs/Militärarchivs Freiburg, des Stadt- und Schifffahrtsmuseums Kiel und des Wachholtz Verlages wäre dieses Buch nicht möglich gewesen. Ihnen allen gilt ebenfalls mein herzlicher Dank.

Zur besseren Lesbarkeit wurden in Zitaten die Rechtschreibung und Zeichensetzung behutsam modernisiert, ohne dabei den Inhalt der Quellen zu beeinträchtigen.

Dr. Martin Rackwitz

Anmerkungen

1 SHVZ, Nr. 260 vom 05.11.1918.
2 SHVZ, Nr. 260 vom 05.11.1918.
3 Zum »Nischendasein« der Revolution von 1918 in den Medien siehe Fischer (2011), S. 62–70.
4 Entente: Militärisches Bündnis von Frankreich, Großbritannien und Russland gegen das Deutsche Reich. Im April 1917 traten auch die USA auf Seiten der Entente in den Krieg gegen das Deutsche Reich ein.
5 Zum 29.09.1918 als Wendepunkt der deutschen Geschichte und den Reaktionen auf Ludendorffs Eingeständnis der Niederlage siehe Haffner (1979), S. 25–37, 38–41.
6 Zitiert nach Baden (1927), S. 348–349.
7 Zur Entstehung und Verfestigung der »Dolchstoßlegende« siehe Barth (2010), S. 122–139.
8 Der Begriff »Meuterei« bezeichnet in der Rechtsnomenklatur ein strafbares Verhalten. Weil sich die Matrosen im Oktober 1918 aber gegen einen illegalen Befehl der Seekriegsleitung (SKL) auflehnten, der den Friedenszielen der legal zustande gekommenen und von der Obersten Heeresleitung mit Waffenstillstandsverhandlungen beauftragten Reichsregierung eindeutig widersprach, ist es falsch, von einer »Meuterei« zu sprechen. Die Befehlsverweigerungen der Matrosen waren ein berechtigter Akt rechtlichen und faktischen Widerstands und dienten der Wiederherstellung der Majestät des Rechts. Deshalb wird in dieser Darstellung von einem »Aufstand« gesprochen, zumal die Umsturzbewegung in Kiel sehr schnell auf die Zivilbevölkerung übergriff. Darüber hinaus wurde der Begriff der »Meuterei« in der älteren Literatur gezielt dazu benutzt, die Matrosen als Rechtsbrecher und Verräter zu stigmatisieren. Wird der Begriff »Meuterei« im Zusammenhang mit den Befehlsverweigerungen 1918 in diesem Buch verwendet, dann dient das einzig dazu, die Sichtweise der Admirale bzw. staatlichen Obrigkeit widerzuspiegeln. Im Gegensatz zum Oktober 1918 ist für die massenhaften Befehlsverweigerungen im Sommer 1917 in Wilhelmshaven der Begriff der »Meuterei« zutreffend, da es zuvor keinen Rechtsbruch der Admiralität gegeben hat. Zur Illegalität des Befehls zum Flottenvorstoß und den Absichten der SKL, die Regierung Max von Badens zu stürzen, siehe Deist (1966) und Hill (1988).
9 Zu den Ursachen der Marineunruhen 1917 und den Militärprozessen siehe Dittmann (1926), S. 9–20, 62–69; Regulski (2014), S. 211–239. Neben dem USPD/SPD-Abgeordneten Wilhelm Dittmann bezeichnete auch der spätere Reichskanzler Hermann Müller-Franken (MSPD/SPD) die Hinrichtung von Reichpietsch und Köbis als »Justizmorde«. Siehe Müller-Franken (1931), S. 23.
10 Siehe Regulski (2014), S. 99–123.
11 Zu den Hungerunruhen in Kiel 1916/17 siehe Rackwitz (2013), S. 181–212.

12 Zur Spaltung der Kieler SPD 1916/17 siehe Fischer (2013), S. 137–146. Zur Agitation der USPD in Kiel siehe Rackwitz (2013), S. 235–249. Zur Rolle der USPD als der treibenden revolutionären politischen Kraft in Kiel siehe Siegfried (2004), S. 25–31.

13 Zum Januarstreik 1918 in Kiel siehe Rackwitz (2013), S. 243–249.

14 Der Streik war zugleich eine Solidaritätsbekundung für die Arbeiter in Österreich, die seit Mitte Januar 1918 zu Hunderttausenden die Arbeit niedergelegt hatten, weil sie fürchteten, dass übertriebene deutsche Kriegsziele den Friedensschluss mit Sowjetrussland gefährden könnten. Siehe Tagebuch Nikolaus Andersen, Einträge vom 23.01.1918 und 26.01.1918.

15 Siehe LAS, Abt. 301, Nr. 943, Abschrift der Erklärung der Versammelten.

16 Siehe BA/MA, Sig. RM 31/2373, fo. 5.

17 Siehe BA/MA, Sig. RM 31/2373, fo. 6.

18 Deckoffizier: Eigene militärische Rangklasse, die hierarchisch zwischen den Seeoffizieren und den Portepee-Unteroffizieren stand. Typische Verwendungen für Deckoffiziere waren Steuermann, Feuerwerker (Schiffsartillerist), Maschinist oder Mechaniker.

19 Zur Diskussion um die Einstellung des U-Boot-Krieges zwischen der politischen und der militärischen Führung des Deutschen Reichs siehe Baden (1927), S. 453–472.

20 Siehe Haffner (1979), S. 43.

21 Zitiert nach Deist (1966), S. 353.

22 Zitiert nach Deist (1966), S. 357.

23 Bihl (1991), S. 478–479.

24 Haffner (1979), S. 57. Zur Rebellion der Seekriegsleitung gegen die Regierung siehe auch die Aufsätze von Deist (1966), Hill (1988) und Jentzsch/Witt (2016), S. 167.

25 Siehe Deist (1966), S. 354, 359, 361.

26 Siehe Dähnhardt (1978), S. 53–54; Jentzsch/Witt (2016), S. 168.

27 Siehe Hildebrand/Henriot (1989), Bd. 2, S. 295–296.

28 Siehe BA/MA, Sig. RM 8/1026, fo. 15.

29 Siehe Hildebrand/Henriot (1990), Bd. 3, S. 347–348.

30 Siehe Hildebrand/Henriot (1989), Bd. 2, S. 331–332.

31 Siehe Karl Artelts Lebenslauf im Bundesarchiv, Berlin-Lichterfelde, Stiftung Archiv der Parteien und Massenorganisationen der DDR (SAPMO), Sig. SgY 30/0022. Admiral Souchon bezeichnete es im März 1920 als einen der schwersten Fehler, dass sich bekannte Agitatoren der USPD wie Karl Artelt ohne Wissen des Stationskommandos von einem Marineteil zum anderen versetzen ließen, um die Revolution zu schüren. Siehe Nachlass Souchon, BA/MA, Sig. N 156/6, fo. 9.

32 Zu Popps Beteiligung am Januarstreik siehe Rackwitz (2013), S. 245, 248; KiZ, Nr. 65 vom 08.02.1918.

33 BA/MA, Sig. RM 8/1026. Siehe auch den dazugehörigen Anlagenband Sig. RM 8/1027.

34 Siehe BA/MA, Sig. RM 31/2373, »Kriegstagebuch der Kommandantur. 1.–5. November 1918«, fos. 68–73.

35 Diese Aufzeichnungen werden vor allem in der Stiftung Archiv der Parteien und Massenorganisationen der DDR (SAPMO) im Bundesarchiv in Berlin-Lichterfelde (Signaturen SgY 30) verwahrt.

36 BA/MA, Sig. RM 31/2373, fo. 17.

37 Zu den Befehlsverweigerungen und Festnahmen auf der »Markgraf« siehe den Bericht von Vizeadmiral Kraft vom 3.11.1918 in BA/MA, Sig. RM 8/1008, fos. 49–50.

38 Die folgende Darstellung beruht vor allem auf dem detaillierten Bericht von Admiral Küsel in BA/MA, Sig. RM 8/1026, insbesondere fo. 15 ff.

39 Siehe BA/MA, Sig. RM 8/1026, fo. 17.

40 Siehe BA/MA, Sig. RM 31/2373, fo. 9. Siehe auch BA/MA, Sig. RM 8/1026, fo. 18.

41 Zusammenfassung der Besprechung in BA/MA, Sig. RM 8/1026, fos. 19–20.

42 BA/MA, Sig. RM 8/1026, fo. 20.

43 Siehe BA/MA, Sig. RM 31/2373, fos. 11–14.

44 Siehe BA/MA, Sig. RM 31/2373, »Kriegstagebuch der Kommandantur. 1.–5. November 1918«, fos. 68–69.

45 Popp/Artelt (1918), S. 11.

46 Siehe BA/MA, Sig. RM 8/1026, fo. 23.

47 Siehe BA/MA, Sig. RM 8/1026, fo. 22.

48 BA/MA, Sig. RM 8/1026, fo. 23.

49 Siehe BA/MA, Sig. RM 31/2373, fos. 11r.–14r.

50 Siehe BA/MA, Sig. RM 31/2373, fos. 13v.–14r., 68–69. Küsel schreibt später, dass die Marinestation der Ostsee über die »Meuterei« der Kompanie in der Waldwiese am Abend des 2.11. erst im Verlauf des Vormittags des 4.11. durch eine telefonische Meldung von Stadtkommandant Heine informiert wurde. Siehe BA/MA, Sig. RM 8/1026, fo. 28.

51 BA/MA, Nachlass Souchon, Sig. N 156/31, fo. 009.

52 Siehe Rausch (1918), S. 13.

53 Zitiert nach Popp/Artelt (1918), S. 13. Konteradmiral a. D. Küsel bezeichnet diesen Vorfall in seinem »Beitrag zur Geschichte des revolutionären Umsturzes in der Kaiserlichen Marine und in Kiel. November 1918.« in Anspielung auf die Publikation des SHVZ-Chefredakteurs Bernhard Rausch später als »Revolutionsrauscherfindung« (siehe BA/MA, Sig. RM 8/1026, fo. 20), obwohl dieser Vorfall auch im Kriegstagebuch der Kommandantur (siehe BA/MA, Sig. RM 31/2373, fo. 69) und in der Broschüre von Popp/Artelt (1918) erwähnt wird. Außerdem datiert Küsel diesen Vorfall irrtümlich auf den 02.11.1918.

54 Siehe BA/MA, Sig. RM 31/2373, fo. 69.

55 Wilhelm Friedrich (gen. Wilfried) von Loewenfeld, späterer Marinefreikorpsführer. Siehe Hildebrand/Henriot (1989), Bd. 2, S. 389–390.

56 Siehe BA/MA, Sig. RM 8/1026, fo. 24.

57 BA/MA, Sig. RM 8/1026, fo. 24.

58 BA/MA, Sig. RM 8/1026, fo. 25; siehe auch BA/MA, Sig. RM 31/2373, fo. 16v.
59 Siehe BA/MA, Sig. RM 31/2373, fo. 70.
60 Siehe Popp/Artelt (1918), S. 12.
61 Siehe BA/MA, Sig. RM 8/1026, fos. 27–28.
62 Siehe BA/MA, Sig. RM 8/1026, fo. 29.
63 Siehe BA/MA, Sig. RM 8/1026, fo. 29.
64 Siehe KiZ, Nr. 519 vom 05.11.1918 (Morgenblatt).
65 Auguste Haberger, Schwägerin von Lothar Popp, im März 1919 für die USPD in die Kieler Stadtverordnetenversammlung gewählt.
66 Zur Schießerei in der Karlstraße siehe BA/MA, Sig. RM 31/2373, fos. 23r.–24r.; BA/MA, Sig. RM 8/1026, fos. 30v.–31r.; Popp/Artelt (1918), S. 13–14.
67 Siehe BA/MA, Sig. RM 8/1026, fo. 30.
68 Siehe BA/MA, Sig. RM 8/1026, fo. 30.
69 Siehe BA/MA, Sig. RM 31/2373, fo. 71.
70 Im Archiv der Einwohnermeldebehörde Kiel ist Brüning am 05.11.1918 nach Berlin abgemeldet. Während seiner Zeit als Kieler Polizeipräsident wohnte Brüning laut Melderegister im Polizeipräsidium in der Blumenstraße 2.
71 Siehe SHVZ, Nr. 262 vom 07.11.1918; KNN, Nr. 264 vom 09.11.1918.
72 StAK, Sig. 21392, Schreiben vom 04.11.1918.
73 Siehe BA/MA, Sig. RM 8/1026, fo. 33.
74 Siehe BA/MA, Sig. RM 8/1010, fo. 16.
75 Für von Ravens Bericht über seine Kieler »Mission« siehe BA/MA, Sig. RM 8/1027, fos. 62–65. Raven trifft gegen 16.20 Uhr am Kieler Hauptbahnhof ein.
76 Siehe BA/MA, Sig. RM 8/1026, fos. 34–35.
77 Siehe Popp/Artelt (1918), S. 14.
78 Siehe BA/MA, Sig. RM 8/1026, fos. 34–35.
79 Zum Streik auf der Kaiserlichen Werft siehe BA/MA, Sig. RM 8/1009, fo. 145.
80 Siehe BA/MA, Sig. RM 31/2373, fo. 71.
81 StAK, Sig. ZS 248.
82 Siehe BA/MA, Sig. RM 31/2373, fo. 72.
83 BA/MA, Sig. RM 8/1026, fo. 36.
84 Siehe BA/MA, Sig. RM 8/1026, fo. 36. Zur Lage am frühen Nachmittag des 04.11.1918 und der Entscheidung Souchons, Verhandlungen mit den aufrührerischen Matrosen aufzunehmen, siehe auch BA/MA, Sig. RM 8/1028, fos. 58–61. Zur Ausbreitung des Aufstands am 04.11.1918 siehe auch BA/MA, Sig. RM 8/1010, fos. 20–22.
85 Siehe BA/MA, Sig. RM 8/1026, fos. 33, 37–38.
86 Siehe BA/MA, Sig. RM 8/1026, fo. 37.
87 Popp/Artelt (1918), S. 15.
88 BA/MA, Sig. RM 8/1026, fo. 38.
89 Siehe Popp/Artelt (1918), S. 16.
90 Popp/Artelt (1918), S. 16.
91 Siehe BA/MA, Sig. RM 8/1026, fos. 39–40.

92 Siehe BA/MA, Sig. RM 8/1026, fo. 36; Popp/Artelt (1918), S. 18.
93 BA/MA, Sig. RM 8/1026, fos. 40–41. Herrenhaus: Erste Kammer des preußischen Landtags, nach dem Vorbild des britischen House of Lords aus ernannten Mitgliedern zusammengesetzt.
94 Siehe Popp/Artelt (1918), S. 17. Die explizite Zusage, die auswärtigen Truppen sofort zurückzuziehen, findet sich im »Beitrag« von Konteradmiral Küsel nicht, denn sie bedeutet das Eingeständnis der militärischen Niederlage der Marinestation gegen die Aufständischen.
95 Siehe Popp/Artelt (1918), S. 17.
96 Siehe BA/MA, Sig. RM 8/1026, fo. 41.
97 Siehe Dähnhardt (1978), S. 83.
98 Siehe Bundes-Zeitung der Vereinigungen ehemaliger 163er, »Revolution in Kiel. E./163.«, Nr. 11, Eutin 1.11.1936, in BA/MA, Sig. RM 8/1025, fos. 32r.–36v. Siehe auch Lübcke (2017), S. 57–63, 99–102.
99 Siehe BA/MA, Sig. RM 8/1027, fo. 63.
100 Siehe BA/MA, Sig. RM 8/1026, fo. 41.
101 Siehe Popp/Artelt (1918), S. 19; BA/MA, Sig. RM 8/1026, fo. 44.
102 Siehe BA/MA, Sig. RM 31/2390, fo. 1.
103 Popp/Artelt (1918), S. 19. Siehe auch BA/MA, Sig. RM 8/1026, fos. 44–45.
104 BA/MA, Sig. RM 31/2373, fo. 73.
105 BA/MA, Sig. RM 31/2373, fo. 73.
106 Siehe Popp/Artelt (1918), S. 16–17. Der MSPD-Politiker und spätere Kieler Militärgouverneur Gustav Noske behauptet, Deckoffiziere hätten ihm später versichert, dass sie die Geschütze unbrauchbar gemacht hätten, sodass kein Unheil angerichtet werden konnte. Siehe Noske (1920), S. 13.
107 Siehe BA/MA, Sig. RM 8/1026, fo. 47. Lothar Popp gibt die Zahl mit 20000 Demonstranten an, Karl Artelt später sogar mit ca. 30000. Siehe Popp/Artelt (1918), S. 17; Bundesarchiv, Berlin-Lichterfelde, Stiftung Archiv der Parteien und Massenorganisationen der DDR (SAPMO), Sig. SgY 30/0022, fo. 10. Auch wenn der Demonstrationszug sicherlich noch an Zulauf gewonnen hat, dürften diese beiden Zahlen massiv übertrieben sein.
108 Zu Noskes politischer Vita siehe Wette (1987), zu seiner Kieler »Mission« Wette (2010).
109 Noske (1920), S. 11.
110 Dähnhardt (1978), S. 86.
111 Siehe BA/MA, Sig. RM 31/2373, fos. 40–50.
112 BA/MA, Sig. RM 31/2373, fo. 42.
113 Siehe BA/MA, Sig. RM 31/2373, fos. 42, 45, 50; Popp/Artelt (1918), S. 20.
114 Siehe BA/MA, Sig. RM 31/2373, fos. 44, 46.
115 BA/MA, Sig. RM 31/2373, fo. 44.
116 BA/MA, Sig. RM 31/2373, fo. 47.
117 BA/MA, Sig. RM 31/2373, fo. 47.
118 Siehe BA/MA, Sig. RM 8/1026, fos. 46–48.

119 Popp/Artelt (1918), S. 20.

120 Siehe SHLB, Ms. Co 205, Rogge, Walter, »Meine Erlebnisse bei der Absetzung der Regierung und Ausbruch der Revolution am 4. Nov. 1918 in Kiel, auf ›G. 38. 1. F. Halbflottille‹«, fos. 12–14.

121 Tagebuch Nikolaus Andersen, Eintrag vom 04.11.1918, fos. 92–93. Das Hotel »Hansa« befand sich gegenüber vom Haupteingang des Bahnhofs.

122 SHLB, Ms. Co 205, Rogge, Walter »Meine Erlebnisse bei der Absetzung der Regierung und Ausbruch der Revolution am 4. Nov. 1918 in Kiel, auf ›G. 38. 1. F. Halbflottille‹«, fos. 12–15.

123 Siehe BA/MA, Sig. RM 8/1031, Ausarbeitung Korvettenkapitän a.D. Oskar Leistikow: »Wie ich die Revolution in Kiel vom 3. bis 5. Nov. 1918 erlebte«, Januar 1963.

124 Siehe Archiv der Fritz-Reuter-Schule Pries, »Chronik der kaiserlichen Marine-Garnisonschule zu Friedrichsort«, fo. 80.

125 SHVZ, Nr. 260 vom 05.11.1918; Popp/Artelt (1918), S. 21–22.

126 Siehe Popp/Artelt (1918), S. 23.

127 Siehe Dähnhardt (1978), S. 94.

128 Siehe KiZ, Nr. 520 vom 05.11.1918 (Abendblatt); Popp/Artelt (1918), S. 23; Rausch (1918), S. 18.

129 Siehe BA/MA, Sig. RM 8/1026, fo. 48.

130 Siehe die handschriftliche Abschrift des Tagebuchs von Paul Rösch. Unverzeichnete Quelle im Stadtmuseum Kiel. Siehe auch Popp/Artelt (1918), S. 23; Rausch (1918), S. 21. Die zahlreichen Falschmeldungen in den Zeitungen, dass Weniger seinen Verletzungen erlegen sei, sind darauf zurückzuführen, dass die revolutionären Matrosen ihn für tot erklärten, um ihn so im Lazarett vor möglichen Racheakten zu schützen. Siehe auch den Aufsatz von Christian Lübcke, »Schüsse an Bord von SMS König«, in MKStG, Band 89 (2018).

131 Siehe BA/MA, Sig. RM 8/1026, fo. 49.

132 Siehe Weddigen (1918), S. 228.

133 Siehe BA/MA, Sig. RM 8/1026, fo. 49.

134 Brief von Karl Bock an seine Schwester, November 1918. Landesarchiv Berlin, C Rep. 902-02-04, Bezirksleitung Berlin der SED, Bezirksparteiarchiv – Erinnerungsberichte, Nr. 71.

135 Siehe Archiv der Fritz-Reuter-Schule Pries, »Chronik der kaiserlichen Marine-Garnisonschule zu Friedrichsort«, fo. 81. Marseillaise, gemeint ist vermutlich die »Deutsche Arbeitermarseillaise«, ein im Jahr 1864 von Jacob Audorf zur Melodie der Marseillaise geschriebenes Lied für den Allgemeinen Deutschen Arbeiterverein. Am 05.11.1918 geht in der Marinestation der Ostsee ein Telegramm aus Friedrichsort ein, dass sich in der Früh durch Zuruf ein Soldatenrat für den Festungsbereich gebildet habe. Siehe BA/MA, Sig. RM 31/2384, fo. 11.

136 Siehe Noske (1920), S. 15.

137 StAK, Sig. 21392, fo. 2. Adler bleibt nur bis zum 11.11.1918 Beigeordneter des Arbeiterrats beim Oberbürgermeister, danach übernimmt der MSPD-Stadtverordnete

August Biskupek die Aufgabe des Beigeordneten. Biskupek wird aufgrund von Krankheit am 13.02.1919 durch den Stadtverordneten Hermann Adam abgelöst. Eduard Adler wurde bereits am 09.11.1918 vom Kieler Arbeiterrat dem Regierungspräsidenten in Schleswig beigeordnet.

138 Siehe StAK, Sig. 21392, fo. 3.

139 Siehe Aufruf vom 05.11.1918, StAK, Sig. ZS 282.

140 Siehe StAK, Sig. 7004, 7, Protokolle der Stadtkollegien 1910–1919, Sitzungsprotokoll vom 05.11.1918.

141 Siehe StAK, Sig. 7004, 7, Protokolle der Stadtkollegien 1910–1919, Sitzungsprotokoll vom 05.11.1918.

142 Prinz (1970 b), S. 133.

143 Siehe Noske (1920), S. 15.

144 Zur Schießerei an der Stadtsparkasse siehe StAK, Sig. 32665, fos. 1–7.

145 KNN, Nr. 262 vom 07.11.1918.

146 Siehe Rausch (1918), S. 22; Popp/Artelt (1918), S. 24; Tagebuch Nikolaus Andersen, Eintrag vom 05.11.1918; SHVZ, Nr. 261 vom 06.11.1918; KNN, Nr. 261 vom 06.11.1918; KNN, Nr. 262 vom 07.11.1918.

147 Siehe z.B. die unwahren Meldungen über den Anmarsch der Wandsbeker Husaren auf Kiel in der KiZ, Nr. 520 vom 05.11.1918 (Abendblatt).

148 Siehe Greß (1918), S. 4–5. Der Bericht wurde offensichtlich um 1958 angefertigt. In den schweren Schießereien am Bahnhof nach dem 03.11.1918 gingen zahlreiche Scheiben zu Bruch, für die die königliche Eisenbahndirektion von der Stadt Kiel am 02.12.1918 800 Mark Schadenersatz verlangte. Siehe StAK, Sig. 21723, fo. 81.

149 Siehe SHLB, Ms. Co 205, Rogge, Walter, »Meine Erlebnisse bei der Absetzung der Regierung und Ausbruch der Revolution am 4. Nov. 1918 in Kiel, auf ›G. 38. 1. F. Halbflottille‹«, fos. 18–53, insbesondere fos. 21–24.

150 Zu den Plänen einer militärischen Rückeroberung Kiels siehe Dähnhardt (1978), S. 104–108.

151 StAK, Sig. 81208, Lebenserinnerungen von Friedrich I. Iwersen, von 1879–1921 Lehrer in Sehestedt. Iwersen datiert seinen Aufenthalt in Kiel im Nachhinein auf den 8.–10. November 1918, allerdings dürften sich solche Szenen vor allem vom 4.–6. November ereignet haben. Für die Zeit danach haben die Übergriffe gegen Offiziere deutlich nachgelassen.

152 Zum Mythos der Offiziersverschwörung und der Hysterie vor angeblichen konterrevolutionären Gegenaktionen in Kiel siehe auch Jones (2017), S. 50–58. Auch Jones kann keine Spuren organisierter Gegenwehr durch Offiziere in Kiel am 5. oder 6. November gegen die revolutionären Matrosen erkennen.

153 Siehe Müller-Franken (1931), S. 29–30.

154 Tagebuch eines Marinezahlmeisters, 06.11.1918–12.11.1918, Eintrag vom 06.11.1918. Das Gerücht über Prinz Heinrich entbehrt jeglicher Wahrheit. Tatsächlich flieht der Prinz am Abend des 5. November aus dem Kieler Schloss und fährt mit seiner Familie auf seinen Landsitz Hemmelmark bei Eckernförde. Der

Zahlmeister gibt auch das Gerücht wieder, dass die Offiziere ins Gefängnis gesteckt werden sollen.

155 Siehe KiZ, Nr. 522 vom 06.11.1918 (Abendblatt); SHVZ, Nr. 262 vom 07.11.1918.

156 Zur räumlichen Abgrenzung der sechs Wachbezirke siehe BA/MA, Sig. RM 8/1024, fo. 35.

157 Zur Organisation des Sicherheitsdienstes siehe BA/MA, Sig. RM 8/1024, fos. 1–73; zu den Übergriffen wilder Patrouillen ibid., fos. 40, 71–73.

158 BA/MA, Sig. RM 31/2373, fo. 73. Siehe auch ibid., fos. 45, 49.

159 Noske (1920), S. 17.

160 Noske (1920), S. 18.

161 Noske (1920), S. 23.

162 SHVZ, Nr. 261 vom 06.11.1918.

163 BA/MA, Sig. RM 8/1010, fo. 117.

164 Siehe Noske (1920), S. 19.

165 Der Kieler Architekt Ernst Prinz wurde Augenzeuge diverser Schießereien am 5.11. und bezeichnete die Gerüchte, dass Offiziere aus Fenstern auf Zivilisten geschossen hätten, explizit als »unsinnig«. Trotzdem habe sich das Gerücht wie ein Lauffeuer durch die ganze Stadt verbreitet. Siehe Prinz (1970 b), S. 133–134.

166 StAK, Sig. ZS 250.

167 Flugblatt des Gouverneurs vom 05.11.1918. StAK, Sig. ZS 251.

168 Siehe Dähnhardt (1978), S. 106.

169 Siehe dazu BA/MA, Sig. RM 3/2612, fo. 289; BA/MA, Sig. RM 8/1009, fo. 204.

170 Siehe Dähnhardt (1978), S. 107–108.

171 Siehe Dähnhardt (1978), S. 104–108; Noske (1920), S. 19.

172 Siehe Dähnhardt (1978), S. 105.

173 Siehe SHVZ, Nr. 261 vom 06.11.1918; Fabian (1919), S. 52–53.

174 Zum Verlauf der Revolution in Hamburg am 5./6. November siehe auch die Schilderung des sich auf der Durchreise nach Kiel befindlichen MSPD-Reichstagsabgeordneten Hermann Müller-Franken. In Müller-Franken (1931), S. 30–31.

175 Siehe Noske (1920), S. 20–21; SHVZ, Nr. 261 vom 06.11.1918. Siehe auch den maschinenschriftlichen Bericht von Oberstückmeister Winkelmann »Erlebnisse des Führers der Schlosswache Kiel bei Revolutionsausbruch.« in BA/MA, Sig. RM 31/2390, fos. 99–101.

176 Zum Tod Heines siehe BA/MA, Sig. RM 31/2373, fo. 73; BA/MA, Sig. RM 8/1026, fo. 50. Die Archivkartei des Einwohnermeldeamts Kiel bestätigt ebenfalls, dass Heine in seiner Wohnung in der Feldstraße 122 erschossen wurde. Die Schilderung von Theodor Plivier, »Der Kaiser ging, die Generäle blieben« (Berlin, 1932), S. 176–178, dass Heine von aufständischen Matrosen in einem Mietshaus am Lorentzendamm mit einem Gewehrkolben erschlagen wurde, ist frei erfunden.

177 SHVZ, Nr. 261 vom 06.11.1918.

178 Siehe BA/MA, Sig. RM 20/9, fo. 127.

179 Siehe Popp/Artelt (1918), S. 26.

180 Siehe Müller-Franken (1931), S. 26–27.
181 SHVZ, Nr. 261 vom 06.11.1918.
182 Noske (1920), S. 23.
183 Zum Verlauf der Versammlung siehe Noske (1920), S. 24; SHVZ, Nr. 262 vom 07.11.1918.
184 BA/MA, Sig. RM 8/1024, fo. 24.
185 SHVZ, Nr. 262 vom 07.11.1918.
186 Siehe Noske (1920), S. 25.
187 Aufruf an die Bevölkerung Schleswig-Holsteins. StAK, Sig. ZS 283.
188 Siehe Noske (1920), S. 25.
189 Zum Verlauf der Versammlung siehe Popp/Artelt (1918), S. 26; Noske (1920), S. 25–26.
190 Siehe Noske (1920), S. 26.
191 Zum Verlauf der Besprechung siehe BA/MA, Sig. RM 3/2612, fos. 199, 208, 209, 218, 237 ff.
192 Siehe BA/MA, Sig. RM 31/2394, Bl. 2.
193 Siehe Dähnhardt (1978), S. 126–127.
194 Müller-Franken (1931), S. 37. Er liegt mit dieser Einschätzung ganz auf der Linie Noskes, die Revolution möglichst schnell zu kanalisieren und wieder Ordnung im öffentlichen Leben herzustellen.
195 KiZ, Nr. 524 vom 07.11.1918 (Abendblatt).
196 Siehe BA/MA, Sig. RM 8/1009, fo. 151r.
197 Siehe BA/MA, Sig. RM 8/1009, fos. 146v., 147r., 149r.–150v.
198 Siehe SHVZ, Nr. 263 vom 08.11.1918.
199 Zur Diskussion um den Kaiser siehe Haffner (1979), S. 68–72.
200 Den Marineangehörigen bekannt gemacht in der Anlage »Kameraden« zum Gouvernements-Tagesbefehl Nr. 3 vom 10.11.1918, BA/MA, Sig. RM 31/2394, Bl. 5.
201 BA/MA, Sig. RM 31/2394, Bl. 5.
202 LAS, Abt. 301/2401, handschriftlicher Bericht Kiel 09.11.1918, Schreiben von Gustav Garbe vom 09.11.1918.
203 LAS, Abt. 301/2401, maschinenschriftliches Schreiben v. Moltke vom 09.11.1918.
204 Siehe Dähnhardt (1978), S. 135.
205 Siehe Fabian (1919), S. 72–73.
206 Popp/Artelt (1918), S. 29.
207 Bekanntmachung auf »Schiff König«, StAK, Sig. ZS 1183.
208 Brief von Paul Becker, Kiel, 10.11.1918 (Privatbesitz Jens Becker, Berlin).
209 Gustav Garbe in einer Sitzung des Soldatenrats der Marinestation der Ostsee am 08.02.1919. BA/MA, Sig. RM 8/1026, fo. 32.
210 Siehe Müller-Franken (1931), S. 29.
211 Siehe hierzu die gute Überblicksdarstellung in Ullrich (2009), S. 44–81.
212 Siehe den Aufruf »An das deutsche Volk!« des Rats der Volksbeauftragten, Berlin, 12.11.1918.
213 Zur sozialen Gliederung der Erwerbstätigen siehe Erdmann (1983), S. 185.

214 Zum Verlauf des Reichsrätekongresses siehe Ullrich (2009), S. 57–63; Kolb (1962), S. 197–205.

215 Siehe Kolb (1962), S. 198–199. Das Kräfteverhältnis zwischen der MSPD und der USPD auf dem Reichsrätekongress zeigte sich z.B. auch darin, dass die Konferenz der Arbeiter- und Soldatenräte Schleswig-Holsteins am 12.12.1918 in Neumünster keinen einzigen USPD-Vertreter als Delegierten zum Reichsrätekongress gewählt hatte.

216 Siehe Ullrich (2009), S. 57–58.

217 Zu den Hamburger »Sieben Punkten« siehe Ullrich (2009), S. 60–62.

218 Siehe Ullrich (2009), S. 62–63.

219 Siehe die entsprechende Erklärung »Die Regierung und die Soldaten.« in der SHVZ, Nr. 1 vom 02.01.1919.

220 Zur »Weihnachtskrise« und dem Austritt der USPD aus der Regierung siehe Ullrich (2009), S. 63–67; Niess (2017), S. 271–283.

221 Noske (1920), S. 68.

222 Zu den »Spartakusaufstand« genannten Januarkämpfen in Berlin siehe Niess (2017), S. 289–319; Ullrich (2009), S. 67–72.

223 Zur Rolle Noskes bei der Ermordung Liebknechts und Luxemburgs siehe Niess (2017), S. 322–326; Ullrich (2009), S. 74.

224 Zu Noskes Zeit als Kieler Militärgouverneur siehe Wette (1987), S. 218–262, und Wette (2010).

225 Siehe BA/MA, Sig. RM 31/2394, Gouvernements- und Stations-Tagesbefehle vom 15.11.1918, 18.11.1918 und 26.11.1918, Bl. 22v., 36r., 62v. Siehe auch Wette (1987), S. 228.

226 Wolfram Wette beziffert die Zahl der Anfang November 1918 in Kiel stationierten Militärangehörigen auf 50000. Siehe Wette (2010), S. 58. Bei den Wahlen zur verfassungsgebenden Nationalversammlung am 19.01.1919 waren 20553 Militärangehörige in Kiel wahlberechtigt, bei den Wahlen zur verfassungsgebenden preußischen Landesversammlung am 26.01.1919 waren 18646 Militärangehörige wahlberechtigt. Siehe LAS, Abt. 301/5407, »Zusammenstellung des Wahlergebnisses im Stadtkreise Kiel.«; LAS, Abt. 301/5410, »Zusammenstellung des Wahlergebnisses im Stadtkreise Kiel.«

227 Die Quellenlage zur Tätigkeit des Kieler Obersten Soldatenrats von November 1918 bis Februar 1919 ist schlecht, denn es sind keine Sitzungsprotokolle vorhanden. Erst für den Zeitraum vom 25.02.1919 bis zum 09.05.1919 liegen sechs Protokolle der Sitzungen der Vertrauensmännerversammlung unter Leitung des Vorsitzenden des OSR/Stationssoldatenrats Signalmeister Franz Riefstahl in der Aula des Reform-Realgymnasiums vor. Siehe BA/MA, Sig. RM 8/1028, fos. 142–160. Zu diesem Zeitpunkt hatte der OSR/Stationssoldatenrat allerdings seinen Einfluss auf die politische und militärische Entwicklung in Kiel weitgehend eingebüßt. Auch von den Soldatenräten in den einzelnen militärischen Einheiten ist wenig überliefert. Da die Zeitungen nur sehr spärlich über die Tätigkeit des OSR/Stationssoldatenrats berichten, müssen seine Aktivitäten vor allem aus den Gouvernements-

und Stations-Tagesbefehlen (BA/MA, Sig. RM 31/2394 und Sig. RM 31/4556) rekonstruiert werden.

228 BA/MA, Sig. RM 31/2394, Gouvernements- und Stations-Tagesbefehl Nr. 7 vom 14.11.1918, Bl. 16.

229 Vgl. Anmerkung 200.

230 Siehe BA/MA, Sig. RM 31/2394, Gouvernements- und Stations-Tagesbefehl Nr. 10 vom 17.11.1918, Bl. 32.

231 Siehe Dähnhardt (1978), S. 129.

232 Siehe Dähnhardt (1978), S. 132; Kolb (1962), S. 189.

233 Siehe BA/MA, Sig. RM 31/2394, Gouvernements- und Stations-Tagesbefehl Nr. 25 vom 01.12.1918, Bl. 73.

234 Siehe Noske (1920), S. 52.

235 BA/MA, Sig. RM 31/2394, Gouvernements- und Stations-Tagesbefehl Nr. 50 vom 26.12.1918 »Bildung einer revolutionären Sicherheits-Truppe«, Bl. 148.

236 Siehe BA/MA, Sig. RM 31/2394, Gouvernements- und Stations-Tagesbefehl Nr. 50 vom 26.12.1918 »Bildung einer revolutionären Sicherheits-Truppe«, Bl. 149.

237 Siehe dazu Dähnhardt (1978), S. 143–144; Wette (2010), S. 60–63.

238 Zur Aufstellung und Vorgeschichte der »Eisernen Brigade« siehe Wette (2010), S. 63–73.

239 BA/MA, Sig. RM 31/4556, Sonderausgabe Gouvernements- und Stations-Tagesbefehl Nr. 11 vom 11.01.1919, Bl. 80. Siehe auch BA/MA, Sig. RM 8/1028, fos. 32, 34.

240 Siehe Dähnhardt (1978), S. 145.

241 Siehe in der Chronologie des Aufstands Dienstag, 5. November 1918.

242 Siehe BA/MA, Sig. RM 31/2384 »Meldungen über Bildung von Soldatenräten in Schleswig-Holstein und im Reiche.«

243 Dähnhardt (1978), S. 131.

244 Siehe BA/MA, Sig. RM 31/2366, fo. 37.

245 Siehe StAK, Sig. 7004, 7, Protokolle der Stadtkollegien 1910–1919, 13. Sitzung vom 03.12.1918.

246 Für die Namen der neuen Mitglieder siehe BA/MA, Sig. RM 31/2394, Gouvernements- und Stations-Tagesbefehl Nr. 31 vom 07.12.1918, Bl. 89. Wegen der zahlreichen personellen Wechsel im OSR lässt sich dessen genaue Zusammensetzung aber nicht rekonstruieren.

247 BA/MA, Sig. RM 31/2366, fo. 56.

248 Der letzte von Lothar Popp gegengezeichnete Gouvernements- und Stations-Tagesbefehl stammt vom 10.12.1918. Siehe BA/MA, Sig. RM 31/2394, Bl. 101. Ab dem 11.12.1918 sind die Befehle von Karl Artelt unterzeichnet.

249 Siehe Bundesarchiv, Berlin-Lichterfelde, Stiftung Archiv der Parteien und Massenorganisationen der DDR (SAPMO), Sig. SgY 30/0022, fo. 12; Dähnhardt (1978), S. 137.

250 Noske (1920), S. 52.

251 Quelle: http://www.seeflieger.de/geschichte/geschichte2.php_
Dieser Soldatenrat soll sich bis Ende Dezember 1918 aufgelöst haben.

252 Siehe Dähnhardt (1978), S. 131. Das Büro des Generalobmanns findet nach dem 03.12.1918 keine Erwähnung mehr.
253 Siehe BA/MA, Sig. RM 31/4556, Gouvernements- und Stations-Tagesbefehl Nr. 16 vom 16.01.1919, Bl. 90.
254 Siehe Dähnhardt (1978), S. 150–151.
255 Siehe Republik, Nr. 54, vom 05.03.1919.
256 Siehe BA/MA, Sig. RM 31/4556, Anlage »Vorläufige Regelung der Kommandogewalt und des Dienstes« zum Gouvernements- und Stations-Tagesbefehl Nr. 69 vom 10.03.1919, Bl. 194.
257 Den Posten eines »Zivilgouverneurs« gab es nur in Kiel.
258 Zitiert nach Dähnhardt (1978), S. 146.
259 Siehe Dähnhardt (1978), S. 146–147.
260 Siehe BA/MA, Sig. RM 8/1022, fo. 66.
261 Siehe BA/MA, Sig. RM 31/2366, fos. 93, 96, 97.
262 Siehe Dähnhardt (1978), S. 137.
263 Siehe Dähnhardt (1978), S. 125.
264 Zur Gründung und Einsatz der »Studentenwehr« 1919 siehe Franz (1958), S. 89–91.
265 Siehe Prinz (1970 a), S. 121–122.
266 Die bedeutendsten und politisch wirkungsmächtigsten dieser Räte waren die Arbeiter- und Soldatenräte. In quasi allen gesellschaftlichen Organisationen wurden Räte (z.B. Lehrerräte, Bauernräte, Landarbeiterräte, Künstlerräte) gegründet, auf die hier aber nicht im Einzelnen eingegangen werden kann.
267 »Der Volksrat« erschien erstmalig am 29.05.1919 und stellte sein Erscheinen bereits nach 7 Monaten und 31 Ausgaben am 25.12.1919 wieder ein. Die Redaktion des »Volksrat« unter Paul Hillbrecht druckte noch bis in den Herbst 1919 theoretische Diskurse über den Aufbau einer Räteverfassung, als die Weimarer Verfassung bereits in Kraft getreten war und die Räte im ganzen Land aufgelöst wurden. Siehe z.B. die Ausgabe Nr. 21 vom 16.10.1919.
268 Siehe Popp/Artelt (1918), S. 23.
269 Zur Zusammensetzung des Arbeiterrates siehe StAK, Sig. 29685, fos. 1, 2, 41, 98, 128, 167, 190, 216, 245. Siehe auch KiZ, Nr. 582 vom 12.12.1918 (Abendblatt).
270 Siehe LAS, Abt. 384/25, fos. 160–161, Sozialdemokratischer Verein Kiel, Hauptversammlung am 11.12.1918, Bericht über die Tätigkeit des Arbeiterrates. Von den 30 Mitgliedern des Arbeiterrates ließen sich laut Dähnhardt (1978), S. 92, 14 der MSPD und 11 der USPD zuordnen. Bei den übrigen Personen war keine Parteizugehörigkeit zu ermitteln.
271 Siehe KiZ, Nr. 582 vom 12.12.1918 (Abendblatt).
272 LAS, Abt. 301/2401, Telegramm vom Minister des Innern an das Oberpräsidium Kiel vom 08.11.1918.
273 LAS, Abt. 301/1987, »Kosten der Beigeordneten, Arbeiter-, Soldaten- und Bauernräte. 1918«. Hervorhebung im Original.
274 Siehe StAK, Sig. 29686, fo. 52.

275 Siehe SHVZ, Nr. 289 vom 10.12.1918.

276 In Dresden und Chemnitz war es zuvor zu Neuwahlen der Arbeiter- und Soldatenräte gekommen, bei denen die MSPD klar über die USPD gesiegt hatte. Siehe z.B. SHVZ, Nr. 290 vom 11.12.1918.

277 LAS, Abt. 384/25, fos. 160–161, Sozialdemokratischer Verein Kiel, Hauptversammlung am 11.12.1918, Bericht über die Tätigkeit des Arbeiterrates. Siehe auch SHVZ, Nr. 291 vom 12.12.1918; KiZ, Nr. 582 vom 12.12.1918 (Abendblatt). Der Antrag wurde bei nur 4 Gegenstimmen angenommen.

278 SHVZ, Nr. 292 vom 13.12.1918.

279 Es bleibt eine der interessantesten Fragen zu 1918/19, ob die Beibehaltung der Räte in der Wirtschaft bzw. die nach Artikel 165 der Weimarer Verfassung vorgesehenen aber nicht verwirklichten Bezirksarbeiterräte, der Reichsarbeiterrat, die Bezirkswirtschaftsräte und der Reichswirtschaftsrat, in dem Arbeiter- und Unternehmervertreter gleichermaßen vertreten sein sollten, als Ergänzung der parlamentarischen Demokratie wirtschaftliche Veränderungen gebracht und die Weimarer Republik dadurch gestärkt hätten. Siehe dazu Ritter (2008), S. 126–168; Niess (2017), S. 355–363.

280 Siehe SHVZ, Nr. 64 vom 17.03.1919.

281 Republik, Nr. 62 vom 14.03.1919.

282 Siehe SHVZ, Nr. 64 vom 17.03.1919; KiZ, Nr. 128 vom 17.03.1919 (Abendblatt). Als bekannte Namen wurden über die Liste der MSPD in den Arbeiterrat gewählt: Metallarbeiter Paul Hillbrecht, Bäcker Otto Eggerstedt, Redakteur Bernhard Rausch; über die Liste der USPD: Hobler J. Classen. Siehe Republik, Nr. 65 vom 18.03.1919; StAK Sig. 29686, fo. 40.

283 Zur Entstehung des Volksrates siehe SHVZ, Nr. 76 vom 31.03.1919.

284 LAS, Abt. 301/1987, Regierungspräsident Schleswig 14.03.1919, Aktenzeichen I.A.I. 1320. Rannow, Rudolf (Oberfeuerwerkermaat) irrtümlich Rennow geschrieben. IX. A.K. = IX. Armeekorps in Altona.

285 Siehe LAS, Abt. 301/1987, Regierungspräsident Schleswig 14.03.1919, Aktenzeichen I.A.I. 1320.

286 Siehe SHVZ, Nr. 76 vom 31.03.1919.

287 Siehe SHVZ, Nr. 76 vom 31.03.1919.

288 Maschinenschriftliches Regulativ im Besitz des Verfassers.

289 Zur Entstehungsgeschichte des »Freikorps Loewenfeld« und Noskes Mitwirkung siehe Wette (2010), S. 77–85; Dähnhardt (1978), S. 157–159.

290 Siehe StAK, Sig. 29686, fo. 169.

291 Siehe StAK, Sig. 29686, fos. 8, 15, 21, 23, 24.

292 StAK, Sig. 29686, fo. 82.

293 StAK, Sig. 29686, fo. 150; siehe auch ibid., fo. 152.

294 StAK, Sig. 29686, fo. 152.

295 Zu den Änderungen im Wahlrecht zum Reichstag, preußischen Abgeordnetenhaus und den Kommunalparlamenten siehe Paetau (1988), S. 156–174.

296 Aufgrund der ca. 2 Millionen gefallenen deutschen Soldaten und der zahlreichen deutschen Kriegsgefangenen durften bei den Wahlen zur verfassungsgebenden Nationalversammlung am 19.01.1919 sogar mehr Frauen (ca. 21,5 Millionen) als Männer (ca. 18,5 Millionen) wählen. Siehe Canning (2010), S. 112, 90. In der Nationalversammlung spiegelte sich dieses Übergewicht aber nicht wider. Einschließlich der Nachwahl vom 02.02.1919 wurden 386 Männer, aber nur 37 Frauen als Abgeordnete gewählt.

297 Siehe LAS, Abt. 301/5407, Amtsblatt der Regierung zu Schleswig. Sonderausgabe, Stück 5 vom 13.01.1919, »Wahlvorschläge zur deutschen Nationalversammlung«.

298 Im preußischen Dreiklassenwahlrecht waren die Wahlberechtigten nach ihrem Einkommen in drei Wählerklassen eingeteilt, die jeweils ein Drittel der Wahlmänner wählten. In Kiel gehörten 1903 2,8 Prozent aller Wahlberechtigten in die 1. Klasse, 10,4 Prozent in die 2. Klasse und die restlichen 86,8 Prozent in die 3. Klasse. Die Stimmen der Wähler der 1. Klasse hatten dadurch eine wesentlich stärkere Gewichtung als die der 3. Klasse. Siehe Jensen/Wulf (1991), S. 235.

299 Siehe LAS, Abt. 384/25, fo. 159, Sozialdemokratischer Verein Kiel. Protokoll der Hauptversammlung am 21.11.1918.

300 Siehe KNN, Nr. 17 vom 21.01.1919.

301 Siehe den Wahlanzeiger, Beilage zu den KNN, Nr. 15 vom 18.01.1919.

302 Siehe KiZ, Nr. 28 vom 17.01.1919; KNN, Nr. 15 vom 18.01.1919.

303 SHVZ, Nr. 10 vom 13.01.1919. Spartaciden = Spartakisten.

304 SHVZ, Nr. 10 vom 13.01.1919.

305 Demonstrationsaufruf der USPD, StAK Sig. ZS 255. Wie in solchen Fällen üblich, weichen die Teilnehmerzahlen erheblich voneinander ab. Die »Kieler Zeitung« (Nr. 21, vom 14.01.1919) beziffert die Teilnehmer auf »über 10.000«; das USPD-Blatt »Republik« (Nr. 12, vom 15.01.1919) auf 20000; die MSPD-nahe »Volkszeitung« (Nr. 11, vom 14.01.1919) auf lediglich 6000.

306 Siehe KNN, Nr. 15 vom 18.01.1919. Siehe auch Fabian (1919), S. 96.

307 Zum Wahlkampf von MSPD und USPD in Kiel siehe Fischer (2013), S. 180–184.

308 Siehe http://www.akens.org/akens/texte/diverses/wahldaten/NV1919.htm Siehe auch LAS, Abt. 301/5407, »Zusammenstellung des Wahlergebnisses im Stadtkreise Kiel.« Es ist zu beachten, dass die genannten Personen als Kandidaten im gesamten Wahlkreis 14 (Schleswig-Holstein und Fürstentum Lübeck) antraten. Im Wahlkreis 14 erhielt der MSPD-Kandidat Legien laut amtlichem Endergebnis insgesamt 370381 Stimmen, der USPD-Kandidat Herz nur 27801 Stimmen, was die eklatante Schwäche der USPD in den ländlichen Regionen außerhalb der Großstädte zeigt. Auch die Analyse der Stimmenergebnisse in Prozent der Wahlberechtigten bestätigt den überaus klaren Vorsprung der MSPD vor der USPD. Siehe SHVZ, Nr. 23 vom 28.01.1919. Zum Wahlverfahren siehe KiZ, Nr. 30 vom 18.01.1919. Siehe auch Paetau (1988), S. 194–205.

309 Siehe SHVZ, Nr. 17 vom 21.01.1919.

310 Siehe LAS, Abt. 301/5407, Amtsblatt der Regierung zu Schleswig. Sonderausgabe, Stück 5 vom 13.01.1919, »Wahlvorschläge zur deutschen Nationalversammlung«.

311 Siehe Republik, Nr. 17 vom 21.01.1919, Nr. 18 vom 22.01.1919.

312 Republik, Nr. 18 vom 22.01.1919.

313 Siehe SHVZ, Nr. 22 vom 27.01.1919; SHVZ, Nr. 23 vom 28.01.1919; KiZ, Nr. 44 vom 27.01.1919.

314 Ein genaues Verzeichnis, welches Marineschiff bzw. welche Militäreinheit an Land welchem Militärwahlbezirk entspricht, findet sich in einer Beilage zur SHVZ, Nr. 9 vom 11.01.1919.

315 Siehe LAS, Abt. 301/5407, »Zusammenstellung des Wahlergebnisses im Stadtkreise Kiel.« Siehe auch Paetau (1988), S. 205–208.

316 Siehe LAS, Abt. 301/5407, »Zusammenstellung des Wahlergebnisses im Stadtkreise Kiel.«

317 Siehe LAS, Abt. 301/5410, »Zusammenstellung des Wahlergebnisses im Stadtkreise Kiel.«

318 Bei den Wahlen zur Nationalversammlung (19.01.1919) errangen die DVP 6,5 Prozent und die DNVP 5,7 Prozent der Stimmen unter den Militärangehörigen. Bei den Wahlen zur preußischen Landesversammlung (26.01.1919) errangen die DVP 9,3 Prozent und die DNVP 9,5 Prozent der Stimmen unter den Militärangehörigen. Siehe LAS, Abt. 301/5407, »Zusammenstellung des Wahlergebnisses im Stadtkreise Kiel.«; LAS, Abt. 301/5410, »Zusammenstellung des Wahlergebnisses im Stadtkreise Kiel.«

319 Siehe Jensen/Wulf (1991), S. 320. Insgesamt wurden am 02.03.1919 in der Kieler Stadtverordnetenversammlung 72 Sitze vergeben. Für die USPD zog u.a. Auguste Haberger, die in der Demonstration am 3.11.1918 in der Karlstraße in vorderster Reihe mitmarschiert war, in die Ratsversammlung ein.

320 Siehe Dähnhardt (1978), S. 154.

321 Siehe SHVZ, Nr. 5 vom 07.01.1919; SHVZ, Nr. 6 vom 08.01.1919.

322 Der Rote Soldatenbund war am 16.01.1919 vom ehemaligen Vorsitzenden des Obersten Soldatenrats Karl Artelt gegründet worden und hatte auf seinem Höhepunkt 1.100 Mitglieder. Er wurde nach der Niederschlagung der Februarunruhen am 13.02.1919 aufgelöst. Siehe Dähnhardt (1978), S. 157.

323 Siehe BA/MA, Sig. RM 8/1028, fos. 46–48, »Meine Aufzeichnungen zu den Arbeiterunruhen am 5. Februar 1919.« Siehe auch KNN, Nr. 32 vom 07.02.1919.

324 Siehe KNN, Nr. 32 vom 07.02.1919. Die KiZ, Nr. 61 vom 06.02.1919, spricht von mindestens 5 Toten.

325 SHVZ, Nr. 33 vom 08.02.1919.

326 Siehe Franz (1958), S. 90–91; Dähnhardt (1978), S. 156–157; BA/MA, Sig. RM 8/1028, fo. 46v.; Fischer (2013), S. 186. Otto Preßler, Teilnehmer der Unruhen auf Seiten der Spartakisten, erinnerte sich 1979, dass die Wachposten der Sicherheitstruppe an der Levensauer Hochbrücke ihre Maschinengewehre mit den Worten »Wir sind auch nicht für Noske. Nehmt'se man mit.« an die Spartakisten übergeben hätten. Preßler (1979), S. 7.

327 Siehe BA/MA, Sig. RM 8/1028, fos. 46v.–47r. Eiserne Division = Eiserne Brigade.
328 BA/MA, Sig. RM 8/1028, fo. 47r.
329 BA/MA, Sig. RM 8/1028, fo. 47v.
330 BA/MA, Sig. RM 8/1028, fos. 47v.–48r. Hervorhebung im Original.
331 BA/MA, Sig. RM 8/1028, fo. 48r.
332 BA/MA, Sig. RM 8/1028, fo. 48r. Siehe auch KNN, Nr. 34 vom 09.02.1919.
333 Siehe BA/MA, Sig. RM 8/1028, fo. 48r. Siehe auch KNN, Nr. 33 vom 08.02.1919.
334 Siehe Dähnhardt (1978), S. 157. Siehe auch den handschriftlichen Bericht von Korvettenkapitän Werth in BA/MA, Sig. RM 8/1022, fos. 21r.–22v.
335 Siehe KiZ, Nr. 66 vom 08.02.1919; KNN, Nr. 34 vom 09.02.1919; Republik, Nr. 34 vom 09.02.1919.
336 Siehe SHVZ, Nr. 33 vom 08.02.1919.
337 Siehe BA/MA, Sig. RM 8/1028, fo. 42; Dähnhardt (1978), S. 157.
338 Republik, Nr. 34 vom 09.02.1919.
339 Siehe BA/MA, Sig. RM 31/4556, Gouvernements- und Stations-Tagesbefehl Nr. 43 vom 12.02.1919, Bl. 154.
340 Zur blutigen Rückeroberung Bremens durch die »Division Gerstenberg« und das »Freikorps Caspari« siehe Wette (1987), S. 401–410. Die Bremer Verteidiger verloren insgesamt fast 300 Mann an Toten, Verletzten und Gefangenen. Siehe ibid., S. 407.
341 Zu den Gewaltexzessen im Gefolge der Novemberrevolution siehe die grundlegende Arbeit von Jones (2017). Zu den Märzunruhen in Berlin 1919 und der Münchener Räterepublik siehe ibid., S. 237–275, 293–330.
342 BA/MA, Sig. RM 8/1028, fos. 42–43 »Lage in Kiel«.
343 Vermutlich der Kommunist Werner Hirsch, bereits im Alter von 16 Jahren der USPD und dem Spartakusbund beigetreten. Teilnehmer der Revolution 1918, seit 1919 KPD-Mitglied in Berlin und im Februar 1919 in Schleswig-Holstein als Redner für die KPD unterwegs. Siehe Fischer (2013), S. 188.
344 Emil Barth, im November 1918 Vorsitzender der Revolutionären Obleute in Berlin. Im Rat der Volksbeauftragten vom 10.11.1918 bis zu seinem Austritt aus Protest gegen Eberts Politik am 29.12.1918 für Sozialpolitik und die Beziehungen zum Vollzugsrat zuständig.
345 Siehe Dähnhardt (1978), S. 153. Zur Gründung und Entwicklung der KPD in Kiel siehe Siegfried (2004), S. 103–114.
346 Zu Loewenfelds militärischem Werdegang siehe Hildebrand/Henriot (1989), Bd. 2, S. 389–390.
347 Zur Entstehungsgeschichte des »Freikorps Loewenfeld« siehe BA/MA, Sig. RM 122/71, fos. 6–8; BA/MA, Sig. RM 122/116, fos. 30–52, 107–133; Wette (2010), S. 77–85; Dähnhardt (1978), S. 157–159.
348 BA/MA, Sig. RM 8/1028, fos. 48r.–48v.; siehe auch Dähnhardt (1978), S. 157–158.
349 Zitiert nach Dähnhardt (1978), S. 144.
350 Siehe Wette (2010), S. 85.

351 Bis auf das Betriebsrätegesetz von 1920 und den nie zur Geltung gekommenen »Vorläufigen Reichswirtschaftsrat« wurde das im Artikel 165 entworfene Programm nicht verwirklicht. Siehe Ritter (2008), S. 126–128, 148–153, 156; Niess (2017), S. 355–363.

352 Zum Machtkampf zwischen Noske und Lüttwitz siehe Wette (1987), S. 627–636.

353 Siehe KiZ, Nr. 124 vom 13.03.1920 (Abendblatt).

354 Siehe z.B. den Abdruck des Streikaufrufs auf der Titelseite der SHVZ, Nr. 62 vom 13.03.1920.

355 Zu Levetzows militärischem Werdegang siehe Hildebrand/Henriot (1989), Bd. 2, S. 371–372. Levetzow war im Oktober 1918 Chef des Stabes der Seekriegsleitung gewesen und hatte in dieser Funktion maßgeblichen Anteil an der Entscheidung, der deutschen Flotte den Befehl zur finalen Seeschlacht gegen die Grand Fleet zu erteilen, der den Matrosenaufstand auslöste.

356 Siehe Dähnhardt/Granier (1980), S. 8.

357 Zu den einzelnen dem Stationschef unterstellten militärischen und paramilitärischen Einheiten siehe Dähnhardt/Granier (1980), S. 9.

358 Eine Chronik der Ereignisse aus Sicht der Marinestation findet sich als »Dienstliches Tagebuch des Chefs der Marinestation der Ostsee, 13.–19.3.1920«, in Dähnhardt/Granier (1980), S. 19–39. Siehe auch Republik, Nr. 57 vom 21.03.1920; Nr. 58 vom 22.03.1920; Nr. 59 vom 23.03.1920.

359 Siehe SHVZ, Nr. 62 vom 13.03.1920; wortgleich am selben Tag auch in KiZ, KNN, Republik.

360 SHVZ, Nr. 62 vom 13.03.1920.

361 Republik, Nr. 56 vom 13.03.1920. Kartätsche, Artilleriegeschoss mit Schrotladung.

362 KiZ, Nr. 124 vom 13.03.1920 (Abendblatt).

363 Zu den Reaktionen der Kieler Zeitungen auf den Putsch siehe Rocca (1988), S. 287, 291, 292.

364 Zu den Gegenmaßnahmen der Arbeiterschaft siehe Republik, Nr. 57 vom 21.03.1920; Rocca (1988), S. 288–289.

365 Siehe Republik, Nr. 57 vom 21.03.1920; KNN, Nr. 60 vom 21.03.1920.

366 Siehe Republik, Nr. 57 vom 21.03.1920; Dähnhardt/Granier (1980), S. 43–44; Rocca (1988), S. 289.

367 Siehe SHLB, Ms. Co 44, Stange, Hugo, »Kriegsgeschichten 1914–1920«, Einträge vom 13.–21.03.1920, hier 19.03.1920, 21.03.1920.

368 Siehe Rocca (1988), S. 292–293.

369 Republik, Nr. 57 vom 21.03.1920. Robert Hieronymus (DDP), liberaler Zeitungsverleger. Zum Beirat: Max Güth, ehemaliger Vorsitzender der Kieler USPD. Wilhelm Spiegel, 1919–1924 Präsident der Kieler Stadtverordnetenversammlung. Ferdinand Hoff, Mitglied des Reichstags 1912–1918 für die Fortschrittliche Volkspartei. Emil Alboldt, Vorsitzender des Deckoffizierbundes. Friedrich Engelmann, Vorsitzender des Reichswirtschaftsverbandes deutscher derzeitiger und ehemaliger Berufssoldaten in Kiel. Paul Dräger, Feldwebel, Führer im Reichswirtschafts-

verband deutscher derzeitiger und ehemaliger Berufssoldaten in Kiel. Jansen, Leutnant, Vorsitzender des republikanischen Führerbundes in Kiel.

370 Zu den Kämpfen in der Innenstadt siehe Rocca (1988), S. 295–297.

371 Nach Loewenfelds Aussage starben in den Kieler Straßenkämpfen insgesamt 27 Freikorpskämpfer. Siehe BA/MA, Sig. RM 122/116, fo. 47.

372 Siehe die Grabrede Radbruchs in der SHVZ, Nr. 71 vom 25.03.1920.

373 SHVZ, Nr. 71 vom 25.03.1920.

374 Siehe Rocca (1988), S. 301.

375 Siehe Dähnhardt/Granier (1980), S. 12. Carl von Seydlitz machte eine Lehre als Maschinenbauer auf der Kaiserlichen Werft. Er wurde 1918 SPD-Mitglied und diente bis 1923 in der Marine. Von Oktober 1946 bis 1948 SPD-Stadtverordneter in Kiel. Er starb am 10.02.1963. Freundliche Information von Klaus Kuhl, Heikendorf.

376 Zu den Vorgängen in der Marinestation siehe Dähnhardt/Granier (1980), S. 73–77; Rocca (1988), S. 298, 303.

377 Zur Kritik der Kieler MSPD-Führung an Noskes Politik 1919–1920 siehe Fischer (2013), S. 195–196.

378 Zum Rücktritt Noskes und die dadurch ausgelöste Verschärfung der Regierungskrise siehe Wette (1987), S. 665–675.

379 Baden (1927), S. 576.

380 Kiel (1926), S. 51–52.

381 Dittmann (1926), S. 104.

382 Ein Beispiel für die Inanspruchnahme des Matrosenaufstands durch die DDR und die SED-Ideologie ist Robert Rosentreters »Blaujacken im Novembersturm. Rote Matrosen 1918/1919« (Ost-Berlin, 1988). Rosentreter wirft der MSPD-Führung 1918 einen konsequenten Verrat der Arbeiterinteressen vor.

383 Aus Platzgründen kann hier nur auf die wesentlichen Jubiläen und Wendepunkte in der Rezeptionsgeschichte des Matrosen- und Arbeiteraufstands eingegangen werden. Für neue, detaillierte Untersuchungen siehe Danker (2014) und Auge (2014).

384 Gedenkinschrift am Gewerkschaftshaus, Legienstraße 22–24.

385 Siehe Auge (2014), S. 312–313.

386 Siehe Auge (2014), S. 316.

387 https://www.kiel.de/de/kultur_freizeit/kiel_erkunden/kulturspuren/kulturspuren_matrosenaufstand.php

388 Siehe dazu Grebing (2008), S. 15–39.

Abkürzungen

Abt.	Abteilung
BA/MA	Bundesarchiv / Militärarchiv, Freiburg im Breisgau
Bl.	Blatt
CDU	Christlich Demokratische Union
DDP	Deutsche Demokratische Partei
DDR	Deutsche Demokratische Republik
DNVP	Deutschnationale Volkspartei
d.R.	der Reserve
DVP	Deutsche Volkspartei
FDP	Freie Demokratische Partei
f./ff.	folgende
fo./fos.	folio/folios
Hg.	Herausgeber
ibid.	ebenda
i.R.	im Ruhestand
KiZ	Kieler Zeitung
KNN	Kieler Neueste Nachrichten
KPD	Kommunistische Partei Deutschlands
LAS	Landesarchiv Schleswig
MKStG	Mitteilungen der Gesellschaft für Kieler Stadtgeschichte
Ms.	Manuskript
MSPD	Mehrheitssozialdemokratische Partei Deutschlands
Nr.	Nummer
OHL	Oberste Heeresleitung
OSR	Kieler Oberster Soldatenrat
preuß.	preußisch
r.	recte
RMA	Reichsmarineamt
SED	Sozialistische Einheitspartei Deutschlands
SHLB	Schleswig-Holsteinische Landesbibliothek
SHVZ	Schleswig-Holsteinische Volkszeitung
Sig.	Signatur
SKL	Seekriegsleitung
SPD	Sozialdemokratische Partei Deutschlands
StAK	Stadtarchiv Kiel
USPD	Unabhängige Sozialdemokratische Partei Deutschlands
v.	verso
Vors.	Vorsitzender
z.S.	zur See

Quellen- und Literaturverzeichnis

Ungedruckte Quellen

Bundesarchiv, Berlin-Lichterfelde, Stiftung Archiv der Parteien und Massenorganisationen der DDR (SAPMO):

- Sig. SgY 30/0022, Artelt, Karl, Erinnerungen an den Matrosenaufstand 1918, verfasst 1956

Bundesarchiv/Militärarchiv Freiburg:

- Sig. N 156, Nachlass Wilhelm Souchon
- Sig. RM 3/2612, Bericht über die Verhandlungen des Reichsmarineamts mit den Vertrauensleuten des III. Geschwaders, am Donnerstag, den 7. November nachm. 3 Uhr, fos. 194–245
- Sig. RM 8/1008, III. und IV. Geschwader und Aufklärungsgruppen, 13. Okt. 1918 – 24. Apr. 1919
- Sig. RM 8/1009, Reichswehrministerium. Marineleitung. Akten betreff. Revolution 1918.
- Sig. RM 8/1010, Revolution 1918.
- Sig. RM 8/1022, Revolution 1918.
- Sig. RM 8/1024, Flugobermaat Nikolaus Goßrau, Privatakten betr. Revolution 1918.
- Sig. RM 8/1025, Revolution 1918.
- Sig. RM 8/1026, Beitrag zur Geschichte des revolutionären Umsturzes in der Kaiserlichen Marine und in Kiel. November 1918. Küsel. Kontreadmiral a.D.
- Sig. RM 8/1027, Anlagen zum Bericht des K-Admiral a.D. Küsel »Beitrag zur Geschichte des revolutionären Umsturzes in der Kaiserlichen Marine und in Kiel. November 1918.«
- Sig. RM 8/1028, Revolution in Kiel 1918/19.
- Sig. RM 8/1031, Ausarbeitung Korvettenkapitän a.D. Oskar Leistikow: »Wie ich die Revolution in Kiel vom 3. bis 5. Nov. 1918 erlebte«, Januar 1963.
- Sig. RM 20/9, Kaiserliche Admiralität. Central-Abtheilung. Akten betreffend die socialistische Bewegung. Revolution.
- Sig. RM 31/2373, Umwälzung Herbst 1918.
- Sig. RM 31/2384, Meldungen über Bildung von Soldatenräten in Schleswig-Holstein und im Reiche.
- Sig. RM 31/2390, [Ohne Titel. Enthält u.a. Augenzeugenberichte von Militärangehörigen zum Matrosenaufstand in Kiel.]
- Sig. RM 31/2394, Tagesbefehle der Marinestation der Ostsee (mit Geheimanlagen). 1918, 7. November – 31. Dezember.
- Sig. RM 31/4556, Stations-Tagesbefehle Kiel. 12.12.1918 – 30.06.1919.
- Sig. RM 122/71, [Aufstellung und Einsatz der III. Marine-Brigade – Brigade Loewenfeld.]
- Sig. RM 122/116, [Das Freikorps von Loewenfeld. (3. Marinebrigade) von Vizeadmiral a.D. von Loewenfeld.]

Landesarchiv Berlin:

- Bock, Karl, Brief an seine Schwester, November 1918. C Rep. 902-02-04, Bezirksleitung Berlin der SED, Bezirksparteiarchiv – Erinnerungsberichte, Nr. 71

Landesarchiv Schleswig:

- Abt. 301/1987, Kosten der Beigeordneten, Arbeiter-, Soldaten- und Bauernräte. 1918
- Abt. 301/2401, Staatsumwälzungen, Unruhen, 1918–1920
- Abt. 301/5407, Wahlen zur Deutschen Nationalversammlung u. Reichstag, 1919–1933
- Abt. 301/5410, Wahlen zur Preußischen Landesversammlung u. Landtag, 1919–1933
- Abt. 384/25, Sozialdemokratischer Verein Kiel. Protokoll der General-Versammlungen, 1911–1920

Schleswig-Holsteinische Landesbibliothek:

- Ms. Co 44, Stange, Hugo, »Kriegsgeschichten 1914–1920«
- Ms. Co 205, Rogge, Walter, »Meine Erlebnisse bei der Absetzung der Regierung und Ausbruch der Revolution am 4. Nov. 1918 in Kiel, auf ›G. 38. 1. F. Halbflottille‹«

Stadtarchiv Kiel:

- Sig. 7004, 7, Protokolle der Stadtkollegien 1910–1919
- Sig. 21392, Staatsumwälzung November 1918. Organe zur Durchführung der Revolution.
- Sig. 21723, Akten des Magistrats zu Kiel betreffend Schadensersatzanmeldungen aus Anlaß der Unruhen vom 15. Juni 1916, 27. März 1917, Novbr. 1918.
- Sig. 29685, Abrechnung des Arbeiterrats
- Sig. 29686, Arbeiterrat 1918–1920
- Sig. 32665, Bei den Unruhen Anfang November 1918 an städtischem Eigentum entstandene Schäden
- Sig. 81208, Lebenserinnerungen von Friedrich I. Iwersen, von 1879–1921 Lehrer in Sehestedt (Auszug)
- Flugblätter Sig. ZS 248, ZS 250, ZS 251, ZS 255, ZS 282, ZS 283, ZS 1183

Archiv der Fritz-Reuter-Schule Pries:

- »Chronik der kaiserlichen Marine-Garnisonschule zu Friedrichsort«

Quellen in Privatbesitz:

- Andersen, Nikolaus, Tagebuch, »Angefangen im Jahre des Krieges 1917 am 23. August.«, 23.08.1917–25.11.1919; im Besitz von Karl Altewolf, Kiel
- Becker, Paul, Brief Kiel, 10.11.1918; im Besitz von Jens Becker, Berlin
- Tagebuch eines Marinezahlmeisters, 06.11.1918–12.11.1918; im Besitz von Wolfgang D. Kuessner, Kiel

Internetquellen:

- »Die Entwicklung des Fliegerhorstes Kiel-Holtenau«. http://www.seeflieger.de/geschichte/geschichte2.php | Zuletzt aufgerufen am 15.10.2017.

- Fabian (1919): Fabian, Fritz, Revolutions-Erinnerungen von Fritz Fabian, Marinezahlmeister a.D. Kiel, im Oktober 1919. http://www.kurkuhl.de/docs/fabian-sms-kronprinz.pdf | Zuletzt aufgerufen am 17.09.2017.
- Greß (1918): Greß, Otto, Bericht über die Ereignisse 1918 in Kiel. http://vdm-marine.de/assets/plugindata/poola/matrosenaustand_in_kiel_1918_-_frederike_haarm.pdf | Zuletzt aufgerufen am 30.08.2017.
- Preßler (1979): Interview mit Otto Preßler, Mai 1979 in Kiel. http://www.kurkuhl.de/docs/interview_pressler_novrev.pdf | Zuletzt aufgerufen am 12.11.2017.

Unverzeichnete Quellen:

- Rösch, Paul (Deckoffizier), Erinnerungen/Aufzeichnungen an den Matrosenaufstand November 1918 Kiel, im Stadtmuseum Kiel

Gedruckte Quellen

Quellensammlungen:

- Bihl (1991): Bihl, Wolfdieter (Hg.), Deutsche Quellen zur Geschichte des Ersten Weltkrieges (Darmstadt, 1991)

Erinnerungen:

- Baden (1927): Baden, Prinz Max von, Erinnerungen und Dokumente (Stuttgart, Berlin, Leipzig, 1927)
- Müller-Franken (1931): Müller-Franken, Hermann, Die November-Revolution. Erinnerungen (2. Aufl. Berlin, 1931)
- Noske (1920): Noske, Gustav, Von Kiel bis Kapp. Zur Geschichte der deutschen Revolution (Berlin, 1920)
- Popp/Artelt (1918): Popp, Lothar; Artelt, Karl, Ursprung und Entwicklung der Novemberrevolution 1918 (Kiel, 1918)
- Rausch (1918): Rausch, Bernhard, Am Springquell der Revolution. Die Kieler Matrosenerhebung (Kiel, 1918)
- Weddigen (1918): Weddigen, E., »November 1918 auf S.M.S. Strassburg«, in Marine-Offizier-Vereinigung Nachrichten, November 1968, S. 227–229

Zeitungen:

- KNN: Kieler Neueste Nachrichten 1918–1920
- KiZ: Kieler Zeitung 1918–1920
- Republik 1918–1920
- SHVZ: Schleswig-Holsteinische Volkszeitung 1918–1920
- Der Volksrat 1919

Literatur

Auge (2014): Auge, Oliver, »Problemfall Matrosenaufstand. Kiels Schwierigkeiten im Umgang mit einem Schlüsseldatum seiner und der deutschen Geschichte«, in Demokratische Geschichte 25 (2014), S. 307–328

Barth (2010): Barth, Boris, »Dolchstoßlegende und Novemberrevolution«, in Gallus, Alexander (Hg.), Die vergessene Revolution von 1918/19 (Göttingen, 2010), S. 117–139

Canning (2010): Canning, Kathleen, »Das Geschlecht der Revolution – Stimmrecht und Staatsbürgertum 1918/19«, in Gallus, Alexander (Hg.), Die vergessene Revolution von 1918/19 (Göttingen, 2010), S. 84–116

Dähnhardt (1978): Dähnhardt, Dirk, Revolution in Kiel. Der Übergang vom Kaiserreich zur Weimarer Republik 1918/19 (Neumünster, 1978)

Dähnhardt/Granier (1980): Dähnhardt, Dirk; Granier, Gerhard (Hg.), Der Kapp-Putsch in Kiel, Mitteilungen der Gesellschaft für Kieler Stadtgeschichte, Band 66 (Kiel, 1980)

Danker (2014): Danker, Uwe, »Revolutionsstadt Kiel. Ausgangsort für die erste deutsche Demokratie«, in Demokratische Geschichte 25 (2014), S. 285–306

Deist (1966): Deist, Wilhelm, »Die Politik der Seekriegsleitung und die Rebellion der Flotte Ende Oktober 1918«, in Vierteljahrshefte für Zeitgeschichte (4. Heft, 1966), S. 341–368

Dittmann (1926): Dittmann, Wilhelm, Die Marine-Justizmorde von 1917 und die Admirals-Rebellion von 1918 (Berlin, 1926)

Erdmann (1983): Erdmann, Karl Dietrich, »Rätestaat oder parlamentarische Demokratie«, in Mitteilungen der Gesellschaft für Kieler Stadtgeschichte (Band 68, Heft 9/10, 1983), S. 182–200

Fischer (2011): Fischer, Rolf, »Kein Rauschen mehr im Blätterwald – die Revolution 1918 im medialen Abseits«, in Fischer, Rolf (Hg.), Revolution und Revolutionsforschung. Beiträge aus dem Kieler Initiativkreis 1918/19 (Kiel, 2011), S. 62–70

Fischer (2013): Fischer, Rolf, Mit uns in die neue Zeit! Kiels Sozialdemokratie im Kaiserreich und in der Revolution (Kiel, 2013)

Franz (1958): Franz, Werner, »Die Spartakusunruhen von 1919 in Kiel und die Kieler Studentenwehr«, in Die Heimat 65 (1958), S. 88–92

Grebing (2008): Grebing, Helga, »Konservative Republik oder soziale Demokratie? Zur Bewertung der Novemberrevolution in der neueren westdeutschen Historiographie«, in Grebing, Helga (Hg.), Die deutsche Revolution 1918/19 (Berlin, 2008), S. 15–39

Habeck/Paluch/Trende (2008): Habeck, Robert; Paluch, Andrea; Trende, Frank, 1918 Revolution in Kiel (Heide, 2008)

Haffner (1979): Haffner, Sebastian, Die deutsche Revolution 1918/19 (München, 1979)

Hildebrand/Henriot (1988–1996): Hildebrand, Hans H.; Henriot, Ernest, Deutschlands Admirale 1849–1945 (4 Bände, Osnabrück, 1988–1996)

Hill (1988): Hill, Leonidas E., »Signal zur Konterrevolution? Der Plan zum letzten Vorstoß der deutschen Hochseeflotte am 30. Oktober 1918«, in Vierteljahrshefte für Zeitgeschichte (1. Heft, 1988), S. 113–129

Jensen/Wulf (1991): Jensen, Jürgen; Wulf, Peter (Hg.), Geschichte der Stadt Kiel (Neumünster, 1991)
Jentzsch/Witt (2016): Jentzsch, Christian; Witt, Jann M., Der Seekrieg 1914–1918 (Darmstadt, 2016)
Jones (2017): Jones, Mark, Am Anfang war Gewalt. Die deutsche Revolution 1918/19 und der Beginn der Weimarer Republik (Berlin, 2017)
Kiel (1926): Handels- und Industrieamt der Stadt Kiel (Hg.), Die Industrie-, Hafen- und Handelsstadt Kiel (2. Aufl. Kiel, 1926)
Kolb (1962): Kolb, Eberhard, Die Arbeiterräte in der deutschen Innenpolitik 1918–1919 (Düsseldorf, 1962)
Lübcke (2017): Lübcke, Christian, Revolution in Kiel! Das geschah im November 1918 (Eltville, 2017)
Niess (2017): Niess, Wolfgang, Die Revolution von 1918/19. Der wahre Beginn unserer Demokratie (Berlin, 2017)
Paetau (1988): Paetau, Rainer, Konfrontation oder Kooperation. Arbeiterbewegung und bürgerliche Gesellschaft im ländlichen Schleswig-Holstein und in der Industriestadt Kiel zwischen 1900 und 1925 (Neumünster, 1988)
Prinz (1970 a): Prinz, Ernst, »Erinnerungen eines Kieler Architekten«, in Mitteilungen der Gesellschaft für Kieler Stadtgeschichte (Band 58, Heft 1/2, 1970), S. 109–130
Prinz (1970 b): Prinz, Ernst, »Die Revolution in Kiel 1918«, in Mitteilungen der Gesellschaft für Kieler Stadtgeschichte (Band 58, Heft 1/2, 1970), S. 131–134
Rackwitz (2013): Rackwitz, Martin, Kriegszeiten in Kiel. Alltag und Politik an der Heimatfront 1914/18 (Kiel, 2013)
Regulski (2014): Regulski, Christoph, Lieber für die Ideale erschossen werden, als für die sogenannte Ehre fallen. Albin Köbis, Max Reichpietsch und die deutsche Matrosenbewegung 1917 (Wiesbaden, 2014)
Ritter (2008): Ritter, Gerhard A., »Die Entstehung des Räteartikels 165 der Weimarer Reichsverfassung«, in Grebing, Helga (Hg.), Die deutsche Revolution 1918/19 (Berlin, 2008), S. 126–168
Rocca (1988): Rocca, Regina, »Der Kapp-Lüttwitz-Putsch in Kiel«, in Demokratische Geschichte 3 (1988), S. 285–305
Rosentreter (1988): Rosentreter, Robert, Blaujacken im Novembersturm. Rote Matrosen 1918/1919 (Ost-Berlin, 1988)
Siegfried (2004): Siegfried, Detlef, Das radikale Milieu. Kieler Novemberrevolution, Sozialwissenschaft und Linksradikalismus 1917–1922 (Wiesbaden, 2004)
Ullrich (2009): Ullrich, Volker, Die Revolution von 1918/19 (München, 2009)
Wette (1987): Wette, Wolfram, Gustav Noske. Eine politische Biographie (Düsseldorf, 1987)
Wette (2010): Wette, Wolfram, Gustav Noske und die Revolution in Kiel 1918 (Heide, 2010)

Abbildungsnachweis

- Archiv Föhrde-Club zu Kiel: S. 37, S. 246
- Fotoarchiv Ruhr Museum/Archiv Ernst Schmidt: S. 122
- Sammlung Wolfgang D. Kuessner: S. 138/139
- Sammlung Klaus Kuhl: S. 39, S. 127
- Sammlung Klaus Schoppe: S. 104, S. 142, S. 146, S. 226
- Sammlung Kai Zimmer: S. 124
- Schleswig-Holsteinische Landesbibliothek (Kiel): S. 46 (Album 188-144)
- Stadtarchiv Kiel: S. 23 (Sig. 50.693), S. 34 (Sig. 45.710), S. 48/49 (Sig. 65.984), S. 51 (Sig. 27.359), S. 86 (Sig. 68.293), S. 93 (Sig. ZS 250), S. 103 (Sig. 66.548), S. 123 (Sig. 53.171), S. 147 (Sig. 45.714), S. 148 (Sig. 68.287), S. 170 (Sig. 79.256), S. 229 (Sig. 66.552), S. 249, S. 257 (Sig. 46.168), S. 258 (Sig. 46.172), S. 267 (Sig. 69.479), S. 268 (Sig. 52.713), S. 303
- Stadt- und Schifffahrtsmuseum Kiel: S. 38 (Sig. 449-2017), S. 206 (Sig. 47-2017)

Personenregister

Karte der Kieler Innenstadt. Verlauf des Demonstrationszuges am 3. November 1918 vom Großen Exerzierplatz am Vieburger Gehölz in Richtung Marinearrestanstalt in der Feldstraße. Die Marinearrestanstalt liegt zwischen der Kaserne der I. Matrosen-Division und der Marinestation der Ostsee.

Marineakademie
„ab 1919 Marin
Marinestation
der Ostsee
Lazarett
I. Matrosen-
Division
Karlstr.
Dienstgebäude
des Gouverneurs
Gewerkschaftshaus
Kaiserli
Howaldtswerke - Deutsche Werft AG Hamburg und Kiel
Werk Gaarden
Germania-
Werft